//////////// Guarani ////////////// Dominique
arani ////////////// Dominique Tilkin Gallois
// Dominique Tilkin Gallois e Valéria Macec
Tilkin Gallois e Valéria Macedo //////////
ois e Valéria Macedo ////////////// Hedra e
a Macedo ////////////// Hedra edições ////
//////// Hedra edições ////////////// Coleção

ições ////////////// Coleção Mundo Indígena ////////////// Nas redes guarani ////////
/////// Coleção Mundo Indígena ////////////// Nas redes guarani ////////////// Guar
ção Mundo Indígena ////////////// Nas redes guarani ////////////// Guarani /////////
dígena ////////////// Nas redes guarani ////////////// Guarani ////////////// Dominique
/////// Nas redes guarani ////////////// Guarani ////////////// Dominique Tilkin Gallois
s guarani ////////////// Guarani ////////////// Dominique Tilkin Gallois e Valéria Mace
//////////// Guarani ////////////// Dominique Tilkin Gallois e Valéria Macedo ///////
arani ////////////// Dominique Tilkin Gallois e Valéria Macedo ////////////// Hedra edi
// Dominique Tilkin Gallois e Valéria Macedo ////////////// Hedra edições //////////
Tilkin Gallois e Valéria Macedo ////////////// Hedra edições ////////////// Coleção M
ois e Valéria Macedo ////////////// Hedra edições ////////////// Coleção Mundo Ind
a Macedo ////////////// Hedra edições ////////////// Coleção Mundo Indígena //////
//////// Hedra edições ////////////// Coleção Mundo Indígena ////////////// Nas redes
ições ////////////// Coleção Mundo Indígena ////////////// Nas redes guarani ////////
/////// Coleção Mundo Indígena ////////////// Nas redes guarani ////////////// Guar
ção Mundo Indígena ////////////// Nas redes guarani ////////////// Guarani /////////
dígena ////////////// Nas redes guarani ////////////// Guarani ////////////// Dominique
/////// Nas redes guarani ////////////// Guarani ////////////// Dominique Tilkin Gallois
s guarani ////////////// Guarani ////////////// Dominique Tilkin Gallois e Valéria Mace
//////////// Guarani ////////////// Dominique Tilkin Gallois e Valéria Macedo ///////
arani ////////////// Dominique Tilkin Gallois e Valéria Macedo ////////////// Hedra edi
// Dominique Tilkin Gallois e Valéria Macedo ////////////// Hedra edições //////////
Tilkin Gallois e Valéria Macedo ////////////// Hedra edições ////////////// Coleção M
ois e Valéria Macedo ////////////// Hedra edições ////////////// Coleção Mundo Ind
a Macedo ////////////// Hedra edições ////////////// Coleção Mundo Indígena //////
//////// Hedra edições ////////////// Coleção Mundo Indígena ////////////// Nas redes
ições ////////////// Coleção Mundo Indígena ////////////// Nas redes guarani ////////
/////// Coleção Mundo Indígena ////////////// Nas redes guarani ////////////// Guar
ção Mundo Indígena ////////////// Nas redes guarani ////////////// Guarani /////////
dígena ////////////// Nas redes guarani ////////////// Guarani ////////////// Dominique
/////// Nas redes guarani ////////////// Guarani ////////////// Dominique Tilkin Gallois
s guarani ////////////// Guarani ////////////// Dominique Tilkin Gallois e Valéria Mace
//////////// Guarani ////////////// Dominique Tilkin Gallois e Valéria Macedo ///////
arani ////////////// Dominique Tilkin Gallois e Valéria Macedo ////////////// Hedra edi
// Dominique Tilkin Gallois e Valéria Macedo ////////////// Hedra edições //////////
Tilkin Gallois e Valéria Macedo ////////////// Hedra edições ////////////// Coleção M
ois e Valéria Macedo ////////////// Hedra edições ////////////// Coleção Mundo Ind
a Macedo ////////////// Hedra edições ////////////// Coleção Mundo Indígena //////
//////// Hedra edições ////////////// Coleção Mundo Indígena ////////////// Nas redes
ições ////////////// Coleção Mundo Indígena ////////////// Nas redes guarani ////////
/////// Coleção Mundo Indígena ////////////// Nas redes guarani ////////////// Guar
ção Mundo Indígena ////////////// Nas redes guarani ////////////// Guarani /////////
dígena ////////////// Nas redes guarani ////////////// Guarani ////////////// Dominique
/////// Nas redes guarani ////////////// Guarani ////////////// Dominique Tilkin Gallois
s guarani ////////////// Guarani ////////////// Dominique Tilkin Gallois e Valéria Mace
//////////// Guarani ////////////// Dominique Tilkin Gallois e Valéria Macedo ///////
arani ////////////// Dominique Tilkin Gallois e Valéria Macedo ////////////// Hedra edi
// Dominique Tilkin Gallois e Valéria Macedo ////////////// Hedra edições //////////
Tilkin Gallois e Valéria Macedo ////////////// Hedra edições ////////////// Coleção M

Nas redes guarani

Saberes, traduções e transformações

edição brasileira© Hedra 2022
organização© Dominique Tilkin Gallois e Valéria Macedo

coordenação da coleção Luísa Valentini
edição Jorge Sallum
coedição Suzana Salama
assistência editorial Paulo Henrique Pompermaier
revisão Bru Pereira de Araújo e Renier Silva
capa Lucas Kroëff

ISBN 978-65-89705-74-1

Grafia atualizada segundo o Acordo Ortográfico da Língua Portuguesa de 1990, em vigor no Brasil desde 2009.

EDITORA HEDRA LTDA.
Av. São Luís, 187, Piso 3, Loja 8 (Galeria Metrópole)
01046–912 São Paulo SP Brasil
Telefone/Fax +55 11 3097 8304
editora@hedra.com.br

www.hedra.com.br

Foi feito o depósito legal.

Nas redes guarani

Saberes, traduções e transformações

Dominique Tilkin Gallois e Valéria Macedo (*organização*)

2ª edição

hedra
São Paulo 2022

Nas redes guarani reúne textos de autores guarani, de antropólogos vinculados ao Centro de Estudos Ameríndios da Universidade de São Paulo (CEstA–USP) e de pesquisadores convidados de outras instituições. A coletânea se volta para redes guarani de pessoas, lugares e práticas de conhecimentos, que trazem consigo singularidades dentro da própria multiplicidade de coletivos, como Mbya, Ava, Nhandeva, Xiripa, Tupi, Tupi-Guarani, Kaiowá, Pai Tavyterã, entre outros.

Dominique Tilkin Gallois é docente no Departamento de Antropologia Social da Universidade de São Paulo e pesquisadora no CEstA-USP.

Valéria Macedo é docente na área de antropologia do Departamento de Ciências Sociais da Escola de Filosofia, Letras e Ciências Humanas da Universidade Federal de São Paulo (Unifesp) e pesquisadora colaboradora do CEstA–USP.

Mundo Indígena reúne materiais produzidos com pensadores de diferentes povos indígenas e pessoas que pesquisam, trabalham ou lutam pela garantia de seus direitos. Os livros foram feitos para serem utilizados pelas comunidades envolvidas na sua produção, e por isso uma parte significativa das obras é bilíngue. Esperamos divulgar a imensa diversidade linguística dos povos indígenas no Brasil, que compreende mais de 150 línguas pertencentes a mais de trinta famílias linguísticas.

Sumário

Podemos estudar sim, mas continuar sonhando em guarani. Assim nosso conhecimento faz a gente.

KARAI MIRIM &

ALGEMIRO DA SILVA

Introdução

As múltiplas conexões de pessoas e conhecimentos

VALÉRIA MACEDO
DOMINIQUE TILKIN GALLOIS

Guarani é uma designação que não dá conta da multiplicidade de coletivos e seus muitos caminhos e transformações, compondo redes em que figuram muitos nomes, como Mbya, Ava, Nhandeva, Xiripa, Tupi, Tupi-Guarani, Kaiowá, Pai Tavyterã, entre outros. Tais denominações trazem consigo singularidades nas histórias, línguas e conhecimentos dessas populações, ao mesmo tempo que indicam conexões entre elas que podem ser reconhecidas em diferentes tempos e espaços, desde antes da chegada dos europeus às conjunturas atuais, em um vasto território que os não indígenas recortaram em países como Paraguai, Argentina, Uruguai, Bolívia e Brasil.

A proposta é seguir essas múltiplas conexões de pessoas e de conhecimentos, sem buscar fronteiras definidas ou uma unidade subjacente a elas. A essas *redes* demos o nome *Guarani*, e não aos grupos, cujos nomes são variados e variáveis. Assim, como ponto de partida deste livro, enfatizamos que tal ponto situa-se no cruzamento de muitas linhas, muitas caminhadas e experiências, que os nomes — a começar por *Guarani* — tentam mapear sempre de modo incompleto.

A história desta publicação inicia em outubro de 2013, por ocasião do simpósio *CEstA nas Redes Guarani*. Sob coordenação de Dominique Tilkin Gallois e Valéria Macedo, o simpósio reuniu os antropólogos do CEstA que trabalhavam com populações guarani, pesquisadores vinculados a outras instituições, bem como professores, cineastas e líderes guarani.

ALEGRIA COMO CONCEITO GUARANI

Alegria é a palavra que nos parece sintetizar o encontro. Mas *alegria* como conceito guarani — o modo como traduzem a expressão *vy'a* —, que remete a relações que aumentam a potência de agir dos corpos, em que estar junto fortalece a capacidade de cada um se expressar, pensar, experimentar. As diferenças entre os participantes, que incluíram antropólogos e indígenas de diferentes regiões e trajetórias, foram motor de reflexividade e criatividade.

Aquele fora, ademais, um momento de ampla mobilização indígena, já que uma Proposta de Emenda Constitucional, a PEC 215, entrara na pauta de votação do Congresso Nacional, ameaçando transferir o processo de reconhecimento das Terras Indígenas para o Poder Legislativo. Caso a proposta fosse aprovada, o direito originário dos indígenas a terras que possibilitem a continuidade de seus modos de viver ficaria à mercê do jogo de interesses do Congresso, particularmente da bancada ruralista. A concentração de renda e a destruição ambiental em grande medida implicadas no agronegócio têm nas Terras Indígenas um entrave para sua expansão, sendo a aprovação da PEC a oportunidade para barrar as demarcações pendentes.

Entre as mais ameaçadas pela PEC 215, figuram terras dos Kaiowá e Nhandeva no Mato Grosso do Sul, assim como terras Mbya, Ava e Tupi Guarani no sul e sudeste do país. Não por acaso, durante o simpósio, dois de seus participantes — o kaiowá Tonico Benites e a mbya Jera Poty Miri (Giselda Pires de Lima) — estavam diretamente envolvidos na retomada de terras ainda não reconhecidas como indígenas pelo Estado.

Em São Paulo, local do encontro realizado em 2013, os Guarani vinham se mobilizando intensamente por seus direitos e pelos direitos indígenas de modo geral, com grande protagonismo da Comissão Yvyrupa, que reúne os Guarani nas regiões Sul e Sudeste do país na luta por suas terras. Algumas semanas antes do simpósio, em 26 de setembro de 2013, dezenas de *xondaro* e *xondaria*[1] guarani bloquearam a Rodovia dos Bandeirantes na capital paulista. Pouco depois, no dia 2 de outubro, organizaram uma passeata da Avenida Paulista ao Ibirapuera, na Assembleia Legislativa, por ocasião do 25º aniversário da Constituição Federal, ameaçada pela PEC 215.

1. Como chamam os que estão na linha de frente dos enfrentamentos e das ações políticas, e que auxiliam os líderes espirituais em vários contextos da vida nas aldeias.

Além de vias públicas, as mobilizações incluíram a ocupação do Pátio do Colégio, construção pioneira da capital paulista, realizada à custa do missionamento dos indígenas e sua arregimentação como mão de obra. Em tais eventos e através da produção de curtos e contundentes filmes pela Comissão Yvyrupa e seus aliados, os Guarani vêm buscando se fazerem vistos, ouvidos e respeitados. Nas ruas da cidade, os Guarani têm problematizado as inúmeras homenagens aos bandeirantes, personagens que dizem muito do suposto empreendedorismo paulista, em que o progresso justifica a destruição dos lugares e das vidas de todos que se ponham em seu caminho.

Signitivamente, os Guarani têm apontado a multiplicidade de nomes de vias públicas e monumentos em homenagem aos bandeirantes em São Paulo, a começar pela sede do governo, chamada de Palácio dos Bandeirantes. Por ocasião da passeata de 2013, ganhou repercussão a tinta vermelha jogada no Monumento às Bandeiras, de Victor Brecheret. Os corpos de concreto pareciam sangrar e muitos acusaram os Guarani de vandalismo. O mbya Marcos Tupã, na coordenação da Comissão Yvyrupa, fez então circular um texto alegando que a pintura nos corpos é feita para transformá-los, de modo a humanizar o concreto esculpido em homenagem a esses que os Guarani não veem como heróis nacionais, e sim como genocidas.[2]

O empreendedorismo predatório dos bandeirantes também é fortemente associado pelos Guarani ao agronegócio, particularmente ao movimento dos ruralistas. No Mato Grosso do Sul, os grandes encontros kaiowá e nhandeva nas Aty Guasu têm sido fundamentais nas lutas pelo reconhecimento de terras que estão nas mãos de fazendeiros. Como a bancada ruralista ampliou sua representação nas últimas eleições federais, tais lutas estão longe de terminar. Em contrapartida, tem crescido nas ruas e nas redes sociais o apoio à causa indígena. Milhares de pessoas mudaram suas identidades no Facebook, acrescentando *Guarani Kaiowá* em seus nomes. Milhares de outras pessoas acrescentaram aos seus perfis os dizeres *Eu sou* .. com o nome de um povo indígena, sendo *Kaiowá* um dos mais citados. Na mesma direção, vem tendo grande repercussão a campanha "Índio é Nós".

Tais movimentos sociais vão na direção oposta do pressuposto — predominante até pelo menos o período da Ditadura Militar — de que o melhor para os indígenas é que eles deixem de sê-lo, para que *al-*

2. Carta publicada neste volume, após o texto de Marcos Tupã.

cancem a civilização e *integrem a comunhão nacional* como cidadãos indiferenciados. Esses movimentos apostam no caráter transformador da diferença, em que são os indígenas que podem nos transformar. Não para sermos indígenas, tampouco para sermos iguais, e sim para termos sempre aberta a possibilidade de experimentar a diferença e se transformar por meio dela.

LUTA E REPERCUSSÃO DO PENSAMENTO

Este livro ganha corpo nesse movimento, em que antropólogos também se colocam como parceiros nas lutas pela terra, pelo direito à diferença e pela potência reflexiva que ela promove. Lutas que incluem fazer repercutir, em sua complexidade e sofisticação, pensamentos e movimentos guarani. Essa é a intenção desta coletânea, que se propõe alcançar um público mais amplo do que antropólogos e acadêmicos, incluindo aqueles que trabalham com populações guarani ou se interessam pelo futuro desses povos e de nossas relações com eles. Dominique T. Gallois, na coordenação do CEstA, tem acompanhado a imensa demanda por informações qualificadas sobre populações guarani por parte de jornalistas, professores e outros profissionais. Também esperamos que o livro interesse aos próprios Guarani, que cada vez mais vêm se apropriando do *kuaxia*, os papéis, como mais um modo de circulação e tradução de seus conhecimentos.

O conjunto de textos aqui reunidos busca assim traduzir para um público ampliado o conhecimento que vem sendo produzido na interlocução entre antropólogos e comunidades guarani. O livro alcança esse objetivo de diferentes maneiras. Alguns autores não abriram mão de uma linguagem acadêmica, enquanto outros procuraram se expressar de outras formas. Os textos de autoria indígena são mais concisos e alguns deles são constituídos de edições das falas no simpósio.

A publicação certamente não abarca todas as situações e regiões em que essas populações vivem, tampouco o conjunto de temas presentes na etnologia guarani. Nossa intenção não foi mapear ou sintetizar *as redes guarani*, até porque não as concebemos como totalidade, e sim traçar alguns caminhos entre muitos outros possíveis – daí seu título ser *Nas Redes Guarani*. Como dito, o critério inicial foi a participação de pesquisadores do CEstA, aos quais fomos somando outros pesquisadores.

Entre os autores guarani, Jera Poty Miri e Marcos Tupã são duas importantes lideranças mbya da Comissão Yvyrupa — que reúne aldeias nas regiões sul e sudeste — e Tonico Benites é um grande líder nas Aty Guasu, cujos encontros reúnem populações guarani nhandeva e kaiowá no Mato Grosso do Sul. Já Carlos Papa Mirĩ Poty, Ariel Kuaray Poty e Alexandre Werá têm se destacado na produção de filmes. Além da linha de frente nas mobilizações políticas e culturais, contamos com a participação de Algemiro Karai Mirim e Jera Poty Miri como professores engajados nessa tradução de mundos que a educação escolar diferenciada busca fazer nas aldeias, mas cujo horizonte é difícil de alcançar.

A PUBLICAÇÃO

O livro está dividido em cinco partes, mas quase todos os artigos poderiam estar em mais de uma seção e seus respectivos temas estão correlacionados. Nossa intenção, com a divisão em partes, foi destacar temáticas que nos parecem importantes na vida e no pensamento guarani. Nos interstícios dos artigos, inserimos trechos dos debates durante o simpósio.

À primeira seção demos o nome de *Movimentos pela terra, andanças entre mundos*, buscando reunir textos que tematizam as lutas pela terra e a relação com o território como parte de uma cosmopolítica que envolve múltiplos mundos e agentes, muito além das relações com o Estado e os brancos. Marcos Tupã, mbya coordenador na Comissão Yvyrupa, vem à frente fazendo um histórico da Comissão e de sua própria trajetória em meio à luta guarani pela terra no estado de São Paulo desde os anos 80. Já Daniel C. Pierri, mestre em antropologia pela USP e membro do Centro de Trabalho Indigenista (CTI), discorre sobre cosmografias guarani mbya, em que os movimentos que configuram o universo estão implicados nas reivindicações por direitos à terra.

O terceiro texto dessa seção é de Spensy K. Pimentel, professor de Antropologia na Universidade Federal do Sul da Bahia, que lança luz sobre a busca pela Terra sem mal sem restringi-la à procura de um lugar distante no tempo ou no espaço — versão predominante na literatura antropológica clássica —, mas também como a busca de transformação desta terra por meio da luta pelos territórios tradicionais. Na mesma direção, a primeira parte se encerra com o texto de Tonico Benites, kaiowá doutor em antropologia pelo Museu Nacional da Universidade Federal do Rio de Janeiro (UFRJ). O autor aponta a conexão entre as grandes assembleias políticas, *Aty Guasu*, e os grandes rituais, *Jeroky Guasu*, como movimentos fundamentais e mutuamente articulados para o fortalecimento da vida kaiowá e guarani, tendo como horizonte comum a recuperação dos territórios tradicionais.

Caminhos e conhecimentos é o nome da segunda seção do livro, voltada para a diversidade de práticas de circulação e transformação de saberes. O primeiro texto é de Algemiro Karai Mirim, professor mbya na aldeia Brakui, em Angra dos Reis/ RJ, e licenciado em Educação do Campo na Universidade Federal Rural do Rio de Janeiro. Diferenças e incompatibilidades nos modos de aquisição de conhecimentos são tematizadas pelo autor a partir de sua dificuldade em fazer uma pesquisa na aldeia de acordo com as orientações metodológicas que recebera na universidade, por meio de entrevistas gravadas. Em contraste com o modelo de perguntas e respostas, o compartilhamento de experiências, incluindo os sonhos, aparecem como modo fundamental de aquisição de conhecimentos.

O texto seguinte corresponde ao depoimento de Jera Poty Miri, professora mbya na aldeia Tenonde Porã, que tematiza desafios e impasses na circulação de conhecimentos entre gerações dada a presença de coisas e saberes *juruá*, como as comidas industrializadas, a televisão e sobretudo a escola. Mas ela também destaca a possibilidade sempre presente de fortalecer conhecimentos que estejam adormecidos, como aconteceu com a atuação dos *xondaro* e *xondaria* em período recente.

O próximo artigo, de Alice Haibara — doutora em antropologia pela USP — também tem a aldeia Tenonde Porã como foco de reflexão. A autora se volta para aproximações e afastamentos entre como se aprende na *opy*, a casa de reza, e na escola, tendo como interlocutoras privilegiadas as crianças. Como espaço alheio às configurações relacionais entre as famílias, a escola muitas vezes impõe modelos de convivência e de comportamento, desconsiderando a dimensão corporal do aprendizado e especificidades do ciclo de vida guarani, incompatíveis com o cronograma escolar. Por sua vez, no último artigo desta seção, Adriana Q. Testa — doutora em antropologia pela USP e atualmente pesquisadora de pós-doutorado na UNICAMP — se vale de experiências em diversas aldeias mbya no Sul e Sudeste do país para apontar as implicações mútuas entre modos de circulação de conhecimentos e de construção de pessoas por meio do estabelecimento de relações adequadas entre sujeitos.

Chegamos então à terceira parte do livro: *Conexões, alteridades, alterações*. Os textos aqui reunidos voltam-se para relações que fazem, diferenciam e transformam pessoas. Ana María Ramo y Affonso — doutora em antropologia pela Universidade Federal Fluminense (UFF) e atualmente pesquisadora de pós-doutorado na Universidade Federal de Santa Catarina (UFSC) — é a autora do primeiro texto, que acompanha a circulação de palavras e pessoas na construção do parentesco entre os Mbya. Concepção largamente difundida no pensamento ameríndio, entre os Guarani, as relações de parentesco precisam ser sempre reiteradas por meio de procedimentos em que aparentar-se com uns é diferenciar-se de outros. É também para as relações entre parentes que se volta o artigo de Elizabeth Pissolato — professora de antropologia na Universidade Federal de Juiz de Fora (UFJF) —, enfatizando a centralidade de práticas como prover alimento, falar e ouvir, cantar e dançar juntos, entre outras conexões promotoras de alegria e, portanto, de fortalecimento mútuo dos corpos.

Em seguida, o artigo de Fábio Nogueira da Silva — doutor em antropologia pela USP —, aborda conexões entre pessoas, famílias e lugares na perspectiva dos habitantes de uma Terra Indígena localizada em uma região bastante urbanizada da capital paulista, vizinha ao Pico do Jaraguá. O autor discorre sobre experiências e reflexões mbya sobre a vida na cidade. Um de seus interlocutores, ao comentar o modo de viver dos *juruá*, os não indígenas, ressalta que na cidade se está sozinho entre muitos, sendo onde mora o *si*, e por isso é chamada de *sidade* — numa elaboração em que a sonoridade de uma palavra de língua estrangeira, o português, enseja uma reflexão sobre o individualismo e o universo relacional associado ao modo de viver na cidade.

Valéria Macedo — professora de antropologia na Unifesp e co-organizadora do livro — é a autora do próximo artigo, em que os *juruá* são também mote de reflexões e configurações relacionais. A autora propõe fazer um exercício comparativo entre os Mbya e outras populações indígenas em que o idioma da predação se apresenta como um viés de elaboração da alteridade dos brancos. Esse é o caminho escolhido para abordar a importância do comércio, os modos de disputa pela terra e a inserção recente no mundo dos projetos e políticas entre os Mbya.

Por fim, a terceira seção se encerra com o artigo de autoria de Renato Sztutman — professor de antropologia na USP —, cujo tema central é a agentividade da palavra, da dança e de outras formas expressivas entre os Guarani. A obra de Pierre e Hélène Clastres sobre os Guarani é o ponto de partida e o percurso escolhido pelo autor para abordar uma teoria guarani da linguagem e, por extensão, da subjetividade.

A quarta parte do livro é chamada *Tecnologias, circulação e transformação.* O uso da câmera e de novas tecnologias como meios de construir e fazer aparecer relações e ideias é o mote principal dos textos. Aqui estão reunidos os participantes guarani que vêm trabalhando com vídeo e refletindo sobre sua produção. O primeiro depoimento é de Kuaray Poty (Ariel Ortega), um dos cineastas indígenas de maior projeção no país e no mundo. Na ocasião do simpósio, exibimos "Tava", filme realizado pelo coletivo mbya de cinema do qual ele faz parte, no Rio Grande do Sul. Os realizadores percorrem diversas aldeias mbya recolhendo depoimentos sobre a história e o significado das ruínas de missões na região da tríplice fronteira. As reflexões de diferentes *tamõi* e *jarye*, "avós" e "avós", os mais velhos, não resultam em uma versão unívoca ou canônica sobre essas antigas casas de pedra, mas todas elas se contrapõem à historiografia oficial, que associa as missões a construções e feitos dos europeus. As *tava*, casas de pedra, foram erguidas pelo trabalho árduo dos Guarani e estão associadas às caminhadas e moradas dos antigos.

O depoimento seguinte é de Papa Mirĩ Poty (Carlos Fernandes), pioneiro na produção de filmes entre os Mbya e com uma atuação intensa em ações de fortalecimento cultural nas aldeias e cidades. No simpósio, assistimos o filme "Manoa". Trata-se da história de um caçador que descumpre o resguardo após o parto de sua esposa e por isso perde a humanidade compartilhada com os parentes, passando a ver as queixadas como mulheres. Em seu texto, Papa destaca seu maior interesse em fazer filmes de ficção em vez de documentários, alegando um constrangimento semelhante ao de Algemiro Karai Mirim no modelo de perguntas e respostas como forma de troca de experiências e conhecimentos. A ficção aqui não é pensada como avesso da realidade, mas enquanto multiplicação dessa.

O terceiro texto da seção foi escrito em co-autoria por Alexandre Werá — cineasta mbya — e Lucas Keese — mestre em antropologia pela USP e membro do CTI. A apresentação de ambos foi precedida pela exibição do filme "O dono da lontra". Werá filma um episódio que testemunhou, em que a captura desse animal demandou um conjunto de procedimentos xamânicos para neutralizar o potencial predatório de seu dono-espírito. No texto, Werá elabora a metáfora da câmera como uma criança, que primeiro observa e absorve tudo para depois fazer suas próprias elaborações, o que ocorre na edição. Na mesma direção, Lucas Keese aponta a importância de investir não apenas na filmagem, mas sobretudo no aprendizado da edição, que possibilita a criação de linguagens próprias.

O texto seguinte é de Tatiane Klein — mestre e doutoranda em antropologia no PPGAS-USP —, que compartilha experiências e expectativas de um coletivo de jovens kaiowá, nhandeva e terena em Mato Grosso do Sul, para quem o apuro técnico dos registros em vídeo importam menos que as relações e reflexões ensejadas no processo de filmar. Já o último artigo da seção é de Maria Inês Ladeira — mestre em antropologia pela PUC, doutora em geografia na USP e membro do CTI —, que aborda redes de comunicação, convívio e permuta entre pessoas e lugares de *yvy vai*, terra má em que vivemos, marcada pela transitoriedade dos seres e das relações. Como parte dessas redes, a autora aborda a participação das novas tecnologias, como telefonia celular e internet, na circulação e transformação de conhecimentos.

Derradeira seção do livro, *Nas aldeias e entre aldeias* tem como tema central a mobilidade que caracteriza as redes de pessoas, famílias e coletivos guarani. Buscando problematizar a definição de contornos fixos para a multiplicidade de grupos e sub-grupos, os textos apontam para enredamentos, sempre atualizados a partir do compartilhamento de experiências e também de relações com o Estado. O primeiro artigo é de Levi Marques Pereira — professor de antropologia na Universidade Federal Grande Dourados (UFGD) —, que faz um histórico da ocupação guarani e kaiowá na região e aborda a vida nas reservas, nos acampamentos e nas periferias urbanas.

Diogo Moreira — mestre em antropologia pela UFSC e funcionário da FUNAI — é o autor do segundo texto da seção, fazendo um amplo mapeamento da constituição de coletivos que se reconhecem ou são reconhecidos como Mbya, Xiripa, Nhandeva e Ava nas regiões sul e sudeste do país. O autor destaca a relevância das relações com o Estado no modo como essas coletividades passam a privilegiar determinadas designações, articuladas a outros processos e critérios pelos quais se diferenciam e se enredam.

As populações que se reconhecem como Tupi ou Tupi-Guarani no estado paulista são tematizadas no artigo que articula as pesquisas de Amanda Danaga — doutora em antropologia pela UFSCar —, Camila Mainardi e Ligia R. Ferreira — ambas doutoras em antropologia pela USP. Recusando a versão, predominante na historiografia e na antropologia, de que são descendentes de sub-grupos guarani nhandeva, os

Tupi-Guarani paulistas se reconhecem como descendentes de populações tupi que habitavam a costa desde antes da chegada dos europeus, os quais vieram se casando com descendentes de europeus, africanos e guarani. A *mistura* que caracteriza o modo pelo qual essa população se identifica não se opõe à *pureza* ou *autenticidade*, e sim implica a problematização dessas categorias para pensar a condição indígena.

Já o artigo de Rafael F. Mendes Jr. — doutor em antropologia pelo MN/UFRJ — segue o itinerário de famílias mbya que partiram do Paraguai rumo ao estado brasileiro de Goiás e, a partir da década de 1960, foram descendo o rio Araguaia até os estados de Tocantins, Maranhão e Pará. O autor busca acompanhar as motivações dessa migração e as redes de parentesco que veio mobilizando. Por fim, a publicação se encerra com um artigo de Donatella Schimdt — professora de antropologia na Universidade de Pádua — sobre uma conjuntura de disputa de lideranças mbya que teve oportunidade de acompanhar na região argentina de Misiones durante os anos 80. Tensionamentos entre famílias articularam-se com diferentes posturas na relação com Estado e sua política fundiária. Para além da especificidade desse caso, o manejo entre abertura e fechamento na relação com os brancos sempre foi um desafio a ser enfrentado pelos Guarani. A proximidade e a densidade populacional dos não indígenas em boa parte da vasta área de ocupação guarani os situam como foco de reflexão e tensão na construção do parentesco e da vida guarani. E, entre os muitos aprendizados que podemos ter com os Guarani, destaca-se sua imensa capacidade em conectar-se sem deixar-se capturar, ou indiferenciar.

Ao percorrer esse itinerário de textos, é inegável a predominância de algumas regiões ou populações. A concentração maior de textos de autores Mbya ou sobre experiências com os Mbya, assim como de aldeias na região sudeste, espelha não uma escolha deliberada, mas os campos de atuação dos pesquisadores do CEstA e de outros que puderam participar do simpósio. Todas essas redes, que procuramos amarrar neste livro, contaram com a colaboração inestimável da equipe do CEstA, a quem agradecemos imensamente. O simpósio não teria sido possível sem o trabalho de Lucas Ramiro e Frank Nabeta, tampouco sem a intensa colaboração dos monitores Aline Aranha e João Pedro Turri. Ainda, enfatizamos nosso agradecimento às debatedoras convidadas nas diferentes mesas do simpósio: Beatriz Perrone-Moisés, Marina Vanzolini, Marta Amoroso, Sylvia Caiuby Novaes e Vanessa Lea.

Iniciamos esta apresentação com a ressalva dessas populações não serem apreensíveis em um único coletivo, como parece indicar o termo *guarani*. A diversidade de abordagens e temáticas dos textos aqui reunidos nos parecem ter como denominador comum a recusa de circunscrever o pensamento ou a socialidade guarani em categorias estanques ou substantivadas, voltando seu interesse para conexões em redes, com diferentes vieses, como espaços, parentesco, saberes, alteridades, entre outros possíveis. É certo que não poderemos restituir às palavras do livro o movimento do sopro guarani, feito de falas, cantos, danças, gestos e fumaça. Mas esperamos promover deslocamentos e transformações em nossos leitores.

Movimentos pela terra, andanças entre mundos

Aguyjevete pra quem luta!

A Comissão Yvyrupa e a busca por nosso espaço de viver

TUPÃ (MARCOS DOS SANTOS)*

Eu sou Tupã e meu nome em português é Marcos. O trabalho que faço com o meu povo na Comissão Guarani Yvyrupa aprendi com meus pais, grandes líderes, e com os *xeramõi*, os caciques aqui de São Paulo e no litoral. Eu sou nascido no Rio Silveira, em Bertioga, e me criei na aldeia Boa Vista, em Ubatuba. Na década de 1980, os *xeramõi* lutaram pelo reconhecimento das terras na faixa litorânea. Nessa época, eles se referiam muito ao *jaguata*, que é o nosso caminhar, a mobilidade guarani. Em todas essas áreas na faixa litorânea, desde o Rio Grande do Sul até Espírito Santo, os grandes líderes lutavam pela permanência nessas aldeias, porque era muito forte o não reconhecimento delas pelos que falavam que eram donos dessas terras.

Meu pai me levava nos encontros de aldeia em aldeia e em reuniões junto com o governo, com a FUNAI. Nesses encontros eu aprendi a luta do movimento guarani. Foi muito forte ver a dificuldade deles por não falarem bem o português, não saberem escrever, não saberem ler. Então eu me interessei em estar junto com eles, ajudando. E me espelhei muito nas duas lideranças que acompanhavam nossos *xeramõi*, que foi o meu tio Manoel e o finado Valdelino, da aldeia da Barragem, Tenonde Porã. Eles eram os porta-vozes desses grandes caciques. Os Guarani falavam *nhandepy*, na nossa língua, nas reuniões. Mesmo na cidade, junto com os secretários, com a FUNAI, os líderes falavam em Guarani nessa luta, então eram esses dois Guarani que falavam em português para os representantes do governo. Em várias reuniões, na hora de assinar a ata, o registro dos *juruá*, o pessoal simplesmente carimbava o seu dedo, e apenas os *juruá* escreviam. Isso me chamou muito a atenção, e também a importância desse trabalho de tradução que eles faziam.

---

*. Coordenador *tenonde* da Comissão Guarani Yvyrupa.

Na época, a gente que acompanhava os mais velhos ia mais pra brincar, vivia correndo pra lá e pra cá, não prestava muita atenção nas reuniões. Depois é que fomos vendo que a gente deveria se inteirar dos assuntos e começar a acompanhar a discussão deles. Isso foi em 1984, 1985... Conversamos que cada aldeia poderia organizar um movimento de jovens. Daí tomei a iniciativa de fazer isso na minha aldeia, Boa Vista, em Ubatuba, SP. Também tinha o mais velho que era o *xondaro* da aldeia, o guardião que ensinava a parte da organização interna da aldeia, nas roças, no plantio, fazia as casas, a limpeza no terreno. E fui então junto com ele, auxiliando na aldeia, e esse grupo de jovens virou depois a associação da comunidade.

Registramos a Associação e, como eu estava movimentando os jovens, fui eleito o presidente. Tivemos uma proposta de escola junto com a prefeitura municipal, e o Centro de Trabalho Indigenista (CTI) nos ajudou nessa época. Tinha um Guarani que se formou na cidade, estudou um pouco e depois lecionou pra nós. Nesse contexto aprendi a parte de alfabetização na escola da aldeia. Depois eu fiz uma pequena parte de estudo na cidade também. Não me formei por causa do trabalho junto com os jovens na minha aldeia e depois em outras aldeias, na Barragem, no Rio Silveira... Então foi surgindo essa ideia de ampliar a participação dos jovens na questão política.

Eu acompanhei o trabalho dos nossos caciques junto com o pessoal do CTI, do Centro Indigenista Missionário (CIMI) e dos demais apoiadores. Conseguimos o reconhecimento das terras guarani na faixa litorânea, que foi na aldeia Boa Vista, no Rio Silveira, na aldeia do Rio Branco, Itariri e nas três aldeias aqui na capital. São pequenas terras que foram conseguidas com grande luta, pois foi uma pressão muito forte.

Apesar do reconhecimento dessas terras ser pequeno, nós vimos que tínhamos que enfrentar a situação. Participamos de encontros em que falávamos da presença guarani na faixa litorânea e também no nosso território *yvy mbyte*, que é o centro da terra, como os nossos mais velhos falam, na região do Paraguai e Argentina. Tem todo o contexto da mobilidade guarani, da busca da Terra sem mal, *yvy mara e'ỹ*, em que os Guarani vieram ocupando espaços. Também teve nossa *xejaryi* que faleceu na aldeia do Espírito Santo, Maria Tataxi, ela teve essa caminhada em busca de *yvy mara e'ỹ* e fundou aldeias em São Paulo e no Rio de Janeiro. Mas onde os Guarani chegavam, ocupavam uma certa região e aí chegava um tal dono, e os Guarani não são de conflito, então simplesmente se retiravam daquele local, iam pra outros lugares e aí foram perdendo território. Fomos conversando sobre tudo isso nos encontros.

Conhecendo mais sobre a minha história, desde a época da colonização, ou da ocupação dos *juruá*, da colonização portuguesa, vi que se nós simplesmente fôssemos saindo das aldeias, a gente ia ficar sem terra. Ia chegar um momento em que nós teríamos que enfrentar e lutar pelos nossos direitos. Então participei também, lá em Brasília, do movimento pelos direitos indígenas na Constituição de 88. Nesse contexto fui me formando na questão guarani, da minha liderança interna da aldeia e também me fortalecendo, adquirindo conhecimentos na questão política atual.

A organização dos caciques de 1984 a 1989 se chamava AGUAI, "Ação Guarani Indígena", aqui em São Paulo. Cheguei a ser presidente nessa organização, mas, por dificuldades financeiras e de não conseguir apoio, tivemos que fechá-la. Também tivemos outras organizações do nosso jeito, sem ser registrado, mas a gente sempre caminhou na luta, na defesa dos direitos. Aí vimos que cada liderança em cada estado fazia seu movimento separado, sem muita aproximação. Tinham as lideranças no Espírito Santo, no Rio de Janeiro, em São Paulo, Paraná, Santa Catarina, Rio Grande do Sul... Então nós fomos nos juntando, conversando com os mais velhos, com os *xeramõi*, buscando mais informações, mais instrumentos de luta. Junto com eles, nós vimos que era importante ter uma representação nossa, dos Guarani do Sul e do Sudeste. Tivemos então vários encontros, reuniões, e aí tivemos em 2006 uma reunião em Sete Barras, quando formamos uma representação Guarani do Sul e do Sudeste, com a representação de cada liderança que estava se destacando nos estados. Formamos a comissão Guarani Yvyrupa nesse contexto.

Pra nós a terra é uma só, não se limita por estado, por município, nessas divisas políticas. *Nhanderu*, nosso deus, criou, gerou essa terra pra todos os povos viverem, nesse conceito. Também politicamente nós acompanhamos a discussão lá em Brasília, com o movimento nacional, com a APIB, que é a Articulação dos Povos Indígenas do Brasil, e todas as reuniões que eles fazem convidam a Comissão Guarani Yvyrupa.

Ultimamente estamos acompanhando de perto a discussão sobre os territórios indígenas e as propostas de mudança que estão ocorrendo em Brasília. Isso pra nós é muito preocupante, porque nesse contexto atual é o governo que executa a demarcação das terras, a FUNAI, o Ministério da Justiça e a Presidência da República que homologam a terra. Nesse processo já tem muita dificuldade, porque os tais *proprietários* entram na Justiça, muitas terras são judicializadas e não conseguimos com mais rapidez ter a garantia das nossas terras. E hoje, com as PECs que estão aí no Congresso, esse processo pode ser transferido para o Poder Legislativo, que é o propósito da bancada ruralista. Eles estão se organizando, e têm poder econômico da grande pecuária e dos plantadores de soja.

Nós estamos nos organizando também, procurando buscar apoio com nossos amigos, parceiros, entidades e ONGs. Está sendo difícil hoje a discussão lá em Brasília, e isso se reflete muito nas Terras Indígenas do Mato Grosso do Sul e em nós aqui, na faixa litorânea na Mata Atlântica. Essa está sendo a maior discussão hoje no momento. Em toda a faixa litorânea, desde o Rio Grande do Sul até Santa Catarina, há também terras que foram reconhecidas como compensação dos impactos ambientais, da construção ou da duplicação de ferrovias, que são adquiras por compra. Essas terras são pequenas, às vezes com 50, 100 hectares, e aí acaba sendo um outro formato de reconhecimento.

Temos o reconhecimento da ocupação tradicional pelo artigo 231 e hoje corre o risco desse artigo ser mudado para o reconhecimento ter que passar pelo Congresso Nacional, do Poder Legislativo. Tivemos uma manifestação aqui na Rodovia dos Bandeirantes da aldeia do Jaraguá. Junto com os nossos parceiros, nós organizamos a mobilização dos Guarani aqui em São Paulo, na Avenida Paulista. Eu tive que ir a Brasília pra acompanhar o movimento nacional lá, que teve a representação de todos os povos do Brasil. Fizemos manifestações na região do centro de Brasília, no Supremo Tribunal, em frente ao Palácio da Presidência da República e do ministro da Justiça. Houve momentos tensos, em que todos os povos se organizaram no acampamento para ir até o Congresso, onde foram barrados pelos policiais. O povo Kayapó e Xavante, outros povos que estavam juntos se dirigindo até o Palácio Nacional, foram barrados pelos policiais, que também jogaram spray de pimenta. Mas algumas partes do Poder Executivo formalmente se posicionaram contra a PEC 215, o projeto de lei 227 e outras PECs que estão sendo discutidas pela comissão especial que estava sendo instalada. A vice-presidente da câmara disse que essa comissão não podia ter continuidade.

Em uma manifestação geral dos povos indígenas, estivemos também no Supremo Tribunal conversando com um dos representantes, o relator assessor, sobre a portaria 303 e as dezenove condicionantes para a demarcação de terras. Essa portaria está sendo usada pelos contrários às demarcações, especialmente no Mato Grosso. São todas essas questões que nós, enquanto movimento indígena, enquanto movimento da Comissão Guarani Yvyrupa, estamos articulando, acompanhando junto com o movimento nacional.

A nossa luta enquanto movimento guarani é a demarcação das terras. Estamos também acompanhando em toda a região a questão dos empreendimentos que impactam as terras indígenas, como a construção ou duplicação de rodovia, construção de barragem, hidrelétrica, enfim, todas essas questões que vêm afetar as terras indígenas. Então é um movimento muito tenso em Brasília, que está refletindo em todas as terras indígenas no Brasil.

Tenho muito orgulho do meu povo, faço parte da comunidade e, nesse movimento, estamos organizando também a Comissão Mirim, que são os jovens que estão nos acompanhando na discussão. A cada reunião, evento, encontro ou assembleia, estão participando os jovens. Esse é meu papel: formar essa nova geração assim como fui formado pelos mais velhos.

Aguyjevete: agradecimento e plenitude a todos que estão nessa luta!

CARTA VEICULADA PELA COMISSÃO YVYRUPA POR OCASIÃO DA TINTA VERMELHA NO MONUMENTO ÀS BANDEIRAS

Para nós, povos indígenas, a pintura não é uma agressão ao corpo, mas uma forma de transformá-lo. Nós, da Comissão Guarani Yvyrupa, organização política autônoma que articula o povo Guarani no sul e no sudeste do país, realizamos no dia 02 de outubro a maior manifestação indígena que já ocorreu em São Paulo desde a Confederacão dos Tamoios. Mais de quatro mil pessoas ocuparam a Av. Paulista, sendo cerca de quinhentas delas dos nossos parentes, outros duzentos de comunidades quilombolas e mais de três mil apoiadores não indígenas, que viram a força e a beleza do nosso movimento. Muitos meios de comunicaçao, porém, preferiram noticiar nossa manifestação como se tivesse sido uma depredação de algo que os brancos consideram ser uma obra de arte e um patrimônio público.

Saindo da Av. Paulista, marchamos em direção a essa estátua de pedra, chamada de Monumento às Bandeiras, que homenageia aqueles que nos massacraram no passado. Lá subimos com nossas faixas, e hasteamos um pano vermelho que representa o sangue dos nossos ante-

passados, que foi derramado pelos bandeirantes, dos quais os brancos parecem ter tanto orgulho. Alguns apoiadores não indígenas entenderam a força do nosso ato simbólico, e pintaram com tinta vermelha o monumento. Apesar da crítica de alguns, as imagens publicadas nos jornais falam por si só: com esse gesto, eles nos ajudaram a transformar o corpo dessa obra ao menos por um dia. Ela deixou de ser pedra e sangrou. Deixou de ser um monumento em homenagem aos genocidas que dizimaram nosso povo e transformou-se em um monumento à nossa resistência. Ocupado por nossos guerreiros xondaro, *por nossas mulheres e crianças, esse novo monumento tornou viva a bonita e sofrida história de nosso povo, dando um grito a todos que queiram ouvir: que cesse de uma vez por todas o derramamento de sangue indígena no país! Foi apenas nesse momento que esta estátua tornou-se um verdadeiro patrimônio público, pois deixou de servir apenas ao simbolismo colonizador das elites para dar voz a nós, indígenas, que somos a parcela originária da sociedade brasileira. Foi com a mesma intenção simbólica que travamos a Rodovia dos Bandeirantes, que além de ter impactado nossa Terra Indígena no Jaraguá, ainda leva o nome dos assassinos.*

A tinta vermelha que para alguns de vocês é depredação já foi limpa e o monumento já voltou a pintar como heróis os genocidas do nosso povo. Infelizmente, porém, sabemos que os massacres que ocorreram no passado contra nosso povo e que continuam a ocorrer no presente não terminaram com esse ato simbólico e não irão cessar tão logo. Nossos parentes continuam esquecidos na beira das estradas no Rio Grande do Sul. No Mato Grosso do Sul e no oeste do Paraná continuam sendo cotidianamente ameaçados e assassinados a mando de políticos ruralistas que, com a conivência silenciosa do Estado, roubam as terras e a dignidade dos que sobreviveram aos ataques dos bandeirantes. Também em São Paulo esse massacre continua, e perto de vocês, vivemos confinados em terras minúsculas, sem condições mínimas de sobrevivência. Isso sim é vandalismo.

Esse monumento para nós representa a morte. E, para nós, arte é outra coisa. Ela não serve para contemplar pedras, mas para transformar corpos e espíritos. Para nós, arte é o corpo transformado em vida e liberdade e foi isso que se realizou nessa intervenção.

Aguyjevete pra todos que lutam!

A caminho do sol

Cosmografias guarani

DANIEL CALAZANS PIERRI*

Isso que eu tenho pra contar. Então nós, Guarani, iríamos nos encontrar frente a frente com os brancos. Nhanderu, *a divindade criadora do universo, já nos destinou para sermos* tekoaxy, *seres terrestres com corpo perecível, nos destinou para caminhar entre o lugar onde* Nhamandu, *a divindade solar, se põe e o fim da terra dele,* yvyrakã. *Por isso, seguindo o caminho de* Nhamandu *viemos. É por isso que até hoje estamos aqui. Os primeiros viveram no centro da terra,* yvy mbyte, *e vieram seguindo o caminho de* Nhamandu, *porque assim é o caminho que a alma das crianças faz, elas vêm desde onde o sol nasce, mandadas pelos deuses para confiar e se concentrar neles. Isso tudo já acontecia desde antes do brancos estarem aqui, já vínhamos para a beira do mar. Então, os brancos não deveriam nem perguntar porque vivemos aqui. Nós já sabemos disso tudo pelos* nhamandu kuery, *a coletividade dos* Nhamandu, *porque seguimos o caminho deles e em todo esse percurso formamos as nossas aldeias, na direção da morada de* Nhanderu. *Aqueles que vivem pra onde o sol se põe, a morada de Tupã, eles estão em contato com quem está aqui, porque eles também caminham até pela beira do mar.*

Os brancos usaram a nossa língua para dar o nome a todas as coisas que tem nesse território: as cidades, os rios, todas as coisas estão na nossa língua. Só isso já serviria como uma prova da nossa presença, como dizem os brancos. Não tem como dizer que não estivemos sempre por aqui, pois seria mentira! A gente vai falar que é mentira, pois sabemos a verdade. Também tem as tava, *"ruínas", que eram usadas pelos Guarani. São as ruínas, como dizem os brancos: como elas existiriam por toda parte desse território se não fosse porque os Guarani passaram por aí?*

*. Mestre pelo PPGAS-USP e membro do Centro de Trabalho Indigenista (CTI).

Se não existisse o Guarani aqui, não existiriam essas ruínas. Tinha aldeias grandes mesmo antigamente, bem perto de onde é o Rio de Janeiro. Lá perto tinha 17 aldeias. Em 1500, quando os brancos passaram, os Guarani não queriam entregar as suas aldeias e por isso os brancos mataram muitos. São Paulo também é a mesma coisa, tinha aldeia grande bem perto de onde é a cidade. Tudo isso aconteceu, mas como os brancos não querem dar a terra para nós e eles são maioria, eles não querem contar a verdade. Mesmo assim, a gente vai vencer porque a gente tem a sabedoria dos nhanderu kuery, *o coletivo genérico das divindades. Até aqui foi a minha palavra, aqui na aldeia Peguaoty, que vai ser uma aldeia mesmo, bem grande.*

CACIQUE LUÍS EUSÉBIO[1]

Essa narrativa, da qual reproduzo apenas um pequeno trecho, foi realizada na língua guarani no contexto de um estudo para a regularização da Terra Indígena onde se insere a aldeia na qual vive o autor da narrativa. Trata-se de uma aldeia do povo Mbya-Guarani, povo esse que ocupa uma série de fragmentos de um vasto território, que atinge desde a região litorânea do Brasil, nos Estados de Espírito Santo, Rio de Janeiro, São Paulo, Paraná, Santa Catarina e Rio Grande do Sul, passando pelo interior desses quatro últimos estados e se espalha pela região oriental do Paraguai, e pela província de Misiones, na Argentina.

Construiu-se em parte da literatura antropológica especializada e, sobretudo, em parte da chamada *opinião pública* a ideia de que os Guarani-Mbya seriam um povo *originário do Paraguai ou da Argentina* que realizou migrações desesperadas para o litoral apenas recentemente, inspirado por um movimento messiânico sem futuro. Todavia, existe documentação histórica que comprove a presença dos Guarani-Mbya no litoral brasileiro, desde ao menos a segunda metade do século XIX, e nada na documentação permite afirmar com segurança que esse povo esteve ausente do litoral em qualquer momento do período colonial.

Sem entrar nesse debate, cabe enfatizar que a narrativa acima representa um esforço evidente de mobilizar parte do arsenal cosmológico de que dispõe o narrador para argumentar no sentido de defender seu direito à demarcação da terra e de se contrapor àquela visão acerca das origens dos Guarani-Mbya. Trata em parte, portanto, de uma mobilização política de uma narrativa mítica. Também por isso — e nunca apesar disso — a mesma narrativa apresenta uma série

1. Escrito em 30 de janeiro de 2011 na aldeia Peguaoty, em Sete Barras, São Paulo.

de elementos importantíssimos e complexos para uma compreensão do que seriam as concepções cosmológicas dos Guarani-Mbya a respeito do espaço terrestre habitado, de sua cosmografia e de aspectos importantes de sua cosmogênese.

Esse é o tema central deste texto, que pretende lançar luz sobre a riqueza dessas concepções a respeito do espaço terrestre, abordando a maneira através da qual elas são mobilizadas no discurso das lideranças na defesa de seus direitos territoriais. Tratarei de três conceitos nativos relacionados, todos eles mobilizados direta ou indiretamente nessa disputa: *yvyrupa*, cuja tradução literal é "plataforma terrestre"; *yvy mbyte*, "centro do mundo", e *yvy apy* ou *yvy akã*, "extremidade do mundo" ou "fim da terra". Os três conceitos aparecem no discurso acima, mas pretendo principalmente contribuir para uma melhor compreensão do conceito de *yvyrupa*, porque esse foi o nome escolhido para a mais importante organização supralocal dos Mbya: a Comissão Guarani Yvyrupa, sobre a qual falarei brevemente ao concluir o texto.

Mas voltemos antes para o relato, para sua referência central. O cacique Luis Eusébio desconstrói a ideia mobilizada pelos seus adversários de que os Guarani-Mbya não seriam originários do litoral. Para tanto, esclarece que os Guarani são descendentes diretos de *Nhamandu*, o Sol, que é uma das principais divindades do panteão guarani. Entretanto, para compreender o que dizia Luis Eusébio é preciso conhecer uma outra narrativa, muito contada entre os Guarani, que é uma variante daquela que a literatura antropológica convencionou chamar o *mito dos gêmeos*. Segundo ela, *Nhamandu*, o Sol, nasceu na primeira terra, *yvy tenonde*, onde o seu pai, criador do universo, *Nhanderu Tenonde Papa*, esteve e fecundou magicamente uma mulher que aqui vivia, *Nhandexy*. Ao se desentender com ela, *Nhanderu* partiu de volta à sua morada celeste, que ficava a Leste. Toda a história é narrada como um percurso que é seguido por *Nhamandu*, o Sol, desde que estava no ventre de sua mãe, à procura da morada celeste de seu pai, *Nhanderu*. No meio da narrativa, sua mãe é devorada por onças, e após esse episódio Sol cria *Jaxy*, o Lua, para lhe fazer companhia como um irmãozinho. Ao fim, eles são recebidos de volta na morada de *Nhanderu Tenonde*, o pai deles, que se situa em uma plataforma celeste localizada ao Leste.

Essa narrativa, que é uma das principais da cosmogênese desse povo, tem para os Mbya uma territorialidade muito marcada. O Sol ainda na barriga da mãe, percorre a plataforma terrestre partindo do local que eles concebem como sendo o centro do mundo, *yvy mbyte*, e segue em direção ao Leste até que atinge, já com seu irmão Lua, o fim da terra, *yvy akã*. Após o fim da terra havia nesse tempo uma outra ilha, *yy paũ*, à qual passam *Kuaray* e *Jaxy*, matando as onças originárias. Essa outra ilha, que vai se separando progressivamente da terra, tornar-se-á uma das moradas celestes, e esse processo de separação desemboca na criação do mar.

Era justamente a essa narrativa dos irmãos Sol e Lua que o cacique Luis Eusébio se referia para dizer que os Guarani *foram destinados a andar do centro do mundo ao fim da terra*. Quando ele dizia que os primeiros viviam no centro da terra e vieram *seguindo o caminho de* Nhamandu, há dois sentidos a se extrair daí. Em primeiro lugar, deve-se entender que os primeiros são justamente Sol e Lua, *Nhamandu* e *Jaxy*, divindades que os Guarani do mundo terrestre atual consideram seus antepassados e às quais estão destinados a imitar. Em segundo lugar, esse mesmo caminho é pensado também como qualquer trajeto percorrido na direção do sol nascente, ao Leste, onde se situa a morada de *Nhanderu Tenonde*.

O movimento do próprio astro solar também é recorrentemente abordado pelos meus interlocutores. Dizem os Guarani que *Nhamandu*, o Sol, sai todo dia de sua morada ao Leste iluminando a terra com um aparelho de luz e depois o desliga e faz novamente o percurso de volta, o mesmo que fez quando esteve na plataforma terrestre, do centro da terra ao Leste.

Mas o discurso de Luís Eusébio, ao deixar implícitas essas questões, fala explicitamente de suas decorrências na vida concreta dos Guarani. Ele diz que *em todo esse percurso sempre formamos as nossas aldeias, na direção da morada de* Nhanderu. Ou seja, ele indica os preceitos cosmológicos que delimitam o território de ocupação dos Guarani. Estando os Guarani destinados a *imitar* os heróis da raça, como dizia Alfred Metraux, eles devem formar suas aldeias em toda a extensão do percurso que foi realizado no início dos tempos pelos irmãos Sol e Lua, abrangendo desde a região central do mundo, que eles identificam ao Paraguai e à região fronteiriça deste país com Argentina e Brasil, até a extremidade do mundo, que é a região litorânea do Brasil. E se foi assim na primeira terra com os antepassados divinos dos Guarani, os heróis Sol e Lua, sempre foi assim ao longo da história: "mesmo antes da chegada dos brancos", como diz Luis Eusébio, "já estávamos na beira do mar".

Entende-se, assim, que a ideia mobilizada pelos setores contrários à demarcação das terras guarani no litoral guarda uma consonância com a cosmologia guarani que não passa de um mal entendido. Da mesma maneira que seus adversários, os Guarani consideram que seus primeiros antepassados viveram inicialmente no local que eles consideram ser o centro do mundo, *yvy mbyte*, e que coincide com alguma localidade no Paraguai, como veremos adiante. De acordo com a sua cosmogênese, de fato *vieram do Paraguai*. Entretanto, os que vieram fizeram esse percurso não nesse mundo atual, mas na primeira terra que foi destruída pelo dilúvio, saindo do centro do mundo até a região do litoral, *yvy apy*, a extremidade do mundo. Foram os antepassados míticos Sol e Lua que delimitaram como território de ocupação dos seus descendentes Guarani toda a região onde hoje se estendem as centenas de aldeias existentes.

Outra passagem da cosmogênese guarani é necessária para compreender sua concepção de espaço. Muitos dizem que a primeira terra, quando foi gerada por *Nhanderu Tenonde*, foi gerada sobre uma grande água, na forma de uma pequena ilha, que não tinha mais que o tamanho da planta do pé de *Nhanderu*. Posteriormente, esta ilha foi sendo ampliada e formou a terra, ou mais precisamente o continente americano no tamanho que ele tem hoje. Esse local onde se iniciou a terra é justamente esse centro do mundo, *yvy mbyte*, localizado provavelmente onde hoje é o Paraguai.

O espaço terrestre é chamado *yvyrupa*, termo cuja tradução literal é suporte ou plataforma terrestre. É dito suporte porque é concebido como uma estrutura, dentre outras, que sustenta uma ilha concebida como um amontoado de terra que existe em meio a um universo feito de água. A esse respeito, transcrevo um trecho de uma outra narrativa realizada também em guarani por um ancião de outra aldeia localizada numa ilha no litoral de São Paulo, próxima à aldeia do autor da primeira narrativa:

> Esse mundo é grande. Em cima da terra tem um mar. E embaixo da terra tem um mar muito grande. Embaixo da terra é só água. É tudo água, é mais água que a terra. É desse mar, que *Nhanderu* pega água pra fazer chuva. E não é salgada. A água que está embaixo dessa terra é maior que o mar que a gente vê. O mar que a gente vê é pequeno comparado com esse que tem embaixo da terra. E esse não é salgado. [...]
>
> Em cima da terra, aqui em cima, essa água é salgada, já está toda salgada. Mas embaixo não é salgada. Então, é daí que ele pega água pra fazer a chuva. Então, por isso que tem a nascente, essa que chega nas cachoeiras e nos rios, ela nunca vai acabar. Elas vêm diretamente debaixo da terra. Vêm desse mar grande, que não salgado, é de lá que chega a nascente. [...]

> Já contaram pra você sobre o centro da terra? No Paraguai? *Yvy mbyte.* Lá existe a amarração da terra. É uma corda que sai do centro da terra e atravessa até outro mundo. De uma espécie de gancho, ele atravessa para o outro mundo.
>
> Porque existem quatro mundos. No quarto mundo está *Nhamandu.* É a corda do centro do mundo. Tem uma corda, que na verdade é um vento, é um vento fino. E essa corda está esticada. E o mundo lá fica assim por isso, lá no centro da terra é mais alto. E pra cá ele abaixa mais, e fica assim. E a corda passa para o outro mundo, também pelo meio. E lá é o centro do mundo. É o centro exato, lá no Paraguai. Eu não fui, mas minha avó me contou.

Essa narrativa, como a primeira, apresenta uma série de elementos complexos a respeito de elaborações cosmológicas realizadas pelos Guarani, que não terei espaço para abordar aqui.[2] Mas o que quero chamar atenção é que reecontramos um tema clássico da literatura guarani, desenvolvido com detalhes não abordados por autores como Cadogan ou Curt Nimuendajú, que lançaria nova luz sobre as concepções guarani a respeito do espaço terrestre, de *yvyrupa*, como dizem os indígenas. Nimuendajú foi o primeiro autor que já pode ser considerado um antropólogo a testemunhar os chamados movimentos proféticos realizados por grupos guarani, saindo de regiões interioranas para atingir à chamada Terra sem mal. Como é sabido, ele dizia em suas *Lendas da criação e destruição do mundo* (1914) que encontrou grupos guarani que saíam do sul do Mato Grosso do Sul em direção ao litoral paulista, inspirados por líderes xamânicos para atingir em vida a morada dos deuses. Dizia também, o que quase nunca é notado, que embora os indígenas dissessem que a Terra sem mal se situava além do mar, *a maioria a leste*, alguns falavam *de uma outra Terra sem mal localizada no centro da terra.*

Ora, na narrativa que transcrevi acima, meu interlocutor nos esclarece que existem quatro mundos, quatro plataformas, uma situada em cima da outra, sendo a última delas a morada de *Nhamandu*, o Sol. Diz também que tanto embaixo como em cima dessa terra há uma grande água, há um mar, que não podemos ver. Desse modo, a plataforma terrestre, *yvyrupa*, é concebida como uma estrutura que sustenta uma ilha, em volta da qual há mar por todos os lados, por cima e por baixo. Levando isso em consideração, a diferenciação de Nimuendajú entre uma Terra sem mal que seria localizada no centro da terra e outra que estaria além do mar, pode não fazer tanto sentido.

---

2. Ver, a esse respeito, Pierri, 2013.

Entre a plataforma celeste e plataforma terrestre há água por todos os lados. Portanto, para atingir a morada dos deuses, seja saindo do litoral, na extremidade do mundo, ou do interior, no centro do mundo, será preciso atravessar as águas, o grande mar que a gente não vê.

A partir dessa concepção, esse último ancião me explicava de uma maneira muito peculiar o que pensava sobre algo que Nimuendajú chamava de *crença na destruição do mundo*, e que para esse autor tinha relação direta com o profetismo. Ele me dizia que a estrutura dessa terra atual foi reforçada depois da destruição das últimas três terras que a precederam. Por isso, ela é segura e não vai acabar nunca. Entretanto, *Nhanderu Tenonde* está nervoso com a devastação promovida pelos brancos e vai limpar a terra. Com isso, ele quer dizer que *Nhanderu* vai varrer toda a terra que existe em cima de *yvyrupa*, da plataforma terrestre, e renovar tudo com terra nova, destruindo a humanidade atual. O que não acaba, portanto, é a estrutura terrestre, o suporte da terra.

Percebe-se, logo, que o conceito guarani de *yvyrupa* é muito mais literal do que poderia parecer. Refere-se de fato a uma estrutura que sustenta a terra em que pisamos e que foi construída progressivamente a partir do centro do mundo, onde ela está amarrada a outras estruturas que sustentam outros mundos.

Assim como vimos que Luis Eusébio utilizava esses conceitos para rebater argumentos de pessoas contrárias à demarcação de suas terras, *yvyrupa* tornou-se, a partir das últimas décadas, um termo utilizado frequentemente por grande parte das lideranças políticas guarani-mbya mobilizadas na luta por suas terras. Utilizam esse conceito de *yvyrupa* com o mesmo propósito que tinha Luis Eusébio no discurso transcrito no início, justamente para justificar seu direito à ocupação de aldeias espalhadas pela região mais populosa do Brasil, além de Paraguai e Argentina.

Na luta política frente ao Estado Nacional, as lideranças Guarani-Mbya dizem: "os mais velhos chamam nosso território de *yvyrupa*, e esse termo quer dizer que a terra é uma só. *Yvyrupa* significa mundo sem fronteiras".

Embora seja uma tradução que não dá conta da complexidade das concepções de que tratamos apenas brevemente aqui, o bordão mobilizado a partir do conceito de *yvyrupa* resume boa parte das implicações que essas concepções têm para o uso que eles fazem do espaço terrestre: grande mobilidade territorial, ocupação de espaços fragmentados de um território extenso, anterioridade em relação aos brancos e não reconhecimento das fronteiras impostas pelos Estados-nação.

Em 2006, lideranças guarani-mbya de grande parte das aldeias situadas nos estados de Espírito Santo, Rio de Janeiro, São Paulo, Paraná, Santa Catarina e Rio Grande do Sul, criaram em grande assembleia, uma organização política a qual denominaram Comissão Guarani Yvyrupa. Ela se define pelo seu estatuto como "uma organização indígena guarani que foi formada para defender os direitos territoriais, garantidos pela Constituição Federal e pelas convenções internacionais, e os interesses coletivos do povo Guarani". O mesmo estatuto diz ainda que "'Yvyrupa' significa 'leito da terra' ou 'a terra é uma só'".

A Comissão Guarani Yvyrupa formalizou um movimento que já vinha acontecendo desde a década de 1980 em todo o litoral brasileiro, quando as lideranças das diversas aldeias da região passaram a se articular conjuntamente para lutar pela demarcação de suas terras, que na maioria das vezes situam-se em fragmentos de Mata Atlântica, rodeados por cidades, estradas, fazendas e diversos outros empreendimentos instalados no processo de colonização do Brasil.

A utilização do conceito de *yvyrupa* como emblema desse movimento político é interessante porque se tratava justamente de um movimento visando fazer com que as aldeias superassem o isolamento territorial que foi imposto pelo Estado, reconhecendo sua luta comum enquanto um povo único.

Para isso, optaram por utilizar esse termo que denota em sua língua todo o espaço terrestre, onde vivem os Guarani, os brancos e uma série de outros povos, como se significasse exclusivamente *território guarani*. *Yvyrupa* é o território guarani, dizem. Embora seja uma aproximação, essa tradução não deixa de denotar um aspecto central dessas concepções que abordamos. A devastação da Mata Atlântica e de boa parte dos recursos naturais do planeta foi realizada pelos brancos, resultando na expropriação do território guarani. Isso, como vimos, enervou as divindades, antepassados dos Guarani, e elas pretendem por isso limpar a terra, acabando com todos que estiverem aqui, indígenas e brancos. Afinal, *a terra é uma só*. Estamos todos juntos em *yvyrupa*.

BIBLIOGRAFIA

NIMUENDAJÚ, Curt Unkel. *As lendas da criação e destruição do mundo como fundamentos da religião dos Apapocúva-Guarani*. São Paulo: Hucitec/ Edusp, 1987 [1914].

PIERRI, Daniel Calazans. *O perecível e o imperecível: lógica do sensível e corporalidade no pensamento guarani-mbya*. Dissertação de Mestrado. São Paulo: PPGAS-USP, 2013.

Desde o século XVI *os Guarani tiveram uma série de tradutores, uns melhores, outros piores, mas muita gente fazendo um esforço de compreender esse pensamento que eles nos apresentaram. As dificuldades começam ao tentarmos aplicar nossas categorias a esse pensamento. Uma das questões é a natureza como separada daquilo que a gente chamaria de cosmologia, religião, metafísica, cultura, seja lá o que for. Não há como separar. Mas por que a gente tem tanta dificuldade em afirmar isso? Talvez porque ainda pensamos a natureza como coisa a ser utilizada. Pierre Clastres foi um dos primeiros a apontar que um dos problemas da expansão capitalista é não deixar o mundo à sua alegre improdutividade, sendo preciso fazê-lo servir e render. Esse discurso está o tempo todo rondando a briga indígena pelas terras, mas também nossos conceitos. Felizmente algumas pesquisas atuais têm nos proporcionado traduções melhores, falando mais nos termos guarani do que nos nossos.*

BEATRIZ PERRONE-MOYSÉS

Novas terras sem males

A luta guarani-kaiowá pelos tekoha

SPENSY K. PIMENTEL*

Os Guarani-Kaiowá[1] angariaram solidariedade nacional e internacional nos últimos anos em função da repercussão na internet e meios de comunicação tradicionais das notícias sobre a luta ferrenha e desigual que esse grupo indígena trava pela demarcação de suas terras na região sul de Mato Grosso do Sul.

Desde os anos 1980, têm sido frequentes as denúncias envolvendo, por um lado, mortes de lideranças e despejos violentos em retomadas de terra e, por outro, um cotidiano de fome, violência e suicídios nas antigas reservas demarcadas pelo Serviço de Proteção ao Índio, as quais se encontram superlotadas e em péssimas condições políticas, econômicas e sociais (Pimentel, 2010; Pimentel & Moncau, 2011).

Conhecido como *Aty Guasu* — Grande Assembleia Kaiowá e Guarani, esse movimento de luta pela terra envolve reuniões periódicas com centenas de lideranças, que costumeiramente divulgam uma declaração final em português. Antigamente entregues às autoridades de órgãos como Ministério Público Federal e Fundação Nacional do Índio (FUNAI), hoje, esses textos ganham grande divulgação via internet.

E, pois, lê-se no documento final de uma recente *Aty Guasu*:

*. Docente na Universidade Federal do Sul da Bahia. Este artigo amadureceu a partir de diálogos com o historiador kaiowá Izaque João e o *nhanderu* Atanásio Teixeira, a quem agradeço imensamente pela oportunidade de diálogo. O presente texto constitui um desdobramento de reflexões iniciadas em Pimentel (2012a), sobretudo a partir de uma entrevista, citada em ambos os textos, que foi gravada com o sr. Atanásio para o vídeo "Mbaraka — A Palavra que Age", realizado em parceria com Edgar Teodoro da Cunha e Gianni Puzzo a partir do prêmio Etnodoc 2009. Na tradução das entrevistas para o vídeo, agradeço especialmente pelo apoio de Eliel Benites e Graciela Chamorro.

1. No contexto sul-mato-grossense, os Guarani-Kaiowá costumam usar a designação "Kaiowá e Guarani", diferenciando os falantes do dialeto kaiowá e os do dialeto nhandeva — localmente, estes são denominados Guarani. Em outras regiões, vale notar, o jogo de etnônimos é distinto.

Não vamos tolerar mais essa demora [nas demarcações de terra] e vamos nos organizar cada vez mais para retomarmos nossas terras, custe o que custar. E que o sangue de nosso povo semeie as nossas terras sagradas para renascer a esperança de alcançarmos a terra sem males.[2]

Não se trata de um exemplo único. O uso do termo *terra sem mal* é corriqueiro nos documentos ligados às *Aty Guasu*. No discurso político do movimento, a associação entre as áreas a serem demarcadas e a Terra sem Males é uma constante. O termo correspondente, em guarani, é mesmo *Yvy Marane'y*, algo simples de verificar no diálogo com as lideranças.

Como pensar, então, essa *Yvy Marane'y* à qual não se chega a partir de uma longa caminhada até a beira da plataforma celeste, tal como boa parte da literatura etnológica em torno dos Guarani desenvolveu ao longo do século XX? Que terra sem males é essa que se pode acessar rompendo a cerca dos latifúndios sul-mato-grossenses?

Formam um denso emaranhado as associações que os textos etnológicos fizeram, ao longo do século XX, em torno desse que se tornou um dos grandes temas guarani, a Terra sem mal, *Yvy Marane'y*.

Noelli (1999) rememorava-nos o longo processo, por meio do qual se teceram hipóteses cada vez mais abrangentes — e arriscadas — sobre a Terra sem mal e, particularmente, sua associação com a mobilidade guarani. O autor destaca, na criação do que chama de *mito acadêmico* (1999, p. 123), as obras de Nimuendajú (1987 [1914]) e Métraux (1927).

Em resumo: o pioneiro Nimuendajú encontra, em 1912, uma família guarani dirigindo-se a pé para a Serra do Mar, no litoral atlântico brasileiro. Eles — que, ao que tudo indica, já haviam viajado por centenas de quilômetros rumo ao Leste — lhe dizem que fazem esse caminho para tentar chegar, em vida, à Terra sem mal, *yvy marane'y*, um lugar *onde não mais se morre*. O autor elucubra: e se, de modo geral, as migrações tupi-guarani anteriores à conquista fossem também uma busca por esse paraíso terreal? (1987, p. 107).

A hipótese de Nimuendajú começa a ser dada como favas contadas, cresce mais e mais, sobretudo a partir de Métraux, que a *reforça e amplifica*, na avaliação de Noelli (1999, p. 136). Talvez, o exemplo mais significativo sobre a dimensão que tomaram os imaginados *motivos religiosos* para os movimentos coletivos guarani esteja na análise que se construiu a respeito do termo *kandire*.

2. Documento final da *Aty Guasu* realizada em 21 de agosto de 2011 na aldeia Paso Piraju, em Dourados, MS, uma Terra Indígena em processo de identificação.

Autores como Viveiros de Castro (1995, p. 247 e 371) ou Pissolato (2007, p. 410–11) — entre muitos outros, diga-se de passagem — tomam, a partir de Hélène Clastres (1978), certa glosa de Cadogan a respeito da expressão *oñemokandire*, constante de um dos cantos mbya compilados pelo autor no *Ayvu Rapyta*: descrever-se-ia, aí, "el tránsito de la inmortalidad sin sufrir la prueba de la muerte, es decir, la ascensión al cielo después de purificar el cuerpo mediante los ejercicios espirituales" (Cadogan, 1997, p. 101).

Tratar-se-ia, pois, de um elemento central no conjunto de ideias que resultaria na proposta de Viveiros de Castro, com a noção de uma *ambivalência do humano* (Pissolato, 2007, p. 410) posta em destaque nas cosmologias tupi-guarani. Esse autor, como se sabe, considerava a ideia de um *modelo tupi-guarani* (1986, p. 623–700), elaborado a partir de uma comparação entre os Tupi seiscentistas, os Guarani e os Araweté — bem como de alguns paralelos com outros grupos tupi amazônicos contemporâneos.

Em tal constructo, a *metafísica tupi-guarani* envolvia uma concepção de pessoa constituída pelo *devir* (1986, p. 623). Entre os Guarani, especificamente, a concepção da pessoa como devir se expressaria no *aguyje*, que consiste no ideal xamânico de, por meio do aperfeiçoamento corporal-espiritual, alcançar a imortalidade, ou *amadurecimento*. Viveiros de Castro recupera aí Hélène Clastres (1978), autora que associava uma suposta passagem das migrações guarani documentadas no século XVI — já entendidas como uma procura da Terra sem mal — à ascese xamânica da busca pela perfeição individual, o *aguyje*, capaz de levar a esse paraíso em vida, como se tivesse ocorrido um processo de *interiorização* da busca pela *Yvy Marane'y*.[3]

Cadogan, nessa mesma passagem citada, indica, porém, um fato-chave. "Es sugestivo que a una nación no guarani se haya designado en la época de la conquista con este nombre Kandire. Se los habrá considerado como inmortales por poseer una cultura superior?" (Cadogan, 1997, p. 101). E, se, para além de um conceito relativo à cosmologia, tratava-se de um termo aplicado a um ou mais grupos com o qual ou os quais os Guarani mantinham contato e que, por sua cultura característica, inspiravam essa associação, de quem se estaria falando?

3. Essa configuração de uma teoria guarani da pessoa, de fato, remonta ainda à obra de Nimuendajú, que, em seu relato sobre a crença na duplicidade da alma entre os Apapokuva (1987, p. 29–47), já apontava para essa "visão dual da pessoa" (Viveiros de Castro, 1987, p. XXVII).

Recentemente, Combès e Julien são duas autoras que retornaram a esse enigma dos *Kandire*, referidos nos documentos coloniais. Elas recuperam uma série de documentos quinhentistas a respeito do deslocamento de grupos de língua guarani ao longo da bacia do Prata, rumo à região do piemonte andino, nas proximidades do que hoje é Santa Cruz de La Sierra, na Bolívia, demonstrando evidências de que, longe de representar, simplesmente, uma *reação à conquista*, essas movimentações — há muito conhecidas, mas ainda pouco estudadas — indicam a existência de uma grande rede de trocas, alianças e hostilidades, implicando um fluxo intenso de pessoas e bens, particularmente a presença de objetos de metal andino circulando por toda a área. Ou seja, um panorama bem menos compatível com a hipótese de *motivos religiosos*, ou *levantes político-místicos*, como sintetiza Julien (2007, p. 265).

As explicações para essa movimentação guarani, segundo tal autora, apontam muito mais para a busca por metais e a ânsia por resgatar parentes presos em expedições anteriores — o que, para Julien, demonstra que, em vez de falar em migrações guarani rumo aos Andes, seria mais produtivo perceber que se tratava de enormes redes de alianças e hostilidades, que inclusive ultrapassavam em muito as barreiras linguísticas (Julien, p. 251 e 254).

Nesse contexto, como aparece o termo *kandire*? As autoras demonstram que, em vários documentos, trata-se mesmo de um grupo, não um lugar — os Kandire,[4] portanto, como já percebia Cadogan —, e que o termo se referiria aos Inca. Seriam os *señores verdaderos del metal amarillo*, ou seja, o ouro (Combès, 2011, p. 102). Mais precisamente, Combès argumenta que as menções aos Kandire se refeririam aos Inca da região de Samaipata — fortaleza construída para defender minas de prata exploradas pelos andinos na região próxima a Santa Cruz. Os Carcaraes, outro grupo também citado nos documentos, seriam *mitimaes*, "funcionários", empregados pelo inca Condori nessas minas conhecidas como Saypuru — a própria designação Kandire poderia ser derivada de Condori, supõe (2011, p. 102–3).

A autora busca refinar as hipóteses de Julien — não é que se deva opor os *motivos religiosos*de Nimuendajú a um cálculo e uma razão *à ocidental*, que justifica a movimentação registrada na bacia do Prata a

4. Nos documentos e, por conseguinte, nos textos de Combès e Julien, é frequente que se grafe o termo como Candire — aqui, usarei genericamente kandire, adequando-se à grafia utilizada no guarani contemporâneo.

partir de motivações materiais. "Una 'tierra rica' de metal bien puede a la vez ser tierra de 'cosas buenas'", conjectura ela (2011, p. 103–4).

Combès lembra que Métraux já apontava para uma convergência entre as buscas pela mítica Terra sem mal e os Inca – da mesma forma que Saignes percebia que esses movimentos tinham algo a ver com a busca por metais. Mais recentemente, isso não passou despercebido a autores como Monteiro (1992) e Carvalho (1992), mas o fato é que não se tiraram consequências práticas da existência desses dados para a caracterização dos coletivos indígenas que atuam na história da região, bem como de seus movimentos e redes de circulação.

O que está em jogo aqui é a oposição cartesiana entre sagrado e profano, ou entre razão prática e razão simbólica. Tudo era concomitante, e não havia contradição nisso. "En cuanto a la búsqueda del metal andino, se trata al parecer de un afán demasiado 'materialista' para caber en la imagen idealizada de un paraíso terrenal", ironiza Combès, em outro texto (2011b, p. 27).

As viagens guarani rumo ao Oeste, sejam migrações ou expedições, são um tema pouco explorado na bibliografia etnológica sobre os Guarani. Menções a elas são feitas, mas sem maiores detalhes sobre suas motivações.[5] A discussão clássica, em geral projetada ao passado, oscilou entre considerar as antigas migrações tupi-guarani como *crises messiânicas* (Métraux, 1979, p. 175), oriundas da *aculturação*, com a chegada dos europeus, ou, nas obras de Pierre e Hélène Clastres, como um *processo autóctone*, relacionado ao crescimento demográfico[6] e consequente expansão geográfica, que acirraria uma *contradição entre o político e o religioso* (H. Clastres, 1978, p. 45): grandes chefes com prestígio em escala cada vez maior, espécie de *força centrípeta*, enquanto os profetas agiriam de forma *centrífuga*, numa ação *contra o Estado*, utilizando a expressão de Pierre Clastres.[7]

---

5. Veja-se, por exemplo, Meliá, Grünberg e Grünberg, (2008, p. 16–7), ou Meliá (1993). Mesmo quando se menciona essa questão, como em Monteiro (1992, p. 484), pode parecer que os grupos guarani simplesmente seguiam os europeus que buscavam o metal.

6. Gloso aqui a leitura que Pissolato (2007, p. 99–105) faz desse debate. Sztutman, por sua vez, rejeita o termo *messianismo*, mas continua centrando a discussão no *profetismo* como *xamanismo feito história* (2005, p. 410) ou *leitura da história* (2005, p. 430) feita pelos povos indígenas. No caso chiriguano, ele foca sua análise na obra de Saignes a respeito da história do grupo desde o período colonial e a emergência dos profetas *tumpa*, que se contrapunham aos *mburuvicha*.

7. E por essa passagem se percebe que H. Clastres também percebia essa ambiguidade citada por Combès, entre *razões ecológicas e econômicas* e *razões de ordem mítica* (H. Clastres, 1978, p. 59).

O problema que está posto aqui é o seguinte: será mesmo que, quando estamos falando de Terra sem mal, nos referimos a algo que está no polo do divino, do religioso, de um *não ser social*, de *forças negadoras do social* (H. Clastres, 1978, p. 45), ou, como afirmou, mais recentemente, Sztutman (2005, p. 41), de uma *tradução guarani do devir não humano*?

No Brasil, os Kaiowá e Guarani de Mato Grosso do Sul representam a maioria absoluta dos atuais grupos de língua guarani. Eram, em 2013, 46,3 mil pessoas, habitando 30 Terras Indígenas e cerca de outros 35 acampamentos — muitos em beira de estrada, alguns dentro de fazendas ocupadas para pressionar contra a morosidade na demarcação de terras[8] —, além da periferia de cidades da região.

Essa população conforma, hoje, o segundo maior grupo indígena do Brasil[9] — e o maior povo indígena fora da Amazônia —, mas tem à sua disposição pouco menos de 50 mil hectares de terra, efetivamente. Há algo em torno de 40 mil hectares, aproximadamente, já reconhecidos como terras de ocupação tradicional, mas ainda em poder de fazendeiros, em função de arrastadas disputas judiciais.

Desde 2008, após anos de pressão do Ministério Público Federal, a Fundação Nacional do Índio iniciou um processo, ainda inconcluso, para identificar e delimitar como terras guarani-kaiowá outras 39 áreas, pelo menos, as quais, numa estimativa inicial, somariam algo em torno de 600 mil hectares.[10]

Cada uma dessas áreas pleiteadas pelos Kaiowá e Guarani é conhecida como *tekoha* — significando algo como *o lugar onde se pode viver do nosso próprio jeito.* Da forma como é usado hoje, o termo é uma

8. Os dados de população são da Secretaria Especial de Saúde Indígena (Sesai). Afora os Guarani Kaiowá de Mato Grosso do Sul, há, no Brasil, outros 12,5 mil Guarani, de acordo com a mesma fonte. A informação sobre os acampamentos foi recolhida pelo Conselho Indigenista Missionário, em 2011. As Terras Indígenas, note-se, não estão todas completamente ocupadas — há casos em que os indígenas esperam pela resolução de conflitos judiciais em apenas uma pequena porção da terra já demarcada, ou mesmo homologada, como os casos Nhanderu Marangatu e Arroio Korá, que aguardam há anos por decisões do Supremo Tribunal Federal.

9. Se considerados em conjunto com os grupos guarani de outros estados, estamos falando do maior povo indígena do país, com aproximadamente 58.800 pessoas (Sesai, 2012a).

10. Atualmente, trava-se uma pesada discussão sobre como se poderá efetivar a posse dessas terras para os indígenas, pois grande parte das áreas está ocupada por fazendeiros que detêm títulos de terra concedidos, décadas atrás, pelos governos federal ou estadual. Cf. Pimentel, 2010 e 2012; Pimentel & Moncau, 2011.

objetivação que surgiu no âmbito das discussões sobre a demarcação de terras, desde os anos 80.

Do lado paraguaio, Melià, Grünberg e Grünberg (2008) tinham registrado o uso do termo no âmbito do debate sobre a regularização de terras paĩ-tavyterã,[11] ocorrido por lá sobretudo nos anos 1970. A despeito disso, como se sabe, palavras correlatas são muito comuns, não só na história guarani,[12] como em outros povos de línguas tupi-guarani. Por exemplo, Gallois (2004) registra, entre os Zo'e, coletivo tupi amazônico do noroeste do Pará, contatado nos anos 1980, a emergência do termo *zo'e rekoha*, aplicado à Terra Indígena Zo'e, durante o processo de reconhecimento territorial pelo qual o grupo passou.

No contexto atual, em Mato Grosso do Sul, o termo *tekoha* indica uma porção de território com o qual um determinado coletivo kaiowá ou guarani consegue identificar uma relação que pode ser interpretada pelos não indígenas como de *ocupação tradicional*, ao mesmo tempo em que percebe, ali, os elementos necessários para restabelecer o chamado *teko porã*, o bom modo de ser, o modo de ser dos antigos, fugindo às más condições que imperam nas antigas reservas demarcadas pelo SPI, onde — sobretudo em função de se viver "misturado", *jopara*, com os *karai* na proximidade das cidades e da falta de alegria, *vy'a*, resultante da miséria, relacionada sobretudo à superlotação e aos problemas ambientais — impera um *teko vai*, modo de ser ruim, ou imperfeito.

Essa forma de orientar a luta contra a colonização guarda forte continuidade com outros momentos históricos entre grupos guarani. O esforço dos xamãs kaiowá e guarani, hoje, como há vários séculos, é o de pregar a volta ao *nhande reko*, seu modo próprio de ser, de agir. *Pegar o jeito do branco*, uma expressão comum de se ouvir, é o perigo. O *nhande reko*, o jeito kaiowá/ guarani de ser, de fazer as coisas, está intimamente ligado às práticas xamânicas. Retomar as áreas de *tekoha* é recuperar hábitos e práticas dos antigos, hoje impossibilitadas pelo ambiente cada vez mais urbano das grandes reservas.

Essas práticas dos antigos, justamente, dependem de elementos que nós designamos por *natureza*. Nesse sentido, mais uma vez, há uma relação direta entre a luta pela terra, o xamanismo e a política. Terra, aqui, é muito mais do que o mero suporte para a *produção* que

11. Autodenominação mais comum dos indígenas falantes de kaiowá que vivem do lado paraguaio.
12. Veja a obra de Montoya.

nela veem os brancos. De todo modo, o fato é que o projeto, teoria ou filosofia kaiowá da política passa, de forma decisiva, por aquilo que chamamos de natureza. E isso não apenas no sentido *romântico* identificado pelos fazendeiros, de uma *volta à natureza.*[13] Mais que um objetivo, a natureza é aliada no processo de luta pela terra.[14]

Animais, plantas, elementos do clima, como ventos e raios, e da paisagem, como morros, rios, lagos, que servem como morada para certos seres, são considerados manifestações deles ou são elas mesmas entidades participantes da luta pela terra. A forma mais genérica de denominar essas *entidades sensíveis* (De La Cadena, 2008), que são aliados, parentes, ou mesmo ancestrais dos Kaiowá e Guarani é, como se viu, *Tekojára*, os *donos do nosso modo de ser*, numa das possíveis traduções. Nesse sentido, o que está em jogo, na luta pela terra, é a expectativa de voltar a ocupar um espaço onde possam relacionar-se, da forma apropriada, com todos esses seres-elementos citados.[15]

A ideia de abandonar a ordem imposta pelos brancos e retomar os *antigos costumes*, ou os costumes próprios, como fundamento das rebeliões tupi e guarani, é reiteradamente citada em documentos coloniais e, evidentemente, transformada ao longo da história, persiste até os dias atuais. Significativamente, porém, dançar e cantar continuam sendo atos fundamentais na retomada dos "bons costumes", *teko porã*, e subversivos aos olhos de boa parte dos brancos da região onde habitam, tal como nos tempos do profeta Oberá, que liderou uma rebelião guarani em 1579.[16]

O pensamento de um dos expoentes do movimento *Aty Guasu*, o *nhanderu*[17] Atanasio Teixeira, é exemplar no sentido de aclarar de que forma os *tekoha* são pensados como *yvy marane'y*. Além de gozar de grande credibilidade como curador e de ser considerado hoje um dos poucos conhecedores de diversos rituais que já não são mais realizados na maior parte do território kaiowá/ guarani do lado brasileiro, em

13. Esse termo é constantemente evocado pelo *establishment* ruralista em MS para questionar o sentido do movimento indígena de luta pela terra. Veja Pimentel, 2012a e 2012b.

14. Veja Pimentel, 2013.

15. Veja Pereira, 2004.

16. Veja Meliá, 1993.

17. Um dos termos mais comuns que os Kaiowá costumam usar para designar os xamãs — *nosso pai*. No litoral, entre os Mbya/ Nhandeva, designa o Criador do Mundo. Para diferenciar os xamãs deste personagem, os Kaiowá chamam-no *Nhanderuvusu* — "nosso pai maior".

função da degradação ambiental, Atanásio é um *nhanderu* de extrema importância na construção do movimento de luta pela terra.

Nos anos 1980, ele e outro xamã, o guarani Delosanto Centurión, morto em 2009, foram as principais figuras em um momento histórico decisivo: diante de uma série de impasses no processo de regularização das terras então reivindicadas, entre 1985 e 1986, eles passaram a criticar a forma como agiam as lideranças que então estavam à proa das ações de luta.

Para eles, era preciso retomar o modo antigo de encaminhar a resolução dos problemas, cantando e dançando para pedir a benção e o apoio dos deuses, orientando o movimento de luta pela terra de acordo com as instruções recebidas no processo de diálogo xamânico com essas entidades.[18] Nesse período, os dois, junto com outros xamãs, conseguiram apoio do movimento indígena para promover, a partir de 1987, as chamadas *Jeroky Guasu*, "grandes danças" ou "rezas". Foi a partir dessa fase que surgiu, pouco depois, o formato que é verificado até hoje para as assembleias *Aty Guasu.*

Até hoje, Atanásio participa ativamente do movimento *Aty Guasu*, e sua voz é ouvida com extrema deferência nas assembleias. Em uma entrevista com ele realizada em 2010,[19] assim se referia ao que irá acontecer quando os Kaiowá e Guarani conseguirem ocupar efetivamente as terras que hoje reivindicam:

> Então, haverá dança e caminhada até o lugar onde vai renascer a nossa terra, e é ali que nós vamos. Ali haverá novamente os que vão dançar, vão ser arrumadas as casas. Então, nesse lugar eles vão abençoar, trazer coisas boas. Depois de abençoar o lugar, eles [os *Nhanderu*] vão poder trazer de volta as nossas caças, o dono da caça vai chamar os animais, eles vão baixar de novo.

As festas kaiowá e guarani, segundo a memória dos mais velhos, estavam relacionadas a um tempo de fartura, antes do desmatamento massivo na região e do confinamento, quando as colheitas eram abundantes, e as famílias podiam convidar periodicamente os vizinhos para cantar, dançar e pedir aos deuses por sua saúde e a alegria. Esses rituais, como a nominação das crianças, *nimongarai*, ou a passagem dos meninos à idade adulta, *mitã pepy*, sinalizada antigamente por um furo na parte inferior da boca, o *tembekua*, onde se instalava um fio de re-

18. Para um debate sobre o princípio cosmopolítico que embasa essas formulações, a ideia de que o xamã ideal é aquele que vê o futuro, recebendo a denominação de *johexakáry*, ver Pimentel, 2012, cap. 3.
19. Para o vídeo "Mbaraka: a palavra que age" — *https://vimeo.com/34768557*. O texto final da tradução deve-se especialmente a Eliel Benites e Graciela Chamorro.

sina de certa árvore, o *tembeta* — estão entre as mais fortes lembranças de Atanásio, e compõem o cenário da terra almejada, onde os parentes um dia poderão voltar a viver do seu próprio jeito, o *nhande reko*:

> Então haverá novamente o convite à cerimônia das crianças, *mitã pepy*, haverá novamente a celebração do *tembekua*, haverá novamente a dança, *jerosy*, o canto longo, *mborahei puku*, pra trazer de volta a festa do milho verde, *avati kyry*. Vão ser abençoados, *hovasa*, os canaviais, os mandiocais, as crianças. Vamos ter novamente ali todas as coisas, o novo lugar vai ser fortalecido com as rezas, ali não será mais preciso ter outro modo de viver. Ali haverá uma nova vida com danças, vida sadia, e vida em abundância.

Como se pode ver, a descrição feita por Atanásio desse cenário de abundância que se aguarda para o momento de recuperação das terras se aproxima muito da que se costuma fazer no contexto do movimento indígena. Os *tekoha*, portanto, são cenário de uma promessa de fartura, alegria e festa. O discurso político, aqui, como já destacamos alhures (Pimentel, 2012b), se torna uma espécie de profecia, uma vez que, no pensamento político kaiowá e guarani, a presença dos xamãs nas ações coletivas é um dos fatores determinantes para o sucesso de qualquer empreitada. É o xamã quem deve dar o aval definitivo para qualquer movimentação expressiva de um coletivo, ou, caso contrário, haverá sérios riscos de fracasso.

É nesse sentido que parece ser cada vez mais adequado deslocar a discussão sobre o xamanismo guarani, que, não poucas vezes, foi encaminhada para o campo da religião.[20] É oportuno pensar aí no que vem sendo escrito sobre a ideia de cosmopolítica,[21] ou *política ontológica*, como aponta Mol:

> A combinação dos termos *ontologia* e *política* sugere-nos que as condições de possibilidade não são dadas à partida. Que a realidade não precede as práticas banais nas quais interagimos com ela, antes sendo modelada por essas práticas.[22]

20. Deve-se fazer a seguinte ressalva: no contexto local, para os próprios indígenas, ainda costuma ser bastante relevante discutir a questão do xamanismo como opção religiosa, em função da perseguição ferrenha que sofrem os *nhanderu* e *nhandesy* e seus familiares, por parte, sobretudo, das igrejas evangélicas pentecostais — as quais se contam às dezenas, em áreas como a de Dourados.

21. Cosmopolítica seria a *nova política*, no dizer de Latour (2001, p. 347) — a política livre do acordo moderno que isolava a natureza, como se a ela não dissessem respeito as decisões políticas. Por si só, esse acordo já definia um *cosmos* para uma certa política. Novos cosmos, novas políticas.

22. Mol, 2008, p. 63.

O deslocamento que propomos nos parece útil no sentido de desfazer um equívoco recorrente: enquanto tantos estiveram endossando os *motivos religiosos* das migrações guarani históricas,[23] Atanásio e a *Aty Guasu* nos lembram que essas dimensões estão, como parecem sempre ter estado, completamente mescladas, que não é possível separá-las. Diferente do que percebe H. Clastres para os Tupinambá seiscentistas, não se trata de um choque entre *razões econômicas* e *razões míticas*: os vetores se reforçam, não se opõem.

Igualmente, na bibliografia a respeito dos Guarani do litoral, diversos autores enfatizaram, nas últimas décadas, a motivação originalmente *religiosa* das migrações guarani. Diante da persistência, em certos segmentos sociais, da ideia de que os indígenas eram *invasores paraguaios*, ameaçando as áreas de conservação na Serra do Mar, antropólogos que identificavam uma *resistência* em reconhecer a relação dessas migrações guarani com o tema da Terra sem mal e a reprodução dos caminhos trilhados pelos *grandes heróis "divinizados"* (Ladeira, 2007, p. 66), lograram demonstrar que essa dimensão profética das migrações permanecia viva na memória de muitos idosos.

Em MS, como no litoral, trata-se, portanto, de reconhecer que as dimensões político-territoriais e cosmológicas estão imbricadas. Em ambos os casos, pois, emerge uma discussão que poderíamos caracterizar como cosmopolítica.

Há uma tendência, contudo, que se deveria evitar, para que o deslocamento cosmopolítico se efetive. Diante de apontamentos como os de Noelli, supracitados, Chamorro também reconhece a necessidade de que se sublinhem as dimensões sócio-históricas ligadas ao tema da Terra sem Males. "Tanto as causas do medo da destruição do mundo são eventos sócio-históricos como a busca de uma 'terra sem males' não é necessariamente uma fuga da realidade terrena para as esferas celestes, pois é também a busca de uma terra tão real quanto necessária", diz ela (Chamorro, 2010, p. 102).

A questão é que ela remete a relação aqui apontada a um campo político muito específico, o das utopias: "As utopias e os mitos não dizem respeito só ao mundo espiritual e os acontecimentos histórico-sociais, são a base da dimensão transcendente da religião" (Cha-

23. Somente Meliá (1989) ousou levar às últimas consequências essa discussão, sugerindo o que, aqui, estamos constatando operar plenamente na atualidade: a associação entre a *terra ideal* e a terra almejada, disputada e conquistada aqui mesmo, neste mundo.

morro, 2010, p. 102). Chamorro não foi a única a utilizar o termo *utopia* associado à Terra sem mal.[24]

Por que, afinal, é que, mesmo quando reconhecemos a dimensão política da Terra sem mal, vamos considerá-la uma *utopia*? Utopia, afinal — assim como mito —, é um termo associado ao improvável, ao sonho, à fantasia. No Mato Grosso do Sul de hoje, é frequente que os fazendeiros e seus apoiadores — na política, na imprensa — se refiram desse modo às pretensões dos indígenas de recuperarem suas terras de ocupação tradicional. Imaginar que poderão transformar aquelas áreas hoje completamente desmatadas e estéreis em plantações e florestas onde se recuperará a biodiversidade e o modo de vida dos antigos é impossível, dizem os que se opõem aos Kaiowá e Guarani.

Pode ser que o complexo de ideias em torno da *Yvy Marane'y* tenha apresentado tal sentido em alguma de suas transformações registradas ao longo destes cinco séculos, mas o fato é que, hoje, em Mato Grosso do Sul, são as terras a serem demarcadas, os *tekoha*, que se tornaram a autêntica Terra sem mal a que almejam os Kaiowá e Guarani, literalmente alcançável pela ação política planejada e consciente, e o único horizonte que muitos desses indígenas vislumbram para que se possa recuperar uma sociabilidade minimamente aceitável, que proporcione uma vida plenamente humana.

Diante dessas constatações, resta-nos, penso, refletir sobre o sentido dessa nossa recusa a reconhecer como devir humano essa espécie de movimento político — pois, afinal, é em condições absolutamente subumanas que os Kaiowá e Guarani têm sido obrigados a sobreviver nas últimas décadas.[25] Por que é que esse tipo de movimento fica confinado, na bibliografia, ao campo do religioso, da utopia?

Um recente debate, justamente, nos ajuda a pensar a respeito disso. Em 2008, o então ministro da Secretaria de Assuntos Estratégicos, Mangabeira Unger, foi questionado, em entrevista,[26] se achava que os indígenas já não teriam terra demais no Brasil. Ele respondeu dizendo que o destino do homem não podia ser o de permanecer como uma *criança aprisionada em um paraíso verde* e que, apesar de disporem de uma porção *generosa* de terra, os indígenas no país não têm acesso a *oportunidades econômicas*. Isso deveria ser *consertado*, em função do

---

24. Carneiro da Cunha e Viveiros de Castro (2009, p. 95) igualmente o fizeram.
25. E isso, em suas próprias palavras: é comum, no âmbito do movimento *Aty Guasu*, que as lideranças comparem a situação dos Kaiowá e Guarani nas reservas com a de porcos presos num chiqueiro.
26. Publicada em *O Globo*, 27 de maio de 2008.

compromisso do país com os indígenas, que, como todas as pessoas, *são espíritos que desejam transcender.*

Viveiros de Castro publicou na internet uma resposta a Mangabeira, a partir da qual, posteriormente, compôs um texto juntando-a a outros escritos (2011). Para o autor, a Amazônia não poderia ser considerada um *paraíso* — ou seja, algo concedido por um poder superior, sendo, isto sim, uma *laboriosa construção co-adaptativa*, resultado da interação entre a *engenhosidade técnica* dos indígenas e as *engenhosidades naturais* das espécies da região.

"Deixemos o paraíso para quem precisa de paraíso", diz ainda, defendendo a tese de que as culturas e sociedades indígenas escolheram um *caminho civilizacional radicalmente distinto do nosso*, uma *via da imanência* — em lugar de uma *via da transcendência.* "Os índios são os senhores da imanência: o que nós não podemos, se não pensar, eles vivem. E o que eles pensam, nós não somos mais capazes sequer de imaginar", lança, ainda, o autor.

Mas, afinal, tantos na academia não estiveram, justamente, enxergando a *Yvy marane'y* como um lugar da transcendência ao longo do século XX? Não foi esta nossa tradição de saber que aplicou, aí, algo parecido a essa ideia de Mangabeira de que *todas as pessoas são espíritos que desejam transcender*?

Na prática, houve outra instituição que não a universidade ou o indigenismo estatal, como o SPI e a FUNAI, que se encarregou de repassar diretamente aos indígenas uma mensagem a respeito de nosso *caminho civilizacional* e das opções que ele permitira aos Kaiowá e Guarani.

Igrejas cristãs, justamente, estiveram, ao longo do século XX, entre as pioneiras no processo de confinamento desses indígenas. Segundo relatos, em diversos lugares do sul de MS, as missões evangélicas desempenhavam o papel de promotoras dos benefícios do *aldeamento.* Os agentes religiosos convenciam os indígenas de que, junto às missões, dentro das reservas criadas pelo SPI, eles contariam com benefícios como saúde e educação — num movimento que, nos termos de Mangabeira, poderia ser descrito como uma *libertação* a fim de realizar o *destino* daqueles homens e mulheres, de se tornarem *grandes, divinos.* Num aparente paradoxo, a ideologia cristã, associada à transcendência, torna-se a linha de frente do movimento branco que vai conformar a realidade de tal forma a impor aos Kaiowá e Guarani a ideia de que não há escapatória possível em relação à vida nas reservas, exceto fora deste mundo.

Parte da Antropologia, poderíamos pensar, acompanhou esse movimento, ao longo do século XX. Quando se afirma que os Guarani buscam a *Terra sem mal* como quem busca algo inalcançável, que está completamente fora deste mundo, talvez, no fundo, se esteja, de certa forma, repetindo noutro tom a mesma afirmação enunciada reiteradamente pelos fazendeiros de MS: que recuperar as terras para os indígenas é, ao final, absolutamente impossível.

Quando se projeta para o campo da transcendência o projeto político guarani, quando se lhes atribui o epíteto de povo *melancólico e pessimista*, que *perdeu a vontade de viver* talvez se esteja muito mais próximo dos fazendeiros e missionários do que alguém gostaria de admitir. O que os Kaiowá vivem cotidianamente em sua política, dando a vida por um pedaço de terra em que possam reconstituir sua humanidade, é algo que dificilmente conseguimos sequer imaginar, mesmo como ideal religioso.

BIBLIOGRAFIA

CADOGAN, Leon. *Ayvu rapyta*. 2ª ed. Assunção: Ceaduc-Cepag, 1997.

CARNEIRO DA CUNHA, Manuela & VIVEIROS DE CASTRO, Eduardo. "Vingança e temporalidade: os Tupinambá". In: CARNEIRO DA CUNHA, Manuela. *Cultura com aspas*. São Paulo: Cosac & Naify, 2009 [1985].

CHAMORRO, Graciela. "Imagens espaciais utópicas: símbolos de liberdade e desterro nos povos guarani". *Indiana* 27, 2010.

CLASTRES, Hélène. *Terra sem mal: o profetismo tupi-guarani*. São Paulo: Brasiliense, 1978.

COMBÈS, Isabelle. "Pai Sumé, el Rey Blanco y el Paititi". *Anthropos* 106, 2011a.

______. "El Paititi, los Candires y las migraciones guaraníes". *Suplemento Antropológico* XLVI (1), 2011b.

DE LA CADENA, Marisol. "Política indígena: um análisis más allá de 'la política'". *WAN E-Journal* 4, 2008.

GALLOIS, Dominique T. "Terras ocupadas? Territórios? Territorialidades?". In: RICARDO, Fany. (org.). *Terras indígenas & unidades de conservação da natureza*. São Paulo: Instituto Socioambiental, 2004.

JULIEN, Catherine. "Kandire in real time and space: sixteenth-century expeditions from the Pantanal to the Andes". *Ethnohistory* 54(2), 2007.

LADEIRA, Maria Inês. *O Caminhar sob a luz: territorio mbya à beira do oceano*. São Paulo: Ed. Unesp/ CTI/ Fapesp, 2007.

LATOUR, Bruno. *A esperança de Pandora: ensaios sobre a realidade dos estudos científicos*. Bauru: EDUSC, 2001.

MELIÀ, Bartolomeu. "La tierra sin mal de los Guaraní: economía y profecía". *América Indígena* XLIX (3), 1989.

———. *El guaraní conquistado y reducido: ensayos de etnohistoria.* 3ª ed. Asunción: Ceaduc, 1993.

MELIÀ, Bartomeu; GRÜNBERG, Georg; GRÜNBERG, Friedl. *Los Paĩ-Tavyterã: etnografía guaraní del Paraguay Contemporáneo.* 2ª ed. Asunción: Ceaduc/ Cepag, 2008 [1976].

MÉTRAUX, Alfred. "Migrations historiques des Tupi-guarani". *Journal de la Société des Americanistes* 19, 1927.

MOL, Annemarie. "Políticas ontológicas. Algumas ideias e várias perguntas". In: NUNES, João Arriscado & ROQUE, Ricardo (org.). *Objectos impuros. Experiências em estudos sociais da ciência.* Porto: Edições Afrontamento, 2008.

NIMUENDAJÚ, Curt Unkel. *As lendas da criação e destruição do mundo como fundamentos da religião dos Apapocúva-Guarani.* São Paulo: Hucitec/ Edusp, 1987 [1914].

NOELLI, Francisco S. "Curt Nimuendajú e Alfred Métraux: a invenção da busca da 'terra sem mal' ". *Suplemento Antropológico* 34 (2), 1999.

PEREIRA, Levi M. *Imagens kaiowá do sistema social e seu entorno.* Tese de Doutorado. São Paulo: PPGAS/ USP, 2004.

PIMENTEL, Spensy K. "Violência contra os povos indígenas". In: SACCHETTA, Vladimir (org.). *CDDPH: Conselho de Defesa dos Direitos da Pessoa Humana: uma história de resistência e luta pelos direitos humanos no Brasil.* Brasília: Secretaria de Direitos Humanos, 2010.

———. "Cosmopolítica kaiowá e guarani: uma crítica ameríndia ao agronegócio". *R@u* 4(2), 2012a.

———. *Elementos para uma teoria política kaiowá e guarani.* Tese de Doutorado. São Paulo: PPGAS-USP, 2012b.

———. "Aty Guasu, as grandes assembleias kaiowá e guarani: os indígenas de MS e a luta pela redemocratização do país". In: CHAMORRO, Graciela; COMBÈS, Isabelle (org.). *Povos indígenas no Mato Grosso do Sul.* Dourados: Ed. UFGD. (No prelo)

PIMENTEL, Spensy K. & MONCAU, Joana A. "Guarani Kaiowá: genocídio surreal". In: RICARDO, Beto; RICARDO, Fany (org.). *Povos indígenas no Brasil 2006–2010.* São Paulo: Instituto Socioambiental, 2011.

PISSOLATO, Elizabeth. *A duração da pessoa: mobilidade, parentesco e xamanismo mbya (guarani).* São Paulo: Unesp, ISA; Rio de Janeiro: NUTi, 2007.

SZTUTMAN, Renato. *O profeta e o principal: a ação política ameríndia e seus personagens.* Tese de Doutorado. São Paulo: PPGAS-USP, 2005.

VIVEIROS DE CASTRO, Eduardo. *Araweté: os deuses canibais.* Rio de Janeiro: Jorge Zahar/ Anpocs, 1986.

———. "Nimuendajú e os Guarani". In: NIMUENDAJÚ, Curt. *As lendas da criação e destruição do mundo como fundamentos da religião dos Apapocúva-Guarani.* São Paulo: Hucitec/ Edusp, 1987.

———. *A inconstância da alma selvagem e outros ensaios de antropologia.* São Paulo: Cosac & Naify, 2002.

———. "Desenvolvimento econômico e reenvolvimento cosmopolítico: da necessidade extensiva à suficiência intensiva". *Sopro: Panfleto Político-Cultural* 51, 2011.

As falas guarani e kaiowá mostram que a busca da Terra sem Mal pode estar na direção do Leste, ou do Oeste, para cima, para baixo, no tekoha *que a gente está lutando para demarcar, nas marchas pela Avenida Paulista, e também nas formas expressivas, como na fala, no canto ou na dança. Seja como for, a busca da Terra sem Mal é uma experiência de transformação que se experimenta no corpo, dentro e fora ao mesmo tempo.*

VALÉRIA MACEDO

Ore ava reko

Luta dos Guarani e Kaiowá para manutenção de seu modo de ser e viver

TONICO BENITES KAIOWÁ*

Jeroky Guasu, "grandes rituais", e *Aty Guasu*, "grande assembleia", são entendidos pelas lideranças espirituais e políticas Guarani e Kaiowá como encontros ou reuniões e como movimentos fundamentais para a manutenção e a manifestação do *ore ava reko*, "nosso modo de ser e de viver", associado à recuperação dos territórios tradicionais *tekoha*. *Jeroky Guasu* e *Aty Guasu* são fundamentais para os líderes e os membros das comunidades se envolverem de modo mais amplo nos processos de ativação e valorização de práticas culturais tradicionais Guarani e Kaiowá. É por meio da articulação das *Jeroky Guasu* e *Aty Guasu* que pretendo apresentar a luta guarani e kaiowá por suas terras no Mato Grosso do Sul.

A INVASÃO DAS TERRAS GUARANI E KAIOWÁ

Os relatórios oficiais do governo brasileiro, através do Serviço de Proteção aos Índios (SPI), revelam a presença Guarani e Kaiowá desde 1700 nos amplos territórios localizados nas margens de oito rios: Brilhantes, Dourados, Apa, Amambai, Iguatemi, Mbarakay, Hovy e Pytã. Assim, os territórios tradicionais, *tekoha guasu*, reocupados e reivindicados pelos Guarani e Kaiowá estão localizados nas margens direita e esquerda desses rios.

*. Doutor em Antropologia Social pelo PPGAS/Museu Nacional-UFRJ e membro do Conselho da Aty Guasu, Grande Assembleia do Povo Guarani e Kaiowá.

Até o início do século XX, diversas comunidades ou famílias extensas Guarani e Kaiowá, aliadas entre si, ainda habitavam em determinados lugares exclusivos e específicos, *tekoha*, em que haviam os recursos naturais, como um rio e os córregos para pescar, ou fontes d'águas para consumir. Na proximidade das habitações indígenas, além de sua lavoura tradicional, na floresta e no campo se encontravam as caças, árvores frutíferas, plantas medicinais e mel. Dessa forma, até meado de 1930, várias famílias grandes guarani e kaiowá viviam de modo autônomo nas suas terras antigas, *tekoha*, onde não passavam miséria, se distanciando 15 a 20 km das outras comunidades.

As fontes documentais demonstram que o processo da primeira retirada ou expulsão dos Guarani e Kaiowá de seus territórios antigos, *tekoha guasu*, foi efetuada pela política de povoamento e colonização da nova faixa de fronteira entre Brasil e Paraguai. A primeira invasão dos territórios guarani e kaiowá pela política de colonização ocorreu marcadamente após a Guerra da Tríplice Aliança (1864–1870). Assim, após a guerra entre Brasil e Paraguai, foi registrada detalhadamente a presença dos Guarani e Kaiowá na fronteira, visto que a demarcação da divisa entre os dois países levou à descoberta progressiva dos territórios ocupados por Guarani e Kaiowá. No período subsequente foi assinado um contrato entre o Estado brasileiro e a Companhia Matte Larangeira, o que permitiu a penetração e a exploração da erva-mate na região em que estavam os Guarani e Kaiowá. Iniciou-se um contato e os indígenas foram envolvidos como mão de obra para a extração da erva-mate.

Nesse período, a empresa Companhia Matte Larangeira veio involuntariamente a realizar a proteção do território indígena, visto que impedia a penetração de outras frentes neocoloniais. Até a metade da segunda década do século XX, os Guarani e Kaiowá não sofreram significativas mudanças na ocupação do território antigo, apenas os integrantes das famílias extensas sendo engajados nos trabalhos periódicos de extração da erva-mate e, posteriormente, na derrubada de floresta, permanecendo nos seus territórios tradicionais até a década de 1960.

Na sequência, com forte ênfase na década de 1970, o que se assistiu publicamente no atual Mato Grosso do Sul foi um processo de expropriação de terras de ocupação antigas Guarani e Kaiowá, em favor de sua titulação privada. Em 1915 foram instituídas oito Reservas Indígenas, e as muitas outras terras indígenas foram consideradas como *terra devoluta* e terra vazia, por isso o território tradicional Guarani e Kaiowá se tornou legalmente um objeto de comércio do Governo.

Naquele contexto histórico, marcadamente a partir de 1940, os Guarani e Kaiowá foram progressivamente expulsos de seus territórios tradicionais. Dessa maneira, o governo brasileiro passou a comercializar os territórios indígenas localizados no atual Cone Sul de Mato Grosso do Sul. Os compradores dessas terras indígenas começaram a explorar a mão de obra indígena e depois expulsaram os Guarani e Kaiowá de seus lugares antigos, passando a devastar a floresta e construir fazendas.

Entre os anos de 1950 e 1970, nessa operação histórica de expulsão de indígenas guarani e kaiowá de seus territórios, envolveram-se os novos proprietários e fazendeiros compradores de terras indígenas, agentes políticos locais, missionários e militares. Estes passaram a operar com *violência no atual sul de Mato Grosso do Sul,*[1] contando com a participação de funcionários do Estado, como do antigo SPI e, posteriormente, da FUNAI.

Como ficou evidente, no início da segunda metade do século XX, o processo de colonização oficial do sul do atual Estado do Mato Grosso do Sul se intensificou, e inúmeras comunidades Guarani e Kaiowá foram expropriadas e expulsas de seus territórios antigos. Os indígenas foram transferidos e confinados para oito Reservas Indígenas e/ ou Postos Indígenas do SPI.

Por conta desse processo histórico de colonização oficial dos territórios Guarani e Kaiowá pelo Governo do Brasil, aproximadamente quinze mil indígenas que hoje reivindicam seus antigos territórios encontram-se residindo nas margens das rodovias e nas pequenas áreas reocupadas ou retomadas. Além disso, aproximadamente trinta mil pessoas, ou seja, a maioria das comunidades Guarani e Kaiowá se assenta nas oito Reservas ou Postos Indígenas que são áreas oficialmente demarcadas pelo SPI e FUNAI.

É relevante considerar que o Cone Sul do estado de Mato Grosso do Sul apresenta hoje a maior população indígena do Brasil. São aproximadamente 46 mil indivíduos Guarani e Kaiowá distribuídos em cerca de 40 mil hectares de territórios em conflito, com tamanhos variados e em diferentes condições de regularização fundiária: demarcadas, identificadas, em acampamentos e aguardando reconhecimento do Estado. Diante disso, as iniciativas de articulação e

1. *https://bit.ly/2JTiHnX.*

luta de várias lideranças Guarani e Kaiowá para retornar aos antigos territórios começaram a despontar no final da década de 1970.

A FORÇA DAS «JEROKY GUASU» E «ATY GUASU»

Jeroky é o termo usado para se referir a um ritual religioso Guarani e Kaiowá, sendo que *guasu* significa "grande". Neste sentido, o *Jeroky Guasu* pode ser traduzido como "grande ritual religioso", que é coordenado por xamãs e líderes espirituais, *ñanderu*, que nesta ocasião entram em contato com os diversos deuses, *Tupã ñanderu*, e guardiões, *ñandereko jara*, de todas as pessoas Guarani e Kaiowá localizados no cosmos. *Jeroky* existe para buscar o apoio e a intervenção divina para os problemas enfrentados aqui na Terra. Desse modo, a realização dos *Jeroky Guasu* deve ser vista como um grande encontro entre líderes espirituais, *ñanderu*, seus auxiliares, *yvyra'ija*, e os demais indígenas, homens, mulheres, crianças e jovens.

Outro encontro importante das lideranças políticas e espirituais é a *Aty Guasu*, "Grande Assembleia", pela recuperação dos *tekoha*, que começou a ocorrer com mais periodicidade a partir dos anos 1980. Naquele período que emerge a força para lutar e que são elaboradas as táticas e as estratégias para recuperar os territórios tradicionais perdidos.

Por sua vez, *Aty Guasu* — *Aty* significa reunião ou encontro — pode ser definido como uma grande assembleia ou encontro onde se juntam lideranças políticas e espirituais de todas as localidades, em especial aquelas originárias dos territórios em conflito com os não indígenas, como os fazendeiros. Trata-se de uma forma de articulação e organização política intercomunitária e interfamiliar de lideranças que compõem as famílias extensas dos diversos *tekoha*. Durante as *Aty Guasu* são discutidas e tomadas decisões importantes que afetam a todos Guarani e Kaiowá, como é o caso de decisões sobre a reocupação dos territórios tradicionais. Assim, as *Aty Guasu* são o principal foro de discussão e de decisão política articulada entre as lideranças Guarani e Kaiowá que pretendem reocupar os seus territórios tradicionais.

Ao longo de três décadas, as lideranças já realizaram e realizam *Jeroky Guasu* e *Aty Guasu* tanto nas reservas quanto nos lugares pequenos dos *tekoha* reocupados. A tentativa da realização da *Aty Guasu* na parte da área *tekoha* reocupada em conflito foi e é para dar apoio e mostrar o reconhecimento de todas as pessoas de que indígenas são os legítimos ocupantes do *tekoha*, terra tradicional.

As *Aty Guasu*, essas grandes assembleias, são realizadas periodicamente, contando não somente com a participação dos moradores locais da parte dos *tekoha* em conflito, como também das lideranças e membros das famílias extensas que vêm de diversas Terras Indígenas do Mato Grosso do Sul, procurando se ter o máximo possível de representantes de cada *tekoha* reocupada em litígio, TIs e reservas ou aldeias. Além das *Aty Guasu*, a atuação e a valorização dos saberes e conselhos dos líderes espirituais *ñanderu* Guarani e Kaiowá são sempre vitais nos processos de reocupação de parte dos territórios tradicionais. Tal ação se dá através dos rituais religiosos, *jeroky*, realizados por eles.

Assim, em meado de 1980, os líderes políticos e espirituais se articularam e começaram a realizar a *Aty Guasu* com a finalidade de discutir amplamente os *tekoha* tirados e ocupados pelos fazendeiros, discutindo as formas de recuperar os *tekoha*. As *Aty Guasu* passaram a ativar e valorizar os modos de ser e viver Guarani e Kaiowá, recuperando sua força e consistência com a presença de vários líderes espirituais religiosos, *ñanderu*. Dessa forma, o *Aty Guasu* foi e é vital para a ação e valorização dos *jeroky* — rituais religiosos, com cantos e rezas para proteção — pelas famílias indígenas envolvidas na luta pelos *tekoha*. Esse conjunto de aspectos resultou no fortalecimento do *ava reko*, nosso modo de viver, e na maior força de coesão entre as comunidades de modo geral, em todos os territórios em litígio. Assim, as *Aty Guasu* passaram a atuar para reverter ou contestar a dominação colonial dos territórios tradicionais Guarani e Kaiowá pelo *karai*, não indígena: Estado/ governo e fazendeiros. Mesmo antes do surgimento da *Aty Guasu* pela recuperação dos *tekoha* já aconteciam as *Jeroky* Guarani e Kaiowá para nosso fortalecimento.

Assim, a partir de meados dos anos 1990, as famílias reunidas nas *Aty Guasu* passaram a articular e realizar a reocupação da totalidade dos espaços das terras indígenas que já tinham sido identificadas e delimitadas pela FUNAI em 1980. Essas terras demarcadas não estavam em posse total dos indígenas porque diferentes fazendas incidiam sobre os *tekoha*, de modo que partes das terras indígenas delimitadas estavam judicializadas e interditadas pela justiça a pedido dos fazendeiros. A maior parte das terras, embora já reconhecidas e demarcadas, estavam ainda, até 1992, na posse dos fazendeiros.

No seio da *Aty Guasu*, as lideranças Guarani e Kaiowá reivindicantes das demarcações de terras tradicionais passaram a se articular, se reconhecer, se apoiar como representantes legítimas dos territórios tradicionais reivindicados. Assim, todas as lideranças vinculadas à recuperação das terras tradicionais se julgam, se reconhecem e se legitimam como os articuladores, porta vozes e representantes da *Aty Guasu*.

As narrativas dos mais idosos Guarani e Kaiowá revelam que essas lideranças articuladas em rede na *Aty Guasu*, porta vozes das áreas em conflito, se encontram nas mesmas posições e condições entre si, lutando por um objetivo comum e defendendo a manutenção de modo de ser e viver Guarani e Kaiowá *ava reko*. Por essa razão, entre essas lideranças há uma rede de articulações e relações de aliança, formando a *Aty Guasu* pela recuperação dos *tekoha*. Assim, a luta principal do *Jeroky Guasu*, grande ritual religioso, e da *Aty Guasu*, Grande Assembleia, das lideranças é para recuperação dos *tekoha*, sobretudo para a manutenção de modo de ser e viver Guarani e Kaiowá *reko*.

Caminhos e conhecimentos

Sonhos e conhecimentos na vida guarani

Uma experiência de pesquisa na universidade

KARAI MIRIM (ALGEMIRO DA SILVA)*

Eu sou Karai Mirim.[1] Infelizmente também tenho nome português, Algemiro. Como nomeado pelos antropólogos, sou Guarani Mbya, e sou professor na aldeia Brakui, também chamada Sapukai. Nunca deixei a aldeia, mas continuo estudando. Como um professor que foi formado na Sociologia, acho muito importante fazer sempre intercâmbio com os Guarani e com os *juruá*.

O pensamento guarani foi negado pelos *juruá* ao longo do tempo. A gente achava que o conhecimento dentro da comunidade, nossa vivência, não significava nada para os *juruá*. Mas a partir do momento que fui estudando, minha pesquisa modificou muito esse pensamento. Minha pesquisa me ajudou a pensar e a repensar a nossa cultura. É importante fazer intercâmbio porque existem várias aldeias, cada uma com sua formação, cada professor guarani também tem sua formação diferente. Então é importante trazer o intercâmbio entre os Guarani também, pra reunir o nosso conhecimento. Sabemos que os Guarani se espalharam pelo Brasil, pelo continente, e então cada conhecimento tem sua história. Com esse encontro, nosso conhecimento talvez possa ajudar a sociedade não indígena e a gente a viver melhor.

---

*. Professor na aldeia Brakui, Angra dos Reis/RJ.

1. Este texto resulta da transcrição e edição de duas falas de Karai Mirim durante o simpósio "CEStA nas Redes Guarani", em 16 e 17 de outubro de 2013, acrescido de pequenos trechos de seu Trabalho de Conclusão de Curso na Universidade Federal Rural do Rio de Janeiro. [N. ORGS.].

Isso que eu escrevi, não escrevi ontem, não escrevi hoje, não. Venho escrevendo há anos. Na verdade, é uma pesquisa, como vocês chamam. Eu fiz o curso de Licenciatura em Educação do Campo na Universidade Federal Rural do Rio de Janeiro, e aprendi que para os *juruá* é importante escrever. Eu não pensei que era assim, para mim a universidade era para participar e receber papel para eu dar aula na comunidade. Mas cheguei lá e era diferente, tem que participar, tem que fazer prova, tem que escrever... Era muito difícil porque o Guarani é mais de falar do que de escrever. Como botar o pensamento guarani no papel? Na linguagem guarani tem a língua que é usada diariamente e a linguagem que é usada dentro da *opy*, que é muito difícil para traduzir.

Vivo na aldeia Brakui, hoje chamada também Sapukai, em Angra dos Reis, no Rio de Janeiro. Nunca saí da aldeia, desde criança, só saí para estudar. A universidade manda fazer monografia, então eu tive que me esforçar muito para botar no papel meu pensamento e o pensamento da comunidade. Foi difícil. Eu moro na aldeia, tenho relações muito boas com a comunidade, mas percebi que pra fazer pesquisa e perguntar para as pessoas do modo que a Universidade faz, tendo que gravar, foi diferente.

No nosso jeito de ser, não é qualquer hora que podemos chegar e pesquisar. Não é assim que funciona com os Guarani. Tudo tem seu tempo, como fala Vera Mirim, meu pai. Com ele demorei dois meses somente para falar sobre o assunto da pesquisa. Para iniciar a nossa conversa, sempre perguntava o que ele tinha sonhado na noite passada. Então eu conversava sobre outros assuntos, mas não era mais a pesquisa. Era uma conversa sobre remédios, histórias, piadas. Ele é muito brincalhão, nossas conversas eram animadas e ríamos bastante. Só muito depois que gravei uma entrevista.

Após a perda de pessoas importantes de sua vida, Vera Mirim começou a sonhar, *oexa ra'u*. Vários Guarani já me contaram que os sonhos se intensificaram a partir de acontecimentos trágicos, tristes. Com Vera Mirim aconteceu o mesmo. Para você ser um bom sonhador, é preciso viver de acordo com *teko ete'i*: rezar bastante, participar de todas as cerimônias, tem que ir à *opy*, se dedicar o máximo possível.

Eu escrevi sobre aldeia e sobre o sonho, como que os Guarani acham o lugar para morar ou fazer *tekoa* a partir do sonho. Um colega meu que era mais velho, infelizmente já falecido, quando a gente morava lá em Paranaguá, no Paraná, ele me contou assim: "Ah, ontem eu fui lá pro Brakui". Eu dei risada, todo mundo deu risada.

"Como assim foi lá?". Ele falou: "Fui lá, andei por lá, tem cachoeira, tem água, só que não tem peixe", e no final ele contou que tinha sonhado isso. Lembrando dessa história, perguntei para o meu pai o que ele tinha sonhado para chegar na aldeia de Brakui. Aí ele falou que quando tinha 13 anos ele já sonhava com o lugar. Mas no sonho não se vê exatamente igual. Ele sonhou, mas não sabia exatamente onde era. Depois do sonho, passou um tempo, muito tempo depois, era no final de 1989, e ele foi lá pra Brakui e viu tudo aquilo que ele sonhou. Então tudo tem essa relação com o sonho.

Tem dois tipos de sonho: o da revelação e o que é exatamente o sonho mesmo, *oexa ra'u*. Pra gente *oexa* é ver, *oexa ra'u* é ver, mas não ver, ver de olhos fechados. *Oexa ra'u* o lugar, e para conseguir escolher o lugar, tem que ter mel que os deuses deixaram pra nós. Quando tem isso, já dá pra morar. E aí água, montanhas, animais específicos tem que ter pra gente poder morar. Então escrevi sobre isso que meu pai falou. Para fazer aldeia tem que ter um lugar considerado *ka'aguy mirĩ*. *Mirĩ* pode ser entendido por "pequeno", mas tem outra dimensão, que é "sagrado". Lá na Universidade me pediram para eu explicar o que é um local de *ka'aguy mirĩ*. Eu falei pra eles que *ka'aguy mirĩ* é o guarani que considera sagrado, não dá pra descrever, pra mostrar a partir de certas coisas. Pra quem não conhece não é nada, é só um lugar.

OS SABEDORES NA ALDEIA

Para estruturar a aldeia, tem que ter um sábio que dá nome para as crianças, para os Guarani, e tem que ter parteira. Porque não tendo parteira, não vai nascer criança. E nascendo criança, depois de um ano, tem que receber o nome guarani. E o que falta mais? Tem que ter conhecedor de remédio. O próprio Vera Mirim, ou João da Silva, meu pai, falou sobre isso, que tendo essas três pessoas, três sábios, se consegue estruturar a aldeia: o que dá nome, a parteira e o que faz remédio.

É muito importante o papel da parteira na aldeia, porque a hora do parto é sagrada, é uma cerimônia, pra nós não é um parto normal. O pai da criança deve estar presente e preparar uma estira de taquara para cortar o cordão umbilical. Também deve enterrar a placenta da criança dentro da casa.

Tem cinco parteiras lá na aldeia, e eu escolhi uma pra entrevistar. Eu sei algumas coisas que meu pai me ensinou e a partir daí eu fiz as perguntas. Elas falam que é muito difícil agora devido ao *juruá*, os brancos. Quando a criança nasce dentro do hospital não tem mais cerimônia, então é muito triste. Quando fiz entrevista, as mulheres falaram que deveria ter diálogo do doutor com a parteira.

Eu falo também na pesquisa do *ipoporã*, que traduzindo literalmente é "mão bonita", porque ele tem bastante conhecimento sobre ervas medicinais. Eu tenho esse conhecimento e na aldeia vários têm, mas eu não vou dizer que sou *ipoporã*. Também pajé não fala que é pajé. Nós, vamos dizer, "usuários", que dizemos que "ele é pajé".

O José, conhecido por todos os Guarani como Karaja'i, ele sabe remédio para curar doença, para arranjar namorado, namorada, muitas coisas. Eu perguntei pra ele se podia resgatar a história e ele disse que podia, mas não permitiu tirar foto das plantas. Então eu disse "tudo bem, não é pra tirar mesmo, mas só pra dizer que tem conhecimento". Aí ele concordou em falar e comentou também um pouco do sonho. Desde o primeiro momento da criação do mundo os Guarani viviam no sonho. Mas é muito preocupante que hoje em dia estamos sonhando outras coisas. Eu espero que os Guarani sempre sonhem. Guarani sonha geralmente com animaizinhos quando vão ter filho. Primeiro sonha e depois confirma. Se for filho homem sonha com animaizinhos maiores, geralmente com caititu. E quando tiver filha sonha com ave. Esse sonho com os animaizinhos são *nhe'ẽ*. Vera Mirim fala assim: "*Nhe'ẽ porã*", porque não é qualquer espírito. Até hoje, quando sonha com peixe, o sonho é realizado na comunidade. Quando sonha com mel é gripe. Fogo é gripe mais grave. Cobra é sinal que alguém está com raiva de você. Eu escrevi sobre isso na Universidade.

Quando souberam que fui formado na Universidade, Sociologia, todo mundo perguntava e me abraçava. Com isso, todos ficaram muito animados em estudar. Mas a minha preocupação é que os Guarani estudem e voltem pra aldeia. Tem que sonhar da vida guarani, minha preocupação é isso. Estudar pode estudar, mas viver sempre em Guarani, sonhar em Guarani.

Para fazer a pesquisa me senti diferente porque no dia a dia da minha vida eu converso muito, brinco muito, conto piadas, conto as histórias dos antigos, conto história de namoro, várias histórias. Mas escrever sobre os sonhos, que foi meu tema de pesquisa, foi difícil. Mudou meu jeito de sonhar. Depois de estudar quatro anos na Universidade, eu sonhava com carro, sonhava que estava na sala de aula, fazendo prova... Quando sonhei com carro, pensei que ia ganhar alguma coisa, mas nada. Daí eu pensei que todo mundo na comunidade estava sonhando alguma coisa que não era guarani, e na verdade era só eu que não estava sonhando com as aldeias. Só meu sonho que foi mudando.

Apesar da tecnologia, da televisão, pelo menos na minha aldeia a casa de reza está lá, não fica abandonada. Ela fica no centro da aldeia e é sempre frequentada, tem criançada no pátio, tem um grupo de jovens. Os Guarani precisam de um *karai* pra dirigir a *opy*, a casa de rezas, mas meu pai não frequenta muito desde que minha mãe foi embora pro céu e ele ficou sozinho. Então os jovens entram sozinhos, dançam, rezam. Mas eu agradeço meu pai, ele brinca muito, ele tem cem anos de idade e diz que quer namorar ainda, isso é muito legal.[2]

Na minha pesquisa também escrevi que desde o primeiro momento, na criação do mundo, ou na história, a gente fala muito da religião guarani. Mas dentro da religião guarani a gente não fala só da religião. Tem muitos momentos festivos, eu escutava muitas histórias antigas, de uma casa de reza bem grande... Na casa de reza não podia namorar, se entrava com a namorada e cada um sentava em um canto. Até hoje a família fala para os jovens: "vai com o namorado, mas um senta aqui e outro lá, aqui dentro da casa de reza não pode namorar".

Nhandereko ete'i é o jeito do guarani, mas também se fala na *opy* do *nhandereko marã e'ỹ*, da vida dos imortais. Só que não é qualquer pessoa que vai seguir *nhandereko marã e'ỹ* , é muito difícil, é complicado. E aí eu me lembro do filme que eu assisti, "Bicicletas de *Nhanderu*". Nós Guarani somos guiados como uma bicicleta, mas não é qualquer um que é bicicleta. A vida não é só na casa de reza. Tem tempo de namoro, tempo de casamento, tem tempo de alegria. É isso o que acontece até hoje.

---

2. Vera Mirim faleceu em 2016, posteriormente à redação deste texto.

As pessoas se fazem em redes, por saberes que são enredados e pelo investimento em caminhos de percepção. A capacidade de concentração que muitos mencionaram é um modo ameríndio de formular a capacidade de buscar conhecimento e de não se perder em outros caminhos. Importante ter sido colocada a questão de que os mais velhos sabem mais. Eles têm condições de concentração muito grandes e, eu imagino assim, estão transbordando de capacidade de passar conhecimentos. Isso mostra que o conhecimento não é uma coisa a se enfiar na cabeça, e sim uma disposição. Como mudar a escola para que isso possa ser aceito? Como mudar a escola para se abrir para outras práticas de conhecimento? Isso é uma questão absolutamente difícil.

DOMINIQUE TILKIN GALLOIS

Os «xondaro» e a circulação de saberes no mundo de hoje

JERA POTY MIRĨ (GISELDA PIRES DE LIMA)*

Começo dizendo que, mesmo sendo Guarani, mesmo tendo nascido numa aldeia Guarani-Mbya, mesmo fazendo parte desse povo que tem conhecimentos tão belos, tão fortes, ainda diria que eu sei pouco. Todos os dias, o tempo inteiro eu aprendo muito com os *xeramõi*, com as *xejaryi*, que são as pessoas mais velhas, mesmo que não sejam líderes espirituais. De fato, aqueles que têm mais idade sempre sabem mais e eu fico muito feliz de estar constantemente aprendendo na aldeia. Aí eu passo um pouquinho desses conhecimentos para os amigos que não são Guarani.

Os mais velhos sabem bastante, e eles mesmos trocam também seus saberes, já que tem muitos pontos ou situações dentro de um saber que são diferentes. Mas aqueles que aprendem todos os dias são as crianças e os jovens. Posso falar só pelas aldeias que eu conheço mais, como a aldeia do Silveira, no litoral, onde eu vou bastante e gosto muito. Também pela aldeia de Krukutu, pela aldeia do Jaraguá, que também são da capital de São Paulo, como a minha aldeia.

Eu nasci e estou há 31 anos na aldeia Tenonde Porã. Ali muita coisa mudou nos últimos quinze ou vinte anos. Quando eu era criança não tinha luz na aldeia, não tinha TV, só alguns tinham radinho de pilha, mas para comprar pilha tinham que estar com os *juruá*, e a maioria não topava muito. A relação com os *juruá* era muito distante. Nessa época, era muito mais rápido aprender as coisas da aldeia, o que a gente tinha que fazer como crianças, ou como jovens, ou como pessoas passando pelo ritual de passagem pra se tornar adultos. A gente tinha uma atenção muito maior para os nossos velhos, para as nossas mães, para os nossos pais, porque não tinha tantas outras influências.

---

*. Professora na escola da aldeia Tenonde Porã, São Paulo /SP.

Eu, quando ainda não era mocinha, esperava que isso acontecesse comigo porque teria toda a família voltada pra mim: a minha irmã mais velha, minha tia, minha mãe, minha avó. Todas elas se voltariam pra mim pra me ensinar melhor como cozinhar, lavar roupa, costurar, cuidar de outras crianças... Também era um momento de aprender muitas outras coisas. Nessa fase de dez, doze, treze anos, catorze anos, a gente está num momento de muita curiosidade. A ideia de saber que muitas pessoas velhinhas iam ensinar muitas outras coisas era muito esperado.

No mundo de hoje, na Tenonde-Porã e em algumas outras aldeias que eu conheço, eu acho que esse conhecimento ainda está muito forte, mesmo quando está meio que dormindo... De fato, hoje tem uma grande influência do mundo do *juruá* por conta da energia elétrica e da tecnologia. No mundo guarani também isso está ficando muito mais forte. Todo mundo tem acesso à internet, acesso à escola, e cada vez mais os jovens e as crianças ficam muito presos nessa forma de saber. A gente pode pensar: "as crianças e jovens estão muito presos na internet, no celular, na escola, mas tem os adultos que sabem da cultura, que dominam a língua e os princípios guarani, então esses não vão deixar a peteca cair". Só que às vezes pais e mães, muitos *xeramõi* infelizmente também ficam assistindo TV em casa. Por que o filho, se for assalariado, comprou uma TV de plasma muito bonita, que tem uma imagem muito de outro mundo, e aí gostam também de assistir filmes de ação, como o filme do "Avatar", que tem efeitos especiais. Os mais velhos também ficam muito encantados com isso e às vezes deixam de fazer a roda de história com esses que já vivem num mundo muito cheio de influências tecnológicas.

Vou tentar contar alguns pontos mais fortes dessa experiência de ser Jera, de ser moradora da aldeia Tenonde-Porã, de ter nascido nessa cultura, de trabalhar na área da educação, dentro da pouca experiência que tenho de trabalhar como educadora, mas de sempre ter pensado em como fazer com que a escola não interferisse de maneira muito agressiva na educação tradicional. Todas as vezes que me envolvi em projetos pra fortalecer nossa cultura, que veio se prejudicando por conta da pouca terra e de não ter mata em muitas aldeias, se envolveram comigo muitos jovens e crianças, e alguns pais. Talvez os adultos se envolvam menos porque eles já sabem bastante, mesmo que já não façam atividades de caça, de pesca, já que não tem como fazer na área. Eles não fazem porque não tem como fazer, mas sabem.

O fato é que quando você chama as pessoas pra uma conversa voltada para esse tema de fortalecer a cultura guarani, a maioria é sempre de crianças e jovens. Às vezes os mais velhos falam para os novos: "vocês não querem mais comer fubá, vocês não querem mais comer milho, vocês não querem mais comer *mbyta, rora,* que são as comidas tradicionais". O problema é que quando eles têm seis, sete aninhos, não são eles que vão para o mercado de *juruá,* são os pais. Então o que o filho sabe comer hoje foi o pai e a mãe que ensinou. Não adianta o menino fazer quinze anos e quererem enfiar goela abaixo um *mbyta,* a comida feita de milho...

O DESPERTAR DOS «XONDARO»

Mesmo quando o sentido de ser guarani, o espírito, a alma de ser guarani está um pouco dormindo, quando é chamado ele acorda muito rápido. A gente começou um projeto de fortalecimento do *xondaro* na Tenonde-Porã em 2010, quando ele estava muito, muito adormecido. *Xondaro,* que são os guardiões, era uma coisa que sempre me emocionava bastante quando eu era criança. Quando os *xondaro* dançavam, eu ficava sentadinha e sentindo o chão embaixo de mim tremendo. Era uma vibração muito forte, uma coisa linda, magnífica. Os homens dançam com muita seriedade porque faz parte do mundo espiritual guarani, que tem uma concepção muito ampla, grandiosa.

Depois eu fui crescendo e a dança do *xondaro* foi se enfraquecendo na aldeia. Eu falava para os meus parentes da Tenonde-Porã que a gente precisava fortalecer, trazer de volta o *xondaro* que estava dormindo. O *xondaro* está muito voltado para o contexto espiritual, de ter seu valor como Guarani, mas também é uma prática de dança que mexe muito com a força física. Algumas lutas, por exemplo o karatê, têm movimentos em que você tem que ficar com os músculos muito tensos pra você atacar bem, pra você derrubar o seu inimigo. Já no *xondaro* é ensinado a ter a leveza no corpo. Eu posso jogar alguém a quilômetros de distância com a leveza do meu corpo, mesmo que a pessoa esteja enrijecida, na defensiva.

Ser *xondaro* ou *xondaria* não significa só circular, dançar, pular e rodar... Significa você incorporar o espírito guarani e, a partir daí, saber o que você pode fazer e o que não pode, se você é *xondaro* ou *xondaria* de quem, de quem você tem que cuidar dentro da sua aldeia e como você tem que cuidar. Também saber como vão ser seus passos no futuro, dentro da comunidade que você vive, pra que você seja o *xondaro* que você tenta ser quando você entra no círculo da dança. A beleza do *xondaro*, toda sua concepção, você só entende se você for na aldeia e ver algumas danças, ou se você dançar.

Quando começamos o projeto, lembro que nas primeiras tentativas de dança, de levar as crianças e os jovens pra casa de reza, estava todo mundo meio endurecido. Mas com o começo do projeto foi muito rápida a desenvoltura do corpo, o retorno do espírito dos *xondaro*, mesmo para aqueles que sabem pouco da concepção profunda do *xondaro*, como os pequeninhos de três, quatro anos, que eram todos meio durinhos e agora fazem coisas lindas, muito fortes.

Um dos mestres *xondaro*, Pedro Vicente, falou muito para os jovens como é que as pessoas têm que ser pra aprenderem de verdade o *xondaro*. Com as palavras de Pedro Vicente, muitos jovens mudaram o comportamento e começaram a pensar diferente sobre a situação de estarem muito presos a um mundo que não faz parte da sua cultura. A Tenonde-Porã tem 26 hectares, não tem natureza, não tem como ter contato com animais, com água, com pesca, com caça... então pesa mais a influência tecnológica do *juruá*, da energia elétrica. Para alguns homens guarani, quando não tem o que pescar, não tem o que caçar e não tem como entrar na mata e cortar árvores pra fazer suas casas, também às vezes não tem por que ir pra casa de reza, pra fortalecer aquilo que não está muito saudável.

Por isso, no projeto a gente contou com lideranças e amigos de outras aldeias que têm seus espaços maiores, que têm mais natureza, como na aldeia do Silveira. Então aconteceram coisas lindas, a gente se fortaleceu, e os jovens da Tenonde-Porã se fortalecerem enquanto *xondaro*. Depois a gente também teve a oportunidade de levar os *xondaro* da Tenonde-Porã que já estavam animados, que já estavam acordados, pra outras aldeias em que esse conhecimento estava também um pouco dormindo. Mesmo estando em aldeias diferentes, a gente é um povo só e se entende bastante nesse sentido.

Cada mestre *xondaro* tem suas particularidades, sua concentração, sua leveza corporal. Quando entram na roda, cada *xondaro* e *xondaria* têm que ir com seriedade, porque estão dançando também pros *Nhanderu kuery*, para os nossos deuses, pra gente se fortalecer. Então você nunca pode entrar rindo. O *Karai Xondaro*, lá na aldeia do Silveira, parava na frente dos *xondaro* que não estavam concentrados e ficava olhando, sem falar nada, até que eles percebessem e parassem de rir ou de falar. Isso acontecia de uma maneira muito bonita. Esse *Karai Xondaro* tem uma concentração total, que não é enrijecida. Ele tinha uma *yvyra raimbe*, que é uma madeira comprida, e fazia muito forte a dança do *xondaro*. Ele passava a madeira muito rápido para os meninos se esquivarem e eu pensava que eles iam ser atingidos. Em muitos momentos eu senti meu coração ficar bem duro, porque parecia que ele ia atingir esses *xondaro* que estavam dançando com ele e que estavam ainda aprendendo, pois era o começo do projeto. Eu percebia o medo no rosto do meu sobrinho. Eu queria salvar todo mundo que estava lá, mas pensei: "não, esse *xondaro ruvixa* sabe o que está fazendo, não vai atingir, vai ficar tudo bem". Então aconteceu uma coisa linda, porque todos esses *xondaro* que estavam dançando com eles incorporaram, definitivamente, o espírito dos *xondaro* guarani, passaram a se concentrar mesmo.

A gente teve há pouco tempo movimentos muito fortes que vieram a partir desses *xondaro* que foram acordados. Mesmo quando os *xondaro* não estão dançando, não estão ativos na aldeia, os Guarani em todas as situações de precisão um do outro se unem, a gente senta junto, conversa junto, a gente vai junto. Nos últimos dois anos eu senti muito forte o movimento dos *xondaro* em vários cantos dos territórios guarani ficar mais forte. Cada vez fica mais forte os *xondaro* se sentirem *xondaro* na situação de cuidarem um do outro e, a partir disso, quererem fazer as coisas sem descanso. Está acontecendo um movimento espiritual também de fazer as coisas acontecerem e de se cuidar na aldeia. Quando tem problema, por exemplo, de bebida alcoólica na aldeia, os rapazes dizem: "você tem que beber menos, você é *xondaro*! Você não pode fazer isso. Assim não dá!". Eles têm essa cobrança um com o outro, e também de quererem fazer as coisas como eu disse antes, sem dormir, por muito mais tempo, pra acordar.

Isso tudo está ligado aos movimentos indígenas quanto às questões das terras, da demarcação das terras. Teve o primeiro movimento que aconteceu na Rodovia dos Bandeirantes, que a gente fechou pra protestar contra a demora nas demarcações, perto da aldeia de Jaraguá. Depois a passeata na Avenida Paulista, que era pelas demarcações e contra a PEC 215. Na Tenonde-Porã e na Krukutu, a gente também está fazendo um movimento de retomada de nossas terras de ocupação tradicional. Há seis dias a gente retomou a aldeia Kalipety, que era habitada por nosso povo na década de 70. Eu queria estar fazendo essa conversa que eu estou fazendo com vocês lá. Se eu pudesse transportar todo mundo pra lá seria bom, só pra vocês sentirem isso como eu estou sentindo.

Nesses seis dias, há momentos em que a gente foi ficando cansado, fisicamente. A gente ia desanimando, mas aí o *xeramõi* punha a mão na nossa cabeça e falava "*nembaraete katu*", que é uma forma de nos alimentar espiritualmente. Aí ficava todo mundo muito animado de novo! "Bora fazer casa!", "Bora lá, então!".

Esse é um começo, a gente ainda está ganhando experiência. Mas a retomada de terras tradicionais é muito marcante para o povo Guarani. Se algumas práticas da cultura guarani estavam dormindo, mas conseguiram acordar mesmo em áreas que não tem natureza, imagina o que pode acontecer numa área ampla e que tenha água, que tenha cachoeira, que tenha o que caçar? Ontem mesmo eu estava falando para os meninos: "imagina aqui quando vocês matarem uma caça de grande porte e a gente puder distribuir pra todo mundo?". Não vou repetir as palavras que eles falaram, mas ficaram bem empolgados!

A ESCOLA E OS SABERES

A maioria de projetos que eu escrevo para fazer na aldeia é de *transmissão de saberes*, mas estou gostando mais da ideia de *circulação*. Nessa circulação de ações voltadas para o aprendizado informal, diferenciado, tradicional, o que me preocupa bastante é esse modelo da educação que a gente tem hoje dentro das aldeias Guarani-Mbya. Esse modelo nasceu da Constituição, que assegura o direito da criança indígena a ter uma educação diferenciada, tanto dentro do mundo da sociedade envolvente como no mundo tradicional. Mas para os Guarani-Mbya a educação diferenciada é muito recente.

O povo Guarani foi um dos primeiros povos a ter contato com os *juruá*. E ainda assim, em aldeias como a Tenonde-Porã, o Silveira, Krukutu, aldeias muito próximas da cidade, muito próximo de toda a influência do *juruá*, ainda têm pessoas que não sabem falar o português, que se mantêm muito no mundo Guarani. Diante disso, quando a escola entrou na aldeia, os que estão muito no mundo dos Guarani não estavam dispostos a conversar sobre qual tipo de educação que a gente vai fazer na escola. O que se tinha era uma coisa muito superficial, de que a gente precisa aprender a falar a língua do *juruá* pra saber lidar melhor com as coisas do *juruá* que chegam na aldeia.

No início, quando eu tinha doze ou treze anos, eu lembro bem que a ideia de aprender a língua ou os conhecimentos *juruá* era pra lutar pelos direitos, era para coisas específicas... Como as pessoas que estavam indo pra Brasília e que não sabiam falar direito o português, e que tinham que aprender a escrever e a ler, enfim, ter capacidade de fazer decodificações de documentos complicados, por exemplo, a fim de não ser enrolado. Só que aí foi indo, foi indo, foi indo e o que a gente tem hoje é isso, além de você ter que aprender pra se defender da cultura do *juruá*, se politizar e conhecer seus direitos, a escola está trazendo uma ideia de padronização, de que você tem que ir pra escola pra ter um trabalho, pra ter um dinheiro e aí você pode também ser igual àquele que tem um carro...

A gente não soube lidar com esse modelo de escola quando ele entrou na aldeia. Ainda hoje não sabemos direito, e há muitos conflitos com outros professores, com a comunidade, com os representantes das políticas. Eu tinha pensado como seria bom ter uma semana de escola e outra sem escola, e fiz essa proposta na última Conferência Estadual de Educação Indígena. Mas ninguém concordou comigo!

A escola descaracteriza muito o cotidiano das comunidades guarani. Quando a criança guarani tem um tempo rígido para ir para escola e tem que cumprir um horário, aos poucos vai perdendo a delicadeza em respeitar o seu momento. Por exemplo, as meninas quando estão menstruadas não devem ir para a escola, mas isso quase nunca é respeitado.

Antes eu ficava meio depressiva, mas hoje fico feliz porque às vezes o *juruá* fala eu não entendo tudo. Às vezes quando o Guarani fala eu também não entendo tudo, e aí eu penso: "nossa como eu tenho que aprender ainda!". E isso é bom. Às vezes um *xeramõi* está falando na casa de reza e eu me sinto analfabeta na minha própria língua, não entendo quase nada do que está sendo dito. O *xeramõi* Pedro Vicente tinha dito pra mim que, pra gente ser uma pessoa com dom, pra saber contar histórias, também tinha que ter *arakuaa*. Ele não falou *arandu*, que é uma palavra usada para 'conhecimento', 'sabedoria'. Ele disse que aprender a escrever é ter *arandu*, é ser inteligente. Mas o *arakuaa* está mais voltado para uma questao espiritual, que é uma linguagem mais voltada e mais usada no mundo da *opy*. Assim, hoje existem vários meios de conhecimento: tem *xeramõi*, tem Google, tem os livros, os antropólogos, entre muitos outros...

A palavra xondaro, *que quer dizer tanta coisa, para os Guarani Mbya é como que uma metáfora da relação de uma pessoa que está conduzindo o processo e dos auxiliares que estão dispostos a levar esse processo adiante. Isso me leva à questão da relação das divindades concebidas como os irmãos mais velhos dos homens. O pai do seu Algemiro me contou que quando o primeiro* Nhanderu *criou o irmão, ele criou uma cópia transformada de si mesmo. E daí eu fiquei pensando no processo de educação como o imitar, como a criança está sempre imitando os adultos e a partir disso estão aprendendo. Só que estão imitando e transformando esse conhecimento. Esses irmãos mais velhos são o modelo, mas não necessariamente um modelo fixo. É preciso sempre estar experimentando, porque imitar é sempre transformar.*

DANIEL CALAZANS PIERRI

Processos de aprendizado pelos olhos das crianças Guarani Mbya

ALICE HAIBARA[*]

O objetivo deste texto é refletir sobre como se dão os processos de aprendizado entre as crianças Guarani Mbya, analisando principalmente o contexto da aldeia Tenonde-Porã, que fica localizada na região sul da cidade de São Paulo.[1] A partir da observação de diferentes contextos, pretende-se evidenciar alguns aspectos dos diversos modos de construção e circulação de saberes entre os Guarani, para então refletir sobre como estes modos próprios de conhecer se relacionam com as formas de aprendizado características da escola.

Os pressupostos da pesquisa se baseiam numa atual Antropologia da Criança, em que as crianças são vistas como participantes ativas de seus processos de aprendizado e não como um mero receptáculo de informações (Cohn, 2000). Desta forma as crianças são compreendidas com base na construção de um universo que lhes é próprio, considerando que elas possuem conhecimentos qualitativa e não quantitativamente diferenciados do mundo adulto (Cohn, 2000). Quando buscamos entender as crianças e seu contexto social a partir do ponto de vista delas mesmas, é possível construir uma apreensão que é diferenciada e relevante, sendo possível muitas vezes evidenciar aspectos sociais que não são explícitos (Toren, 1993). Neste sentido, buscamos ouvir e dar visibilidade ao que as crianças guarani pensam, como concebem o mundo em que vivem, como compreendem a si mesmas, seus corpos, suas expressões, seus aprendizados e experiências.

*. Doutora em antropologia pela USP e membro do CEstA.

1. Este artigo é baseado em uma pesquisa de iniciação científica, realizada durante o período de graduação entre os anos de 2010 e 2011, pelo Departamento de Antropologia USP, com orientação de Dominique Tilkin Gallois. As análises e os dados aqui apresentados foram produzidos em colaboração com a professora Jera Guarani, a quem agradeço imensamente.

AS «KYRINGUE» GUARANI MBYA

Entre os Guarani, as crianças têm um lugar de grande importância. De acordo com alguns interlocutores, a partir do momento em que diminuírem ou acabarem as crianças, *Nhanderu*, "Nosso Pai", acabará com a vida na Terra. Jera Guarani (2008, p. 39) afirma que:

> O povo Guarani compreende que o espírito da criança é enviado por *Nhanderu* [...] sempre com uma missão: às vezes para fortalecer o pai, a mãe, ou até mesmo os avós, e em algumas situações para fortalecer o bem estar da união entre o casal. Por isso a criança era recebida com muito amor e carinho e, acima de tudo, com muito respeito, pois para os Guarani o espírito se liberta desta vivência humana para a morada sagrada de *Nhanderu* e volta como criança, muitas vezes com o mesmo tipo físico, ou alguma outra característica do que já fora um adulto ou um velhinho, em vidas passadas. A criança representa para o povo Guarani a vontade do Criador, em dar continuidade à vida para o nosso planeta.

Existem diversas práticas e cuidados feitos na ocasião do nascimento de uma criança, desde o momento da gestação até o período do pós-parto. Tais práticas visam à formação da pessoa, de maneira que os processos atravessados pelo espírito se relacionam diretamente às ações de fabricação do corpo. Dentre diferentes medidas podemos citar algumas, como quando a mãe faz um pequeno colar com o cordão umbilical do bebê e deixa pendurado em seu pescoço até que ele seque, ou a prática do pai enterrar a placenta em um buraco dentro da casa. Ambas atitudes visam fazer com que a criança tenha um espírito assentado e se torne uma pessoa concentrada (Lima, 2008).

Entre as concepções e práticas guarani é notório perceber que o espírito da criança está intimamente relacionado ao pai e as suas ações. De acordo com Jera Guarani, durante os primeiros seis ou sete meses de vida da criança, o homem deve continuar seus afazeres, mas seguindo um ritmo mais baixo, não realizando atividades bruscas, como carpir ou cortar coisas. Por exemplo, se ele cortar uma árvore, esta poderá cair sobre o espírito da criança e a mesma ficará doente. Também não se deve jogar futebol, pois como o espírito do filho passa o tempo todo com o pai, e se este ficar correndo para lá e para cá, a criança vai se cansar muito, uma vez que seu espírito vai tentar fazer todas as atividades que o pai está fazendo. Quando isso ocorre os Guarani dizem que a criança está *harua*, cansada e sentindo incômodos ou cólicas, e as pessoas costumam afirmar: "Seu filho está *harua*, você fica tendo comportamentos errados!". Também a presença do pai próximo ao filho se faz muito importante, de modo que o homem "não deve se ausentar por muito tempo, sair ou viajar nos primeiros meses de vida da criança" (Melo, 2008, p. 85). Como a alma da criança está fortemente ligada ao pai depois do parto, ele deve sempre marcar os caminhos que percorre, para que a alma do seu filho não se perca (Clastres, 1978).

A importância em fazer com que a alma da criança permaneça forte no corpo é algo presente nas concepções e nas práticas guarani, assim como em diversos outros grupos ameríndios. Dessa forma, deve-se evitar que a criança chore ou fique triste, pois isso pode fazer com que seu espírito queira retornar para o lugar celeste de onde veio. Assim, para alegrar e acalmar os bebês, é ensinado às mães que elas devem caminhar e cantar os *mitã monguea*, "canções de ninar". Já os *mborai ete*, "cantos verdadeiros", realizados durante as cerimônias na *opy*, "casa de reza", não devem ser cantados para os bebês muito pequenos porque são canções ensinadas e enviadas aos *yvyra'ija*, "lideranças espirituais", de modo que o bebê poderia se recordar da morada sagrada e assim querer retornar para lá antes de cumprir sua missão.

De acordo com Testa (2008), entre os Guarani há uma ideia frequentemente afirmada de que *a vida de cada um é seu caminho de buscar e aprender*. A pesquisadora associa o processo de aprendizado à noção de um *caminho* a percorrer. Nesse sentido, é possível dizer que desde a ocasião do nascimento da criança já são realizadas diversas ações para que se tenha concentração e direcionamento no caminho de vida e aprendizado — relacionadas ao destino da placenta e cordão umbilical, por exemplo —, e também para facilitar o *caminhar junto*, quando o pai *marca os caminhos*, ou mesmo quando evita realizar atividades em que o espírito da criança terá dificuldade de acompanhá-lo. Desta forma, é possível dizer que as ações de *acompanhar* os pais e mães imitando as suas práticas e comportamentos já são realizadas pela pessoa quando ela ainda está na barriga da mãe. O mesmo sentido é possível dar às práticas que visam manter o espírito da criança forte no corpo, pois assim a pessoa não irá seguir o caminho de retorno à morada de *Nhanderu* antes do tempo, podendo realizar seu caminho de aprendizado na Terra.

As ações de fabricação do corpo, relacionadas aos processos do espírito, mostram que entre os Guarani o conhecimento é construído *caminhando e aprendendo junto*, o que pode ser entendido também como um tipo de rede de relações entre os sujeitos envolvidos na formação da pessoa. Tal rede se constitui especialmente pelas relações entre os corpos e é por meio da corporalidade que a pessoa guarani aprende a construir e direcionar seu caminho. Adentrando no contexto da *opy*, "casa de reza", é possível verificar algumas práticas de *aprender junto* realizadas no corpo e por meio do corpo.

NA «OPY»

Na Aldeia Tenonde-Porã, no início da noite, algumas pessoas se reúnem na *opy*. As mulheres acendem o fogo e esquentam a água para tomar *ka'a*, "erva-mate". As pessoas sentam-se em volta da fogueira em bancos e cadeiras conversando descontraidamente, alguns cobertores são estendidos no chão, onde se acomodam mulheres com seus filhos. As crianças pequenas mamam e brincam, dormindo quando sentem vontade. Os *petỹgua*, "cachimbo", vão sendo acesos, os homens vão se levantando e caminham num trajeto circular até o *amba'i*, "altar", seguem fumando e assoprando a fumaça em todo o redor. Algumas crianças fazem o mesmo, geralmente os meninos e também algumas meninas, embora com menos frequência. O som do violão começa a soar e as pessoas se levantam para cantar e dançar.

O papel das crianças na *opy* é muito importante, cantando, dançando e participando ativamente. Durante algumas conversas, elas demonstraram ter interessantes compreensões em relação às práticas realizadas neste contexto, relacionando-as com os processos de comunicação e interação com diferentes aspectos da cosmologia guarani. Assim, Kerexu, de dez anos, explicou o papel do *xeramõi* — liderança espiritual masculina, traduzido como "meu avô" — e demonstrou, através de gestos e sons, como ele realiza as curas, fazendo uso das mãos e da boca, por meio de sopro, sucção, cantos e do *petỹgua*. De acordo com a menina, o *xeramõi* arrasta a mão nas costas e na barriga da pessoa até formar uma pedrinha que ele entrega para o *xondaro* — "os guardiões da *opy* e da aldeia", em sua definição —, que dá para a *xejaryi* — liderança espiritual feminina, traduzido como "minha avó" — jogar no fogo.

Kerexu afirma que esta pedrinha é de *Anhã*, traduzida pela menina pelo termo "satanás", e que é jogada no fogo para que Anhã *pegue de novo a pedra dele*. Ao falar sobre o processo em que as pessoas ficam doentes por causa da pedrinha, ela descreve:

Quando as pessoas rezam muito e são de *Nhanderu*, diz que o *Anhã* fica muito bravo, e aí quando a gente anda — minha mãe que me contou — as pessoas que já são mortas pegam uma pedra, que não é venenosa, mas tem maldição, e jogam. Aí é doença de *Anhã* quando a pessoa fica muito mal mesmo. Sabe quando o *xeramõi* fica *argh, argh* (sonorização), é que tem uma pedrinha envenenada que eles tiram da pessoa e jogam no fogo.

Kerexu afirma saber como o *xeramõi* realiza as curas porque ela mesma já passou pelo tratamento:

É porque ele já tirou uma pedra de mim. Na verdade, eu não estava sonhando direito, eu dormia muito mal e sonhava muito com coisas ruins.

Ao ser perguntada sobre o motivo da doença ser retirada das costas, a menina responde:

Por que a sombra vem daqui de trás, a gente anda, fica feliz. O *Anhã* joga a pedrinha só em quem vai pra *opy*, quem reza mais. Os bêbados ele deixa ficarem felizes sem doença. Mas da pinga eles ficam doentes.

Kerexu afirma ainda que quando ficar velhinha quer muito fazer as curas. A menina também explicou a função da fumaça e do *petỹgua*:

O *petỹgua* serve só pra *Nhanderu* ouvir. Quando a gente fuma a gente reza, mas eu não rezo, eu não falo nada pro *Nhanderu*. Só às vezes quando eu não durmo bem eu falo e também quando eu canto bem alto, no meu cérebro eu falo, deixa a minha voz mais forte, deixa meu corpo e minha família fortes, e também pra eu dormir bem.

As explicações oferecidas pela menina, com base em sua própria vivência da doença e da cura evidenciam a importância da dimensão corporal em tais aprendizados. Para explicar como as curas são realizadas, Kerexu se valeu muitas vezes de demonstrações com as mãos, sopros, com os quais ela imitava as ações realizadas pelo *xeramõi* na *opy*. A experiência de já ter sido tratada é algo que certamente foi muito importante para que ela pudesse relatar com mais profundidade essas práticas. Seus comentários também enfatizaram a experiência do sonho, mostrando a importância de dormir bem e os tipos de sonhos em sua relação com doenças, curas e categorias *Nhanderu* e *Anhã*.

Os sonhos são muito valorizados pelos Guarani, constituindo um importante modo de saber. Um exemplo disso é que o *xeramõi* pode receber através dos sonhos os nomes guarani que serão dados aos bebês, indicando a região celeste de onde vem o espírito daquela pessoa. Também os cantos realizados na *opy* muitas vezes chegam por meio dos sonhos, algumas vezes inclusive sonhados por crianças.

Todas as crianças com quem conversamos afirmaram gostar muito de ir à *opy*, e um dos motivos mais recorrentes apontados por elas é que lá elas cantam e dançam. Menezes (2004) afirma que a dança é uma importante ferramenta no processo de educação e formação do corpo e do espírito guarani. Montardo (2002, p. 12) também ressalta a importância dos cantos e das danças no aprendizado guarani e na formação de seus corpos, afirmando que na dança o corpo é quem abriga os saberes vivenciados e a música praticada em seus rituais cotidianos se constitui num *caminho a percorrer ao encontro dos deuses*, em que "os Guarani pretendem, neste caminho realizado no ritual, embelezar e fortalecer os corpos, dotando-os de força e de alegria, combatendo a tristeza".

As práticas de cantos e danças entre os Guarani também podem demonstrar um aspecto dos seus modos de aprendizado, que é o gosto em aprender junto. Neste sentido, cantar e dançar se configuram em atividades que possibilitam a formação da coletividade no próprio corpo, pois canta-se junto, numa só voz, e dança-se de mãos dadas ao mesmo passo. Há diferentes tipos de formação nas danças, em alguns casos formam-se fileiras em que as pessoas ficam posicionadas umas ao lado das outras, em linhas retas, viradas de frente para o *amba'i*, os homens localizam-se nas fileiras da frente e as mulheres mais atrás. A dança, nesse caso, se dá com pequenos movimentos dos pés e pernas que se levantam e abaixam. Todos seguem os ritmos dos instrumentos e dos cantos acompanhando o *yvyra'ija*, o qual puxa a cantoria com o violão. Outra forma de dança é quando as fileiras se organizam em torno do *amba'i* formando um grande círculo, neste caso as fileiras das mulheres ficam na parte interior do círculo e os homens ficam atrás, todos de mãos dadas seguem pulando e se movimentando juntos, em círculo, por um longo tempo. Esta dança exige uma grande força e resistência, características que são valorizadas pelos Guarani tanto no sentido físico como no espiritual.

Certo dia, durante uma reza na Aldeia Tenonde-Porã, estavam realizando esta dança que consiste em pular juntos em círculo. Após pular por muitos minutos, uma menina de oito anos sentou-se e disse, "aquelas meninas do Silveira são fortes, né?", referindo-se às crianças que vieram de outra aldeia e estavam participando da reza. Em seguida, ela parou um pouco, pensou e disse: "todos nós somos fortes, só não são fortes aqueles que não ajudam". Assim temos mais um exemplo da relação entre o aprendizado corporal da dança e a valorização da força para os Guarani. Outro ponto que também transparece na fala da menina é a ideia de que aqueles que ajudam a realizar as atividades na *opy* se tornam pessoas fortes, em detrimento daqueles que não participam. De forma que muitas vezes o empenho dedicado a tais atividades vai refletir em quem será essa pessoa num contexto mais amplo da comunidade. Assim, grande parte das lideranças na aldeia são pessoas que estão envolvidas no contexto da *opy*.

Há diferentes atividades que são realizadas em tal contexto, como por exemplo, picar o fumo, acender os *petŷgua*, cuidar do fogo, esfriar a água para quem termina de fumar, tocar os instrumentos musicais, entre outras. Cada criança tem espaço para manifestar de forma autônoma as atividades em que mais se identifica e assim vai desenvolvendo suas habilidades corporais, assumindo funções e determinando o seu papel na *opy*. Tal afirmação pode ser relacionada com a fala da menina Kerexu, em que esta declara que quando está na *opy* gosta de cantar muito alto, para que todos vejam que ela é uma *xondaria*. Ao descrever o que é ser *xondaria* ela afirma:

> Ah! *Xondaria* é uma mulher que é boa, uma menina, pode ser uma mulher, uma menina, uma avó, vovozinha. *Xondaria* quer dizer uma mulher forte que também é do Conselho.[2] Mas eu não sou do Conselho. E também é uma mulher que canta muito, reza e fuma muito.

Ao mesmo tempo em que o ato de aprender junto é muito valorizado, o empenho pessoal de cada um, ao buscar aprender e realizar seu papel, desenvolvendo as funções com que mais se identifica, torna cada pessoa única em seu caminho. As crianças neste sentido mostram-se como seres autônomos na construção de sua aprendizagem, pois neste contexto agem de acordo com sua própria vontade, respeitando seu tempo e suas preferências. No entanto, a figura do *xeramõi* e da *xejaryi*, assim como de todas as pessoas mais velhas presentes, constitui algo fundamental que opera na base de funcionamento da *opy*. É possível observar que as crianças demonstram um grande desejo de fazer tudo o que os mais velhos fazem. Quando vão até o *amba'i*, ou fumam *petŷgua*, por exemplo, elas procuram imitar todos os passos dos mais velhos e assim vão aprendendo. Neste sentido, a imitação ou cópia não é entendida aqui como mera reprodução e po-

2. "O Conselho" é uma forma de organização social e política da comunidade, em que as lideranças se reúnem para discutir e decidir os assuntos coletivos.

demos pensá-las como processos que são sempre criativos, pois toda imitação envolve também improvisação, como formula Tim Ingold (2010, p. 21): "copiar é imitativo, na medida em que ocorre sob orientação" e é fruto de improvisação "na medida em que o conhecimento que gera é conhecimento que os iniciantes descobrem por si mesmos".

APRENDIZADOS COMO RELAÇÕES

A *opy* certamente é um importante contexto para o aprendizado. No entanto, entre os Guarani, existe uma concepção de que o processo de construção de conhecimentos pode acontecer em diferentes lugares e momentos. Desta forma, o que importa é a busca pessoal de cada um e as relações que se constituem em cada contexto.

Assim, nos momentos em que se encontram em casa, ou nos arredores da aldeia, as crianças guarani não são chamadas para o aprendizado formal ou sequencial pelos pais. Elas podem observar, quando querem, as ações dos adultos, das crianças e de tudo o que há em seu entorno, imitando e improvisando à sua maneira. É pela observação, curiosidade e experimentação que vão trilhando seu próprio caminho. O processo de construção de conhecimentos vai acontecendo por meio do desenvolvimento da percepção, que se constitui *como uma atividade de todo o organismo num ambiente* (Ingold, 2010, p. 21). O *ambiente* é compreendido aqui, como algo habitado, que não se restringe apenas ao espaço físico, mas compõe-se também por ele. Neste sentido, as relações estabelecidas com o ambiente se constituem nas relações de aprendizado.

É possível observar a liberdade de que desfrutam as crianças em seu dia a dia, andando geralmente juntas, em pequenos grupos, em que muitas vezes vemos algumas maiores carregando as menores no colo. Elas costumam ter bastante autonomia para escolherem onde ir e o que querem fazer. Raras vezes vemos adultos interferindo no seu movimento. A professora Jera afirma que muito dessa liberdade e autonomia que as crianças têm é devido ao senso de responsabilidade compartilhada que existe entre os Guarani, de forma que os adultos, principalmente quando se trata de um mesmo núcleo familiar, têm o costume de olhar e cuidar de todas as crianças, o que faz com que os pais possam ter uma postura mais tranquila em relação a onde estão e ao que estão fazendo seus filhos. Assim, a aldeia pode ser vista como um ambiente que permite às crianças circularem amplamente entre as diversas casas dos seus parentes, dentro do seu núcleo familiar, o que traz uma grande mobilidade e pode contribuir para gerar este sentimento de liberdade e autonomia.

Acreditamos que uma parte importante do processo de construção de conhecimentos ocorre nestas situações em que as crianças estão se relacionando sem interferências dos adultos, quando os saberes são compartilhados e circulam entre elas mesmas. A partir dessas primeiras vivências coletivas também é possível perceber a prática de *aprender junto* que se constitui desde a infância.

Nesse sentido, temos que o próprio termo guarani que designa o processo de aprender faz referência às práticas de *aprender junto*, como demonstra Melissa Oliveira (2005, p. 88) ao apontar que, de acordo com seus interlocutores, o ato de aprender é descrito enquanto *nhanhembo'e*, termo traduzido literalmente como "vamos aprender", "o que remete a uma concepção que preza a coletividade". Desta forma, a pesquisadora afirma que: "uma tradução literal formal deste termo seria: 'Nós nos ensinamos', o que também aponta para uma noção de aprendizagem como espécie de auto-ensinamento coletivo". Entretanto, ressaltamos novamente que o processo de construção de conhecimentos também pode ser entendido como caminho ou busca de cada um, de maneira que todos podem aprender e todos podem ensinar porque, na compreensão Guarani, cada pessoa traz sabedorias diferentes. Assim, todos podem ter autonomia e liberdade para trilhar, a seu modo e a seu tempo, seu caminho de aprendizado. Nesse sentido, podemos nos perguntar sobre o que acontece quando a escola entra em cena. O que se dá nesse encontro entre diferentes modos de construir conhecimento?

A ESCOLA E OS MODOS DE APRENDIZADO GUARANI

Na Aldeia Tenonde-Porã, em 1997, foi fundada a Escola Gwirá Pepó, que atende os alunos de ensino fundamental e médio, contando com cerca de 270 alunos matriculados. A escola conta atualmente com treze professores, sendo seis *juruá*, "não indígenas", e sete guarani.

A escola possui três salas de aula, duas internas e uma construída separadamente, com saída direta para a área externa. Dentro das salas encontramos a configuração clássica de carteiras enfileiradas, direcionadas para a lousa, com a mesa do professor à frente. Ligando as salas há um pequeno pátio, que dá na janela da merenda. Na parte externa há alguns brinquedos e o campo de futebol com chão de terra batida.

Ao pensar em como se dão as relações de aprendizado entre as crianças guarani na escola, podemos dizer que a ideia de aprender junto também é valorizada neste ambiente. Assim, muitas vezes as crianças juntam suas mesas, compartilhando seus conhecimentos e materiais escolares. Jan Eckart (2010, p. 36) aponta que na escola localizada na Aldeia Krukutu, vizinha à Tenonde-Porã, um aspecto da dinâmica de aulas que chama atenção é que quando alguns alunos têm dificuldades com os exercícios costumam recorrer aos seus colegas, copiando-os. O autor também fala a respeito de uma resistência dos professores guarani em aplicarem provas, "pois estas não permitem cópias", sendo que é "por meio da observação e conversa com colegas e outras pessoas que os alunos mbya conseguem aquilo que talvez sozinhos não conseguissem. A prova, no entanto, é solitária e não se coaduna com a ética mbya de partilhar conhecimentos" (Eckart, p. 2010).

Assim, verifica-se que a prática e o gosto em aprender junto também se manifestam nas situações escolares. No entanto, outro aspecto que a análise deste contexto apresenta, em especial na Aldeia Tenonde-Porã — que possui uma população maior que a Krukutu e que a maioria das aldeias guarani — se refere às relações que se constituem entre as crianças dentro de uma realidade escolar em que há certa vivência da coletividade que se diferencia do padrão tradicional guarani. Para entender tal colocação é preciso explicitar alguns aspectos relacionados ao cotidiano das crianças num contexto mais geral da aldeia, em que as pessoas e relações se organizam por meio dos núcleos familiares. Assim, a criança até os doze ou treze anos ainda circula mais concentradamente dentro do seu núcleo, quando não há escola. Cada núcleo tem cerca de quinze crianças com idades diferentes, de maneira que é possível para os pais cuidarem dos seus filhos, deixando a criança circular e aprender junto com as outras.

Diferentemente, quando existe uma escola, todas as crianças dos núcleos familiares se direcionam para este espaço de *educação diferenciada*, onde existem alguns professores realizando várias atividades. Neste sentido, mais de cem crianças juntas configuram um contexto bastante diferente, em que essa coletividade tão mais extensa, um pouco fora do contexto da realidade comunitária, traz outro significado, gerando frequentemente um certo tipo de competitividade, que se manifesta em brigas e desavenças entre as crianças. Nessa direção, afirma Kerexu:

> Na escola, mesmo não querendo arrumar briga, você arruma muita briga. Eu não sei por que, não quero falar mal de ninguém. Na escola as crianças gostam de bagunçar, de repente a gente bate um no outro e o outro fala "ai, tá louco!" e empurra o outro. E na *opy* isso não acontece, na *opy* a gente conversa, mas é comportamento diferente, porque lá a gente sabe que é a casa de *Nhanderu* e que a gente precisa ficar quieto. [...] e na escola a gente bagunça mais ainda. A gente fica correndo pra lá e pra cá, é muito legal.

Alguns pais questionam a mudança de comportamento dos filhos a partir do momento em que começam a frequentar a escola, afirmando, como também destaca Eckart (2010), que após entrarem para a escola seus filhos teriam ficado muito *barulhentos* e *sem respeito pelos mais velhos*. No contexto da Tenonde-Porã, existem cinco *opy*, frequentadas por diferentes núcleos familiares, e apenas uma escola, que recebe as crianças de todos os núcleos, acolhendo também os alunos do Ensino Médio que vem da Aldeia Krukutu. Consequentemente, as relações entre as crianças e as demais pessoas envolvidas neste ambiente são constituídas de maneira diferente da forma como se dão na organização social própria entre os Guarani. Assim, novas formas de se relacionar também geram novos comportamentos e modos de se colocar no mundo. Modos estes muitas vezes questionados pelos pais destas crianças.

No entanto, ao mesmo tempo em que alguns pais se incomodam com o comportamento dos filhos após começarem a frequentar a escola, é possível verificar que cada vez mais esta instituição tem se tornado imprescindível na opinião dos mesmos, e as crianças são levadas a cursar a escola sem ter a opção de não ir. A professora Jera afirma que isso ocorre possivelmente porque, de certa forma, os pais criam expectativas de que seus filhos terão oportunidade de serem futuros assalariados, o que é algo cada vez mais necessário, uma vez que na Tenonde-Porã a possibilidade de sustentar-se por meio da terra é algo muito distante.

Essa situação difere do contexto da *opy* e de outros contextos próprios da vida guarani, em que a pessoa vai ou faz algo quando se sente apta ou disposta a tanto. Nesse sentido, na Tenonde-Porã os pais não forçam os seus filhos a frequentarem a *opy*, pois isto não está relacionado a uma obrigação e sim a uma busca que vem de dentro de cada pessoa.

Outro aspecto de comparação entre diferentes modos de saber se refere a um certo aspecto de homogeneização de saberes, uma vez que na escola deve ter um programa político pedagógico que define uma relação de conteúdos a serem ensinados a certas faixas de idade e em períodos determinados. A confecção desses documentos geralmente não abre possibilidade de autonomia para que as pessoas escolham o que mais gostariam de aprender, nem como e nem quando. Costuma ser exigido de todos os alunos um saber homogêneo, que deve ser avaliado por uma nota, seguindo um princípio comparativo relativo ao desempenho de cada aluno. A esse respeito, Jera afirma que entre os Guarani existe uma concepção de que *cada pessoa sabe coisas diferentes*, o que é muito contraditório em relação à ideologia predominante no universo da educação formal:

> A escola vai se transformando nesse sentido: é uma casa em que todo mundo entra diferente, com sabedorias diferentes. Crianças têm muita sabedoria, e cada qual entra com seu sentimento, com suas vivências diferenciadas, dependendo de que lugar veio, e de que família vem [...], fora suas personalidades, que também contam muito. E aí cada qual entra com um jeitinho diferente ali, maior ou menor, saberes diferentes, aldeias diferentes. Mas daqui a pouco vão todos sair iguaizinhos. E aí então fica como uma escola *juruá*.

Existem muitos outros aspectos e elementos pelos quais a temática da escola pode ser abordada em comparação aos modos próprios guarani de construção de conhecimentos. A entrada da escola nas aldeias indígenas é um tema bastante complexo, que está em constante transformação.

Diante de algumas pesquisas e também por meio de nossa observação, é possível verificar alguns exemplos de como o funcionamento da escola pode ser relativamente transformado por modos próprios guarani de conceber o aprendizado, o tempo e as relações sociais. Neste sentido, afirmamos, em consonância com tais pesquisas que a instituição escolar, assim como outras instituições e relações que vêm do mundo *juruá*, não são recebidas pelos Guarani de forma passiva, sendo sempre transformadas de maneira peculiar e própria a estes que as vivenciam. No entanto, a *escola diferenciada* em si carrega muitas contradições, as quais não cabe a este trabalho explorar. Aqui foram levantados apenas alguns aspectos para reflexão. Assim, concluímos ressaltando a importância das pesquisas que evidenciam os modos indígenas de produção e circulação de saberes, entendendo e buscando formas criativas para transformar a escola.

BIBLIOGRAFIA

CLASTRES, Helene. *Terra sem mal: o profetismo tupi-guarani*. São Paulo: Brasiliense, 1978.

COHN, Clarice. *A criança indígena: a concepção Xikrin de infância e aprendizado*. Dissertação de Mestrado. São Paulo: PPGAS-USP, 2000.

ECKART, Jan-Arthur Bruno. *O saber imanente mbya-guarani e a escola estatal: um estudo de caso*. Trabalho de Conclusão de Curso. Faculdade de Sociologia e Política da Fundação Escola de Sociologia e Política de São Paulo, 2010.

INGOLD, Tim. "Da transmissão de representações à educação da atenção". *Educação* 33(1), 2010.

LIMA, Giselda Pires de (Jera Guarani). Kyringue reko. *Crianças guarani*. Trabalho de Conclusão de Curso. São Paulo: Fisp/ USP, 2008.

MELO, Clarissa Rocha de. *Corpos que falam em silêncio. Escola, corpo e tempo entre os Guarani*. Dissertação de Mestrado. Florianópolis: Universidade Federal de Santa Catarina, 2008.

MENEZES, Ana Luiza Teixeira. "O corpo 'educado' na dança Mbya-Guarani". *Tellus* 4(7), 2004.

MONTARDO, Deise Lucy Oliveira. *Através do* mbaraka. *Música, dança e xamanismo guarani*. São Paulo: Edusp, 2009

OLIVEIRA, Melissa. "Nhanhembo'é: infância, educação e religião entre os Guarani de M'Biguaçu", SC. *Cadernos de Campo* 13, 2005.

TESTA, Adriana Queiroz. *Palavra, sentido e memória. Educação e memória nas lembranças dos Guarani Mbya*. Dissertação de mestrado. São Paulo: Faculdade de Educação/ USP, 2007

TOREN, Christina. "Making history: the significance of childhood cognition for a comparative anthropology of mind". *Man* 28, 1993.

Às vezes eu vejo a escola com um olhar triste, como uma imposição de um espaço que poderia ser mais livre... A educação tradicional é muito aberta, muito profunda, e até que ponto a educação escolar dá conta de toda essa complexidade é uma coisa que preocupa a todos nós. Mas, ao mesmo tempo que isso me intriga, eu também vejo que escola é fundamental hoje. Eu lembro de uma vez um professor falando que o papel principal dos professores indígenas não é só preparar alguém pra passar no vestibular, fazer Direito, fazer História... Também é isso, mas o principal de tudo é formar guerreiros e eu acho que isso está acontecendo. Assim como na aldeia Tenonde Porã houve uma articulação grande com os jovens, lá no Silveira também tivemos uma grande movimentação. A gente tem grupos fortes de xondaro. *Nós professores também estamos contribuindo de uma certa forma pra esse fortalecimento.*

CRISTINE TAKUA

Tornar-se adulto sem deixar de ser gente

Fazer (crescer) parentes

ADRIANA QUEIROZ TESTA[*]

Neste texto,[1] passo por práticas e palavras que constituem caminhos percorridos pelos Guarani Mbya nos processos de desenvolvimento da pessoa e de um leque de relações. A noção de *caminhos* é tomada num sentido amplo que abrange deslocamentos, redes de relações e práticas de comunicação, pois todas estas contribuem para criar nexos entre diferentes pessoas, lugares, conhecimentos e experiências. Mas esses caminhos também podem levar a pessoa a se envolver em relações descontroladas ou excessivas com outros humanos e não humanos. Perigos que se realizam e se expressam principalmente no corpo, por isso, os corpos são tomados como foco privilegiado de ação e reflexão.

É possível descrever o percurso de crescimento da pessoa partindo de qualquer ponto, pois trata-se de uma trajetória de fortalecimento da integração entre o princípio vital, *nhe'ẽ*, e o corpo, *ete*, relação indispensável para a permanência nesta terra.[2] Junto com os processos de desenvolvimento da pessoa se fazem parentes. Mas, com a morte da pessoa, dá-se um processo conclusivo de separação tanto do *nhe'ẽ* em relação ao *ete*, como da pessoa em relação aos humanos vivos, pois morta, ela se torna outra. Esse "ex-humano", *ãgue*,[3] é ativamente afastado da convivência e da memória dos parentes vivos.

---

*. Pesquisadora de pós-doutorado do Centro de Pesquisa em Etnologia da UNICAMP.

1. Este texto é uma versão resumida do quinto capítulo da minha tese de doutorado. Recebi o apoio da Fapesp para a realização desta pesquisa (processo n. 2010/ 07740-1). Por questões de espaço, não pude incorporar nesta versão os comentários presentes na tese sobre palavras mbya e suas traduções, assim como o diálogo com autores que abordam temas afins em outros campos etnográficos.

2. Um *nhe'ẽ* frouxamente ligado ao corpo tende a voltar para seu lugar de origem celeste, deixando o corpo vazio, e essa desintegração resultaria na morte da pessoa.

3. *-Ã* pode ser traduzida como sombra, um dos componentes da pessoa. Acrescida do sufixo *-gue*, seria, literalmente, uma ex-sombra ou aquilo que foi sombra. Com a

Neste texto, abordo um ponto central nesses percursos de crescimento da pessoa, em que os meninos e as meninas mbya aprendem a se tornar homens e mulheres, contando com a ajuda e a orientação dos seus parentes. Ao longo do texto, são apresentados relatos em que pessoas mais velhas descrevem os modos pelos quais fazem crescer, *mbotuvixa*, os jovens, insistindo na necessidade de que eles aprendam a agir como parentes, *nhandereko*.[4] Nestes processos, o problema do parentesco é constante, pois "crescer" — tanto no sentido de desenvolvimento da pessoa, como da sua capacidade de reter e multiplicar relações — exige criar modos de conviver bem com consanguíneos e afins e, sobretudo, percorrer com cuidado redobrado os caminhos de relações com diferentes sujeitos não humanos, pois estes afins potenciais[5] trazem à tona o perigo sedutor de deixar de ser gente ou, melhor, de tornar-se outro tipo de gente. Assim, é possível perceber que a dinâmica entre a produção de semelhanças e diferenças é condição fundamental para o desenvolvimento da pessoa e de relações sociais.

O texto é composto por conversas que aconteceram no período de 2001 a 2014 em diferentes *tekoa*[6] localizados nas regiões sul e sudeste do Brasil. No caso de conversas realizadas em língua guarani, transcrevo as falas originais junto com sua tradução.[7] As falas que não são acompanhadas de sua versão em guarani foram feitas em português.

---

desintegração dos componentes da pessoa, o *-ã* se desprende do corpo e passa a ser *ãgue*. O sufixo gue/ kue, neste caso, é usado para indicar algo que deixou de existir como tal, por exemplo: *xeru rãgue*, meu falecido pai; *xera'yxykue*, minha ex-mulher; *xivi pykue*, a pata que foi cortada de uma onça. O uso deste sufixo indica que, com a separação — por morte, separação conjugal ou corte da parte corpórea —, há também a interrupção do papel que essa pessoa ou parte exercia em relação às redes de parentesco ou em relação ao corpo.

4. O termo *nhandereko* — *nhande* é o pronome pessoal da primeira pessoa plural inclusiva, aqui com atribuição possessiva mais *reko* — tem frequentemente sido traduzido como "nosso modo de estar/ ser/ viver" ou, ainda, "nossa cultura/ nosso sistema". Mas, em muitos casos, os Mbya usam o termo *reko*, referindo-se, sobretudo, a "modos de agir" e não a "formas de ser", algo também observado por Garcia entre os Awá Guajá, quando usam o termo *rikô* (2010, p. 264–65).

5. Sobre formas de afinidade potencial, ver Viveiros de Castro, 2002, p. 137 e 164.

6. *Tekoa* pode ser definido como um lugar no qual parentes, humanos ou não humanos, convivem e cuidam uns dos outros. Por isso e por outros motivos, ele não é um sinônimo exato de aldeia. Ver Testa, 2014, p. 2–17.

7. Contei com a ajuda de vários amigos na tradução destas falas, especialmente Jordi Ferré, Jera, Tupã e Karai.

Desde o nascimento de uma criança, seu corpo e suas atividades são marcadas progressivamente pela diferença entre o feminino e o masculino, à qual se somará gradativamente o (re)conhecimento de outras diferenças que distinguem, mas também permitem produzir relações entre pessoas de diferentes gerações, famílias e lugares. Desenvolve-se também um conhecimento crescente de diferenças que extrapolam as relações vividas num *tekoa*, se estendendo para outros *tekoa* que as crianças e os jovens conhecerão em viagens, para seus contatos com pessoas de outros coletivos indígenas e não indígenas e para suas relações com sujeitos sobre-humanos e não humanos.

Na transição entre a infância e a vida adulta, as relações com sujeitos não humanos se tornam foco de atenção. Como Jera, uma jovem amiga, explica, as diferenças dos corpos femininos e masculinos contribuem para que aprendam a se relacionar de modos diversos com a mata e seus habitantes, *ka'aguy rupigua kuery*. Assim, os cuidados que homens devem observar com o controle das suas substâncias corpóreas são redobrados pelas mulheres, que precisam evitar qualquer contato com a mata e seus habitantes quando estiverem menstruadas.

> O menino, como em todas as culturas, tem mais liberdade desde pequeno, enquanto que as meninas são mais cuidadas e por mais tempo pelos pais, principalmente pela mãe. Desde cedo, não deixam sair muito, não vai muito para a mata, já pensando na situação de que uma hora ela vai menstruar. Daí, ela não pode ter esse costume como um menino, que vai mais cedo e com mais frequência para o mato com o pai pra caçar ou pra fazer qualquer outra coisa. Se a menina pega esse mesmo costume, ela pode ir um dia e menstruar dentro do mato ou dentro da água. Por vários motivos, ela é mais presa na família e nas coisas da casa do que o menino é.

Nesta mesma direção, outras pessoas, cujos relatos veremos mais adiante, afirmam que os jovens, assim como os recém-nascidos, são particularmente vulneráveis a ataques predatórios de sujeitos não humanos. Porém, os jovens enfrentam um risco adicional, porque podem ser seduzidos por estes sujeitos e enganosamente estabelecer uma relação de proximidade excessiva com eles. Correm, inclusive, o perigo de sofrer uma transformação irreversível, *jepotá*, por meio da qual, se tornando igual ao outro, viram-se contra seus antigos parentes.

Por isso, os jovens são foco privilegiado de atenção dos seus parentes, que observam-nos cuidadosamente, *kuaa pota*, para identificarem eventuais indícios de alteração. Sua vulnerabilidade se deve, entre outros fatores, ao fato de que são iniciantes nesse campo minado e, portanto, precisam ser orientados nos caminhos entre lugares, corpos e relações. Atribuem à inexperiência dos jovens sua incapacidade de discernir a ampla gama de artifícios criados por diferentes sujeitos não humanos para produzir enganos e seduzir os humanos. Convém ressaltar que essa sedução é também um ato de vingança, cujo resultado será uma equação em que os humanos perdem um parente, enquanto um coletivo de sujeitos não humanos ganha um afim capaz de produzir novos parentes consanguíneos, e um aliado contra os humanos, num jogo de relações, cujo placar está em perpétuo desequilíbrio.

O relato de Vera Mirĩ, cacique de um *tekoa* no litoral fluminense, enfatiza a importância de não se deixar cair nessas armadilhas perceptivas. Ele explica que os jovens devem, principalmente no período noturno, se recolher às suas casas e não devem se deixar ouvir, tampouco se deixar enganar pelos sons que escutam, pois, por meio desse tipo de comunicação, criam-se caminhos para os processos de alteração:

> Antigamente, para as mulheres jovens não sofrerem transformação, logo que se tornassem adultas [lit. que seus seios crescessem], as pessoas tinham que cuidar atentamente das suas filhas.
>
> Quando entardecia, faziam-nas sentar e deitar [no jirau preparado para a reclusão]. À noite não deixavam ficar fora, como acontece hoje em dia.
>
> Antigamente, mais antigamente, era assim, as moças ouviam seu próprio pai e sua própria mãe. Por quê? Eles falavam logo, eles contavam logo: "Quando escurecer, se você ficar vagando, vai sofrer transformação. Você precisa lembrar que quando escurece é para dormir. Você precisa cuidar de si e não ficar fazendo brincadeiras ou rindo. Quando escurece, não podemos mais fazer algazarra. Ao nascer do sol, você levanta, vê seus parentes, vocês conversam e se alegram, mas depois, quando anoitece, não é mais para fazermos brincadeiras".
>
> Aconselhavam assim ambos, os homens e as mulheres. Também não deixavam os rapazes jovens ficarem falando demais. Quando escurecia, não queriam mais que fizessem brincadeiras, não queriam mais que fizessem ouvir suas gargalhadas. Então, assim, eles sabiam orientar bem todos.
>
> Quando escurece, se a moça que tem sua primeira menstruação ficar rindo, este riso será escutado de longe, e aqueles que estão longe ouvirão. Assim, de repente, ela será enganada, ela ouvirá o riso deles [em resposta ao seu] e, depois de cair no engano, eles rirão dela.[8]

8. Conforme explicação que recebi sobre esta fala: quando a moça ri à noite, ela se torna perceptível aos sujeitos que vivem na mata e, em troca, eles se farão perceptíveis a ela. Quando isso ocorre, esses sujeitos passam não apenas a rir para que sejam escutados por ela, mas a rir dela, pois percebem que ela caiu no engano e será vítima da sua transformação. No original: "Ha'e ko kunhãgue'i, yma, yma, kunhãgue'i por no ojepotáa py ko ikã guaxu ja'ea ha'e rami ramove onhangareko ma omemby re.

Assim como povos indígenas da Amazônia (Gallois, 1996; Viveiros de Castro, 2002; McCallum, 2013), os Mbya identificam aqueles que sofreram esse tipo de transformação, por eles designada *jepotá*, observando alterações que se manifestam no corpo e nos modos de agir. Neste sentido, os primeiros sinais frequentemente são um conjunto de comportamentos anti-sociais, do ponto de vista dos humanos: atacar seus próprios parentes; comer carne em abundância, principalmente no horário noturno; ir constantemente à mata sozinho; dormir de dia e ficar acordado à noite; evitar compartilhar alimentos e conversas com os parentes. E, quando a transformação se completa e se torna irreversível, os Mbya dizem que o corpo já *mudou* ou *virou*, apresentando uma força excessiva em comparação aos humanos, pelos em abundância ou a transformação da pele numa espécie de couro que não pode ser perfurada, a não ser pelo uso de armas especiais.

Para evitar esse tipo de transformação, Karai Tataendy, uma liderança política e religiosa de um *tekoa* no Paraná, explica outros cuidados que devem ser tomados, remetendo-se aos conselhos que recebeu quando ele mesmo era jovem.:

> E é verdade que quando um jovem se tornava adulto não queriam que ele agisse de qualquer modo [descontroladamente], não queriam mesmo. Não queriam que fizesse barulho alto. Diziam que não queriam que ele ficasse vagando pelas trilhas [no mato]. Diziam que não queriam que urinasse pelas trilhas [no mato]. Era assim que os antigos falavam e aconselhavam seus filhos.
>
> "Se você se descuidar, vai sofrer transformação, meu filho. Vai sofrer transformação causada pelo dono que mora na copa da árvore, sofrer transformação causada pelo dono da terra, sofrer transformação pelo dono da pedra", assim diziam os antigos.
>
> Assim, nós jovens que estávamos nos tornando adultos tínhamos medo. Tínhamos medo daquilo que falavam que poderia nos acontecer.

// Ka'aru ovy ramo omboguapy ma, onheno aguã'i py. Pyavy ndoikoi, aỹgua rami e'ỹ, nomoingovei ma. // Ha'e rami ramo yma, ymave ko kunhãgue'i onhe'erendu va'ekue nguu ko oxy onhe'erendu. Mba'e re pa? Ijayvu voi ty omombe'u voi ty: "Pytũ rupi ha'e va'eve reikovy ma, rejepotá 'rã. Pytũ ramo nema'endu'a ma reke aguã'i, reke aty'i re nema'endu'a ma 'rã. Renhemoĩ ma 'rã nanderoryaivei ma va'erã. Pytũ rupi nanderoryai nhendui 'rã. Erepu'ã Nhamandu kuery oua rema'ẽ 'rã, erepuã 'rã neretarã kuery, pendeayvu'i, penderory'i peikovy, rire pytũ ma, nanderoryaivei ma". // Mokoĩve omongeta porami, avakue ha'e rami avi ae. Kunumigue'i inhe'ẽ nguxu ja'ea rupi nomboayvu katuvei ma. Pytũ ramo, ndoipotavei ma, ndoipotavei ma horyai, ndoipotavei ma opuka nhendu. Ha'e rami ramo, ha'e rami vy py ogueraa kuaapa okuapy. // Ja pytũ ramo, opuka, inhegue va'erã, opuka va'e onhendu mombyry, ha'e va'e re ja onhendu, xapy'a rei ombotavy va'erã oiko rire ombotavy ha'e va'e, onhendu re, horyai re".

> E era tudo verdade o que os antigos diziam para seus filhos, como eles aconselhavam. "Não coma pelos caminhos [na mata]" diziam, "não coma quando for tarde, quando escurecer, não coma", assim diziam os antigos. E os antigos também falavam: "Onde estiverem as moças, não fique olhando".
>
> E as moças, cujos seios começavam a crescer, eles aconselhavam assim: "Não, minha filha, não entre no rio! Não tome banho na água que corre! Vocês já têm seios [já são mulheres adultas], por isso, não é bom fazerem isso, se vocês se descuidarem, vão sofrer transformação pelo dono da pedra, pelo dono da água, pelo dono que mora na árvore", diziam tudo isso antigamente.[9]

Ele se refere a problemas que têm como eixo central a necessidade de evitar o fluxo descontrolado das substâncias que são expelidas pelas pessoas, principalmente por meio dos fluídos corpóreos, pois isso deixaria a pessoa mais vulnerável à alteração resultante de relações com sujeitos não humanos. Cabe notar que essas substâncias dispersas podem provocar incômodo ou atração em tais sujeitos e, portanto, devem ser mantidas fora do seu alcance. Neste sentido, ele destaca que não se deve urinar pelos caminhos, em referência às trilhas no mato, tampouco devem as moças se banhar nos rios quando estiverem menstruadas. Ele também explicita a importância da moderação naquilo que é consumido: as pessoas não devem comer à noite ou na mata.

Assim, na transição da infância para a vida adulta, as moças e os rapazes são ensinados a moderar suas palavras, o consumo de alimentos, suas atitudes e os modos de se relacionarem em diferentes contextos. Neste sentido, os incentivos para que as crianças falem cedo e livremente cedem lugar à aprendizagem da moderação e a uma certa etiqueta que os Mbya frequentemente traduzem para o português como "vergonha". Diria que esta vergonha não carrega um sentimento de culpa, mas o receio de se exibir demasiadamente,

9. No original: "Ha'e gui anhete, ko inhe'ẽ nguxu ma vy, ndoipotai ha'e py opa marã rei oĩ aguã, ndoipotai okuapy. Ndoipotai onhendu puku rei. Ndoipotai tape rupi oo vy ma ri ty ra'e oiko, he'ia rami. Ndoipotai ma je tape rupi rive okuaru ovy, Ha'e rami he'i ma ymagua kuery gua'y kuery omongeta ma vy. // 'Rejejogua vai'i 'rã, rejepotá 'rã xera'y. Rejepotá 'rã ko yvyra rovapy ja re, rejepotá 'rã ko yvy ja re, rejepotá 'rã ija re, rejepotá 'rã ita ja re', he'i va'ekue ymagua kuery. // Ha'e rami ma ore kuery, orekunumi, orenhe'ẽ nguxu py rokyje. Rokyje ma ha'e mba'e he'i ague'i rami roiko 'rã. // Ha'e gui jevy anhete opamba'e-mba'e'i py ma ymagua kuery ijayvu va'ekue gua'y kuery pe, omongeta va'ekue. 'Anyĩ ke tape re rekaru' he'i, 'anyĩ ke ka'aru ma rekaru, pytũ re ekaru eme', he'i va'ekue ymagua kuery. 'Ko kunhãtaĩgue ikuai'i va'e, anyĩ rema'ẽ teri', he'i va'ekue ymagua kuery // Ha'e gui kunhãtaĩgue'i ha'e rami avi, ikã ramo-ramo va'e, ikã guaxu-guaxu va'e, omongeta: 'Anyĩ ke, xememby, yakã rupi rive ke eiko eme! Yxyry py ke ejau eme! Penekã ma' he'i, 'penekãmba ma' he'i, 'nda'evei, ha'e rami pejejogua vai 'rã, pejepotá 'rã, ita ja re, yy ja re, yvyra rovapy ja re', he'ipa va'ekue ma".

principalmente diante daqueles que sabem mais. Por isso, os jovens aprendem a falar pouco quando estão diante dos mais velhos e a deixar que estes falem primeiro antes de eles mesmos se expressarem. Também aprendem a falar e agir de modo diferenciado entre seu grupo de parentes próximos, consanguíneos e afins que moram juntos ou próximos, e outros mais distantes.

Restrições e modos de moderar a fala e a alimentação gradualmente se alteram e até relaxam conforme a pessoa amadurece. Quando isso ocorre, seu controle sobre os saberes e as substâncias, próprias e aquelas que recebe de outros sujeitos, é tal que ela é capaz de fazer uso proveitoso de um fluxo mais abundante de palavras e substâncias. Mas, no caso dos jovens, seus parentes mais velhos dizem que, para fazerem saberes e substâncias fluir com segurança e eficácia, precisam aprender a reter estes fluxos e desenvolver a capacidade de se conter, *jejoko*, como uma senhora idosa explica:

> Estive na casa da Takua [sua filha] ontem. Quando menstruam pela primeira vez, ensinamos para não serem bravas. Só brava, brava [se refere à própria filha]. "Não seja brava, você não deve ser brava. Para viver, não é bom você ser brava demais."[10]

Experimentar um temperamento ou um estado excessivo remete ao problema mais amplo das transformações que isso pode acarretar. Por exemplo, a raiva é associada a uma condição de calor exacerbado, *aku raxa*, que está relacionado, conforme comentário de Montardo, aos períodos de *transição entre o que se é e o que se está por ser* (2009, p. 163). Por isso, esta expressão frequentemente é usada pelos Guarani para se referirem àqueles que passam da infância para a vida adulta. Como a mesma autora aponta:

> As pessoas, os frutos da terra e os instrumentos rituais passam por um 'esfriamento' que os tiram deste estágio perigoso e os provém de temperança, caracterizada por um modo de ser calmo.[11]

A necessidade de *esfriar* a raiva também está associada ao risco de que ela se transforme em doença ou desencadeie ações de vingança veladas, por meio de feitiçaria, ou explícitas, por meio de brigas violentas. O perigo de deixar de ser gente (humana) é, segundo o rezador Karai, motivo para orientar os casais a não cultivarem o ciúme,

10. No original: "Takua ro py kuee aĩ. Ivai ja e'ỹ aguã va'e py ae nhambo'e inheguea py. Ivai rive rive. 'Ndevai eme, ndevai eme ranhe. Nda'evei teri ndevai rei reikovy aguã.' "
11. Montardo, 2009, p. 163–64.

akãte'ỹ, pois o ciúme é frequentemente apontado como gatilho que provoca estados excessivos e modos de agir correlatos.

> Quando a gente fica bravo e faz alguma coisa, depois que passa fica triste, mas é tarde demais. Fica triste porque não fomos nós mesmos que fizemos, foi a maldade que entrou e fez aquilo. Se a gente vai para um lugar desses, não sabe se vai voltar. Eu tenho medo. A maldade escurece nossa visão. O ciúme também. O ciúme tem dono. Depois que a pessoa faz, ela fala que é louca, mas isso não é loucura. Nós Guarani sabemos que essa pessoa não está louca, e não adianta ela ir para a cadeia e depois sair, porque ela vai continuar matando. Depois que mata uma vez, sempre vai querer matar, porque ela já é outro. O revólver é feito para o próprio homem. É para matar o homem. Não faz para matar bicho. É a própria armadilha do homem.

Nesse estado, como Karai ressalta, a pessoa *vira outra*, e suas capacidades de percepção são alteradas: *escurece nossa visão*. Dominada pelo dono não humano da raiva, *ivai ja*, ela se torna capaz de matar outra pessoa, até porque, no limite, como ocorre em outras transformações deste tipo, o agente não é mais humano. Nisso, ele usaria uma arma concebida para humanos: o revólver, que, como Karai explicou, se diferencia das armadilhas e armas feitas por humanos para matar bichos. E mais, tal transformação é irreversível: "Depois que mata uma vez, sempre vai querer matar, porque ela já é 'outro'". Karai também afirma que este estado é distinto da "loucura", porque a "loucura", *akã vai* ou *akanhy*,[9] pode ser temporária e tratada, mas aqui temos uma transformação definitiva que extrapola as capacidades terapêuticas empreendidas pelos xamãs.

O relato também permite voltar a atenção para o problema da circulação de saberes e a dificuldade que têm os jovens de seguirem rigorosamente as medidas que visam prepará-los para a vida adulta, como também remete à importância de desenvolver modos de boa convivência. Neste sentido, além de cuidarem de si, as pessoas são orientadas a tomarem cuidado com as alterações que podem provocar nos outros. Assim como não se deve despertar o desejo de determinados sujeitos não humanos, nem ser atraída por eles ou, tampouco, provocar raiva e incômodo nos donos, *ja*, de diferentes lugares e ob-

9. Os Mbya frequentemente usam a palavra "loucura" para traduzir *akanhy* (*akã* = cabeça + *kanhy* = perder; sumir), que também se refere a estados de vertigem. A ideia de perda é fundamental nestes casos, pois trata-se, sobretudo, dos riscos de se desorientar ou se perder nos caminhos de comunicação e percepção. A palavra também remete à ideia de que a pessoa perde a capacidade de controlar os modos de agir e se relacionar com outros sujeitos.

jetos, como animais, plantas etc., as relações entre humanos também devem ser cuidadas e regidas pela moderação.

Conforme Karai salientou, além dos diversos seres que têm donos, algumas atitudes e temperamentos também os têm, e quem experimenta em excesso os estados provocados por essas atitudes passa a ser controlado por seus donos. Tais donos, uma vez mobilizados, dominariam as capacidades perceptivas e ações da pessoa, fazendo com que ela enxergue e ouça o que não está lá na realidade ou, melhor, o que não é perceptível às outras pessoas humanas. Essas alterações afetariam especialmente os modos de se relacionar com diferentes sujeitos humanos e não humanos.

Por exemplo, Jaxuka, uma senhora idosa que mora num *tekoa* paulista, explica que, quando jovem, ela e outras moças eram ensinadas a preparar alimentos e, enquanto faziam isso, não deveriam voltar a atenção para a mata e seus habitantes. Caso olhassem para a mata, esse olhar seria retribuído pelos donos que moram na mata. E, como vimos em outros relatos, estabelecer uma relação de proximidade excessiva com os diferentes donos não humanos, por meio da troca de olhares, palavras ou substâncias, traz o perigo de perder a condição humana.

> Enquanto a moça socava milho, também falavam para ela assim: "não fique olhando para a mata; não olhe pra lá, fique só socando, você tem apenas que socar", diziam. "Não fique olhando para a mata (lit. copa [das árvores] da mata)", diziam. "Se ficar olhando para a mata, os donos da mata vão todos também olhar pra você", diziam.
>
> Quando o sol ia embora, já faziam a moça entrar em casa de novo. Quando escurecia, não a deixavam mais ficar de pé.[12]

No final da sua fala, Jaxuka explica que quando escurecia as moças não podiam mais ficar de pé, o que significa que elas provavelmente voltavam a se deitar no jirau onde tinham passado o período de resguardo relativo à primeira menstruação. Do mesmo modo, muitas das referências ao ato de "fazer sentar", *mboguapy*, dizem respeito à necessidade de fazer alguém cumprir adequadamente os processos de reclusão e resguardo.

Nesta direção, Vera Mirĩ comenta os perigos de não seguirem os resguardos ou deixarem as substâncias corpóreas se espalharem

---

12. No original: "Ha'e rami vy ae tu omba'exo merami aipo avi he'i: 'ema'ẽ eme ka'aguy rovapy re, kii ema'ẽ eme emba'exo tema, mba'exo tema', he'i. 'Ema'ẽ eme ka'aguy rovapy re', he'i. 'Ka'aguy rovapy ja ndere oma'ẽ okuapy 'rã', he'i. // Pee py, Kuaray oo ramo ja oo py omoinge ju ma. Kuaray'ã rupi ja nomopu'ãvei ma".

pela mata, onde se expõem à possibilidade de predação por parte de sujeitos não humanos.

> Era assim antigamente, aquelas que não ouvissem as palavras das próprias mães e não ouvissem as palavras dos próprios pais, sofriam transformação. Nada acontecia com aquelas que escutavam as palavras da própria mãe e acreditavam nessas palavras. Elas não sofriam transformação. Viviam bem até ficarem velhas. Nada lhes acontecia, porque tinham prestado atenção.
>
> Temos que ouvir muitas coisas nos lugares onde vamos. Não querem que as moças e os rapazes urinem pelos caminhos [na mata]. Por quê? Porque no lugar onde os homens urinam e as mulheres urinam, tudo vem.[13] E isso não é bom. Quando menstrua pela primeira vez, tem que sentar e sentar [passar pelo processo de reclusão]. Assim é bom.[14]

Os fluidos corpóreos dos jovens, principalmente urina e sangue menstrual, atraem sujeitos não humanos, especialmente se expelidos num rio, pois este, além de moradia de diferentes seres e seus donos, também carregaria para longe essas substâncias corpóreas. Do mesmo modo, o cheiro forte desses fluidos e do suor também se difunde descontroladamente pelo ar. Portanto, os cheiros dos corpos dos jovens precisam ser encobertos e disfarçados com fumaça ou através da aplicação de plantas e resinas.

Schaden afirma que as meninas, quando menstruam, e os rapazes, quando passam pela perfuração do lábio, experimentam um estado designado *(h)akú* ou *odjékóakú.* Neste estado, ficam sujeitos a perigos de *encantamento sexual, o que se denomina* odjepotá (1962, p. 85). Mas Schaden, à semelhança do que também mencionei anteriormente, observa que o estado de *aku*, "quente", ou *jekoaku*, "se fazer quente", também é experimentado pelos pais de um recém-nascido que, por isso, devem manter resguardo.

Na fala a seguir, Jera descreve modos de cobrir ou disfarçar os cheiros expelidos pelos corpos dos jovens para que sejam menos perceptíveis a sujeitos não humanos. Cabe mencionar que as medidas

13. Refere-se aos sujeitos não humanos que são atraídos pelo cheiro da urina que se propaga pela mata.

14. No original: "Ha'e rami vy py, yma, yma. Ha'e va'e noendui va'e ayvu oxy kuery ayvu noendui, nguu ayvu noendui'i va'e, va'e-va'e'i rive tu ojepotá. Ha'e oendu va'e ko oxy ayvu ombojerovia, oxy avyu ombojerovia ma, mba'eve ndoikoi, ndojepotái. Oiko porã'i. Guaimi peve. Nim mba'eve ma ha'e va'e re oikuaa pota ramo ma. // Heta mba'e nhaendu rã amongue henda py. Kunhãgue'i, avakue'i inhe'ẽ nguxu va'e tape rupi rive ndoipotai okuaru. Mba'e re pa? Porque avakue okuaru ague'i re, kunhãgue'i okuaru ague'i re ou opamba'e ou, opo guive ou. Ha'e rami vy py nda'evei. Ha'e rami vy py inheguea py oguapya py. Ha'e rami avei".

para evitar esse tipo de contato contrastam com os esforços feitos em outras circunstâncias para se fazer perceber, *jeexauka* e *nhemoendu*, mas todos estes exigem aprimorar a percepção, *exave* e *enduve*.[11]

> Tem um outro processo que é feito também, tanto para o menino, como para a menina, mas para a menina é feito com mais atenção, que é dar um banho com cinzas, ou, quando não é com cinzas, pegar um tecido de cor mais escura, queimar e defumar o corpo, porque assim ela fica sem o cheiro natural dela. Quando a menina está sangrando, também não fica o cheiro do sangue, então todos os outros seres que não são humanos, que são os animais, vão ficar bem longe dela. Ela é ensinada a não ficar prestando atenção nos barulhos que vêm da mata, porque, se ela prestar atenção, e for um espírito da natureza, dos animais, ela pode ser levada por ele. Ela tem que ficar concentrada pra não se deixar levar pelos sons que vêm do mato.
>
> Eu lembro, quando era criança, as meninas que menstruavam quando iam fazer xixi elas eram cobertas por um cobertor ou pano, não saíam sem isso. Daí, às vezes eu via as minhas amiguinhas cobertas assim e já sabia. Elas ficavam cobertas de corpo inteiro, assim, meio camufladas para ninguém ver.

Quando a voz de um menino começa a engrossar, *nhe'ẽ nguxu*, indicando que ele está se tornando adulto, ele também vira centro de uma série de cuidados. E, no seu caso, embora ele aprenda a aprimorar a capacidade de distinguir entre os diferentes sons emitidos por sujeitos que moram na mata e a evitar a comunicação com eles em momentos de maior vulnerabilidade, seu processo de formação nesta fase não se limita à própria residência ou à casa de rezas, mas também se estende para as matas próximas. É também nesta fase que alguns meninos passam pelo processo de perfuração do lábio, *embetykua*.

Além disso, desde a infância, os parentes de meninos e meninas cuidam para que não se tornem pessoas preguiçosas, *ate'ỹ va'e*. Neste sentido, aplicam remédios preparados com plantas ou partes de alguns animais sobre os corpos dos seus filhos pequenos, fazem-nos tomar banhos gelados ao amanhecer e também fazem com que os acompanhem na realização de trabalhos.

No âmbito das medidas que visam produzir a pessoa e também dar maior eficácia às suas ações, alguns rapazes se submetem a picadas de abelhas ou formigas. Os rapazes que observei passarem por esse

11. *Exa* está associado à percepção através da visão; *endu* é frequentemente usado para designar a capacidade de ouvir, mas também é entendido como modo de perceber através do uso de outros sentidos. O advérbio *ve* é um intensificador. O prefixo *je/nhe* é reflexivo. Os prefixos *mbo/mo* são a forma aberta e nasalada de indicar que se faz uma ação ocorrer.

processo disseram que era para assegurar maior proteção e êxito na caça e em outras atividades desenvolvidas na mata. Os rapazes e homens adultos que se iniciam no xamanismo às vezes introduzem seus braços em formigueiros para que adquiram maior força, resistência e agilidade no uso dos instrumentos musicais que são tocados nos rituais de reza.

No caso das mulheres, algumas práticas seguidas durante a primeira menstruação frequentemente são repetidas a cada novo ciclo. Por exemplo, mesmo mulheres adultas cuidam para que as substâncias contidas no sangue não se espalhem excessivamente para afetar as pessoas, os lugares e objetos com os quais elas tenham contato nesse período. Por isso, evitam andar pelas matas ou roças: se, no primeiro caso, o cheiro do sangue atrai habitantes da mata, no segundo ele prejudica o crescimento dos cultivos por incomodar seus donos não humanos. Tampouco deixam que seu sangue seja levado por água corrente, pois isso desencadearia a circulação descontrolada das suas substâncias e do seu cheiro, o que tornaria a mulher e também seus parentes próximos altamente vulneráveis. Nesse período, seu contato com água deve ser mediado pelo cozimento da água, que pode também ser misturada com plantas aromáticas e cinzas de madeiras escolhidas para disfarçar o cheiro do sangue.

Inclusive, uma das maneiras de se referir à menstruação é *ndajauvei, não posso me banhar mais.* Jera explicou esta expressão, ressaltando que: "nós mulheres não podemos tomar banho de água fria ou corrente quando estamos menstruadas. Lava do pescoço pra baixo, a cabeça só pode lavar quando acabar a menstruação". Mas existem também outras formas de se referir à menstruação; algumas fazem referência direta a *Jaxy*, um dos irmãos míticos associado à lua. Transcrevo a seguir uma fala em que Jera explica para sua filha o que acontece quando a moça menstrua pela primeira vez.

> As meninas são ensinadas a contar para a mãe quando vem pela primeira vez a menstruação. Tem umas formas que a menina é ensinada para falar: *aexa Jaxy ra'u*, "acordei com a lua", "eu vi hoje a lua", "sonhei com a lua", ou *Jaxy re ma amenda*, "estou casada com *Jaxy*". Aí, rapidamente, o pai vai e faz o *nhimbe*[12] [...] Eu sempre via que no Xeramoĩ Kamba [um dos rezadores], que tinha muitas meninas, ele nem desfazia o *nhimbe*. O *nhimbe* ficava dentro da casa de rezas e sempre tinha alguém mais pra ir lá e ocupar o espaço.

12. O *nhimbe* é um jirau usado pela moça durante o período de reclusão que segue à primeira menstruação.

O pai faz o *nhimbe* e aí acontece o ritual de cortar o cabelo da menina. Quando corta o cabelo da menina não é só cortar e pronto, significa muitas coisas para toda a vida dela depois. A primeira coisa que acontece quando corta o cabelo é que, como o cabelo é uma coisa viva e está no nosso corpo, ele não para de crescer. Então, desde que nasce até os 13, 14 anos, tudo que você já viveu durante essa vida está no seu cabelo. Esse cabelo é cortado e, junto com esse cabelo cortado, se a menina era brava ou desobediente, vai todo esse mau comportamento. Quando você corta o cabelo, ele não está mais vivo, está morto e quando está morto não tem mais essa presença do mau comportamento da menina e, então, pode virar *tetymakua* [uma corda trançada com o cabelo que foi cortado], que é o que os mais velhos amarram na perna assim. Daí, não tem mais nenhum fluido ruim; ele se torna uma proteção que os mais velhos nunca tiram. São só os mais velhos que usam, sempre os avôs e as avós. Normalmente, é o pai da menina que corta seu cabelo e depois quem faz o trançado é a mãe.

Meses antes desta conversa, eu e Jera tínhamos ouvido Jaxuka contar sobre o processo pelo qual as moças passam quando têm a primeira menstruação. Apresento trechos desta fala, para depois tecer alguns comentários sobre as palavras dessas duas mulheres de gerações diferentes.

Quando temos a primeira menstruação, como se diz em português, quando está bem no comecinho, a nossa menstruação aparece só um pouquinho, pinga só um pouquinho, como a pontinha do dedo. [...]

Assim, quando aparece só um pouco na sua calça, assim que você souber, você conta para sua mãe e ela ficará feliz, dizendo: "fico feliz por minha filha me contar", assim ela dirá. Se você quiser viver bem, você vai contar. "Isso é muito bom", ela vai dizer.

Além disso, vão cortar completamente seu cabelo para você não se perder, e, enquanto isso, um homem fará um jirau alto.

Eles não abrem nenhum pouco esse lugar onde você é colocada. Para ninguém vê-la ou reconhecê-la, eles fecham tudo completamente.

Era assim antigamente, a moça não podia ficar falando muito. Dizendo assim, tiravam-na de lá depois de ficar um mês no alto. [...]

Então, falariam para ela: "fique reta, fique assim, não fique de outro jeito, para fazer você ficar reta, fique assim. Caso contrário, ficará com as costas curvadas e todos vão tirar sarro de você".

Depois, ensinariam: "Não fale mal dos outros".[15]

15. No original: "Ha'e vy ma inhegue'i primeira, he'ia rami juruá ayvu py, ijypy'i ete tu nhande reko ojekuaa 'rã kyrĩ'i, ko'i va'e'i nhanekuã'i apy'i re rive otyky'i. [...] // Ha'e rami ma kyrĩ'i rima ojekuaai kyrĩ'i ete nekaxõ'i ha'e va'e rive'i ojekuaa, ha'e va'e reikuaa'i vy remombe'u, ndexy oguerovy'a ete: 'ha'evete xememby omombe'u', he'i.

Jaxuka afirma que o cabelo das moças é cortado durante a primeira menstruação para que não se percam, *mokanhy aguã e'ỹ.*[13] Em paralelo, Jera comenta que o cabelo das moças, *a*, contém tanto suas *substâncias* e *fluidos* como as experiências que viveram, seus comportamentos e estados. Neste sentido, o cabelo de meninas que até então foram *bravas* ou *desobedientes* conteriam substâncias associadas a esses estados e comportamentos. Mas, quando o cabelo é cortado, cortam-se também o fluxo e a continuidade dessas substâncias e experiências. Desse modo, a primeira menstruação contribui para *limpar* a pessoa das suas substâncias e experiências anteriores, assim como transformar os modos como ela se relaciona com outras pessoas. Inclusive, esse cabelo cortado ou morto, *ague*, também se transforma e, mesmo que antes tenha carregado aspectos considerados negativos, agora se converte num veículo de força e proteção para aqueles que passarão a carregá-lo nos seus próprios corpos. Vemos, portanto, que elementos associados à circulação de doenças e infortúnios, como é o caso de comportamentos considerados negativos e objetos que são impregnados por estes, podem ser reorientados e transformados em meios de circulação de força, saberes e capacidades.

No final da sua fala, Jera conta que o cabelo é cortado pelo pai e trançado pela mãe, para produzir um adorno usado por parentes mais velhos da moça, geralmente seus avós. Considerando a tendência uxorilocal dos Mbya, observei muitos casos em que os avós maternos recebem este adorno, entregue para eles pelo marido da sua filha. Possivelmente este seja mais um aspecto do *serviço de noiva* que um genro presta aos sogros, retribuindo parcial e parceladamente, por meio de uma parte do cabelo de sua filha, a mulher que desposou.

Mais adiante, Jera explica que nesta fase de reclusão a moça recebe conselhos específicos para lidar com o casamento e cuidar dos filhos que terá:

Quando a menina é colocada no *nhimbe*, é para ela ficar um mês inteiro. Acho que em algumas aldeias ainda acontece assim. Na Argentina, na aldeia

---

Reiko porãxe rã remombe'u. 'Kova'e ramo ha'evete', he'i. // Ha'e ramive ma, nde'a'i ojayapa nemokanhy aguã e'ỹ vy nhimbe ava va'e ojapo yvate. // Ha'e va'ekue nemoĩ ma nem nderexakuaa aguã ma ndoipe'ai, opa ombotypa'i. // Ha'e rami ma yma ikuai, ha'e rami vy rima yma ikuai va'e, nda'ijayvu katu vaipai raka'e. Aipo e'i vy, omoẽ um mês yvate oĩ. [...] // Ha'e rami ma je, ha'e ma aipo e'i avi: 'eĩ yvi merami ma reĩ, eĩ yvi, merami eĩ eme. Merami renhemboyvi. Ha'e rami e'ỹ rire ndekupe vy rei rã ndejojaiai'. // Ha'e va'e py ae ma tu ombo'e avi: 'ndeayvu katu vai rei eme ta'vy' ".

13. Conferir nota nº 9 sobre *kanhy*.

onde a gente foi, eles falaram que ainda fazem assim, exatamente assim. Mas hoje o que acontece mais é que ela fica no máximo uma semana, porque tem todas as outras situações de interferência, por exemplo, a escola. Mas, antigamente, ficava um mês, e era um tempo para todos os parentes mais velhos terem contato com a menina e darem bons conselhos.

Durante esse período de reclusão, a menina desce do *nhimbe* algumas vezes, quando é chamada, e uma das coisas que eu acho muito bonita que acontece é uma parte que a avó faz, juntando todos os parentes da menina na casa, para ela aprender a ser generosa para o resto da vida, com todas as coisas, não ali só naquele momento para seus parentes, mas depois, para ser generosa com o marido e principalmente com os filhos. Nesse momento que está todo mundo junto, a avó traz uma espiga de milho e faz a menina assar o milho. Ela pede para a menina olhar todos os irmãos e parentes que estão do lado dela e fala para ela fazer com que uma só espiga chegue para todo mundo. A única pessoa que pode ficar sem comer o milho é a própria menina. Daí a avó fala desse comportamento de generosidade: "Se você não aprender a dividir, se você não conseguir fazer com que a comida chegue para todo mundo, você não vai saber cuidar dos seus filhos, porque é você que vai querer comer primeiro, é você que vai querer comer melhor antes dos seus filhos, então, você tem que dar comida para todo mundo, para seus filhos, depois você come".

Neste sentido, Jaxuka também explicou que, quando teve a primeira menstruação, foi ensinada a preparar alimentos e compartilhá-los, para que futuramente soubesse alimentar seus próprios filhos e também os visitantes que receberia, provavelmente os parentes do marido.

Quando tive minha primeira menstruação, não tinha rádio para ouvir, nem televisão para ouvir e assistir. Eu via só a mata e o trabalho; cozinhávamos a fruta da palmeira com canjica. Era disso que nos alimentávamos. Também me fizeram socar [milho]. "Soque", diziam, "soque, assim vai saber alimentar suas filhas", diziam.

Tem mais uma coisa: ensinavam a ter amor pelos outros. E, hoje em dia, por ter passado por esse processo, eu como pouco e compartilho qualquer coisinha que eu tiver para comer: cana doce, banana, o que eu tiver.

Minha tia paterna dizia que eu tinha que assar isso [mostra uma espiga de milho]. Assa-se a espiga com um pedaço de carne deste tamanho e distribui.

Enquanto está em resguardo, também mandam a moça assar e debulhar a espiga [de milho]. Então, chamam todas as crianças; as crianças fazem fila, e ficam lá esperando. Então, de três em três, a moça dá [milho] na mão delas, fica dando, dando, dando. Diziam que ensinavam isso para ela dar generosamente. Ensinavam a dar seu próprio alimento. Ela dividia tudo, era assim que fazia. "Debulhe, dê. Assim, futuramente, você vai saber dar as coisas para seus visitantes", diziam.

Foi assim que me criaram. Nossa! Mesmo que eu quisesse comer mais... Taaa!!! "Você tem que dar, dar, dar para uma boquinha, três boquinhas, e você comer pouco. E, depois de aprender isso, os muitos visitantes que sentarão [que você receberá em sua casa], você saberá alimentá-los". Assim me disseram. E era verdade![16]

Ainda no que se refere às práticas de alimentação, Jera comenta que a pessoa jovem precisa aprender a comer *junto* e a comer *igual* aos seus parentes próximos:

[A pessoa jovem] é ensinada a comer direito, comer devagar, comer pouco, comer junto com o irmão e a irmã no mesmo prato com a mesma colher. A gente chama isso *jopyte*, que é comer junto, então você tem que comer devagar, mastigar bem, para o outro comer igual a você. Isso a gente é ensinada também.

A partir destas falas sobre a importância de comer *com* e *como* parentes, encerro este texto com alguns comentários finais sobre as orientações que os jovens recebem quando se iniciam nos caminhos da afinidade.

Quando as crianças saem da categoria geral *kyrĩgue* para as categorias em que as diferenças entre feminino e masculino são mais fortemente marcadas e explicitadas: *kunhãtaĩgue*, "jovens mulheres", e *kunumĩgue*, "jovens homens", seus consanguíneos mais velhos procuram aconselhá-los na criação e na manutenção de boas relações com afins, inclusive interferindo, com maior ou menor eficácia, na escolha do ou da cônjuge.

De todo modo, os jovens são protagonistas principais na busca por parceiros, seja para casar ou apenas *namorar*, prática intensificada atualmente pelo uso das redes sociais virtuais. Quando vivem num

16. No original: "Xee aiko jave nei jipoi radio naendui, nem televisão naendui, nei ndaexai. Xee, aexa ka'aguy, tembiapo; pindo ru'ã kanjika'i reve rombojy ha'e gui rokaru ha'e va'ekue'i re. Xemomba'exo avi va'ekue. 'Emba'exo', he'ia rami rire vy, 'nememby reta ramo remongaru kuaa 'rã', he'i. // Peteĩ oĩ avei, iporayvu aguã ombo'e raka'e. Xee ha'e rami ae rire ma, aỹ reve akaru'i ovypa qualquer coisinha ame'ẽ 'rã takua re'ẽ, ou pakova'i, mba'e. // Merami aipo e'i xejaixe, kova'e nunga aexy. peteĩ'i hi'y oexy, ha'e vy ma xo'o'i koo'i rupigua'i ome'ẽ. // Nhimbe py oĩ va'e pe ma kova'e nunga ae avi oexy uka'i vy ma ojykypa'i, oo ary ojykypa'i. Ha'e gui ma oenoimba kyrigue'i, yxy avei, fila ojapo kyrigue'i, pee py oĩ. Ha'e ramo mboapy-apy'i ome'e'i, ipo'i py, ome'e, ome'ẽ, ome'ẽ oiny. Imba'e ome'ẽ aguã ma je ombo'e. Guembi'u'i ome'ẽ aguã ma je ombo'e. Omboja'opa'i kova'e nunga ri tu ha'e rami ojapoa karamboae. 'Ejyky, eme'ẽ, nami rire vy ma ndepoua'i 'rã mba'emo reme'ẽ kuaa'i 'rã katu', he'i. // Ha'e rami ma xee xerereko karamboae. Nhande! Ha'uxeve'i teĩ avei... Taaa!!!! 'Eme'ẽ, eme'ẽ, eme'ẽ peteĩ juru'i, mboapy juru'i ma, ndee re'u'i. Ha'e rami renhembo'e rire vy ma ndepoua'i heta oguapy'i va'e, remongaru kuaa 'rã', he'i xevy pe. Anhete avei raka'e!".

lugar muito populoso, é possível encontrar parceiros dentro do próprio *tekoa*, mas frequentemente os rapazes, em grau maior do que as moças, viajam por diferentes *tekoa* à procura de alguém. Quando isso se concretiza, eles não apenas "acham", *jou*, uma esposa, mas também se inserem na sua rede de relações e passam a *trabalhar* para o sogro. Em algumas circunstâncias, dependendo da força política da família do rapaz, é possível que a moça vá residir junto aos parentes dele.[14]

Neste sentido, uma narrativa contada por um jovem descreve as experiências de um rapaz, cuja família pede para ele sair em busca de *outros parentes*. Transcrevo a seguir um trecho dessa narrativa:[15]

> Tinha um Mbya e a família dele disse: "Agora você vai para a aldeia dos nossos outros parentes. Você vai passar cinco anos lá". Então, dizem que ele foi indo e viu muitas coisas. Como no princípio dizem que os passarinhos falavam também, dizem que o primeiro pássaro que ele viu foi o *Xiriri*. Então diz que o índio, *nhande'i va'e* [lit. que é um de nós], chegou numa planície e pediu água para o *Xiriri* e, como o *Xiriri* era de um lugar onde tem muitos rios, ele respondeu: "eu sei onde tem água". O rapaz foi seguindo o *Xiriri* até a beira do rio. Quando ele chegou, bebeu a água, agradeceu o *Xiriri* e foi seguindo seu rumo. Depois, quando ele chegou na *Inhambu*, já estava noite e estava muito frio. Viu uma casinha, a *Inhambu* estava lá. E o índio falou para a *Inhambu*: "Eu vim aqui, minha irmã, estou a caminho de *Tekoa Porã*. Posso pernoitar aqui?". *Inhambu* disse: "Pode sim, meu irmão. Você pode pernoitar aqui". E o índio disse: "Estou indo procurar meus outros parentes porque minha família pediu..."

Quando esta narrativa foi contada, o foco do narrador era exemplificar as experiências de comunicação e colaboração entre humanos e aves, porém, é também possível perceber a constituição de relações entre diferentes coletivos mbya, em que os *outros parentes* muito provavelmente seriam afins que os consanguíneos do rapaz queriam que ele encontrasse. Cabe notar também que, assim como as aves encontradas pelo caminho ofereceram apoio ao rapaz, as alianças formadas por meio de casamentos também trazem para as famílias envolvidas diversas opor-

---

14. Um casal chefe de uma família extensa consegue agregar, por meio dos seus genros e seus descendentes, novas alianças que dão suporte às suas capacidades e prestígio, e estas se veem amplificadas no caso daqueles que conseguem, em contextos nos quais a uxorilocalidade é tendência, também reter seus filhos e agregar outras famílias, como ocorre com as lideranças de maior prestígio. Neste sentido, Viveiros de Castro, em referência a diferentes grupos tupi, comenta: "Regra se houver, é esta: os poderosos não moram uxorilocalmente, nem seus filhos homens" (1986, p. 96, nota 9).

15. Esta narrativa foi contada por Vera durante os estudos de identificação da T.I. Tenondé-Porã, coordenados por Spensy Pimentel e dos quais participei como membro do GT, instituído pelas portarias nº 659/ 2009 e 1178/ 2009.

tunidades de colaboração que permitem uma ampliação na circulação de pessoas, objetos, serviços e também saberes. Assim, por meio dessas experiências, faz-se crescer a pessoa e também suas redes de relações.

Ademais, assim como os Mbya criam e fazem crescer suas relações de parentesco por meio de intensa circulação entre diferentes *tekoa*, esta é também uma das formas pelas quais os Mbya se aproximam dos modos de agir dos seus parentes divinos. Por exemplo, um dos interlocutores de Montardo (2009) explicou que o deus *Tupã* é casado com a filha do deus *Karai* e, quando passa a chuva com relâmpagos e trovões, é sinal de que *Tupã* está indo visitar seu sogro. Pierri (2013) explica, apoiando-se nos relatos dos Mbya e autores como Garlet (1997) e Ladeira (2008), que existem caminhos ligando as diferentes moradas celestes e seus habitantes, os quais fazem constantes visitas recíprocas. Portanto, nos vários caminhos percorridos pelos jovens, tornar-se adulto, sem deixar de ser gente, não envolve apenas agir como parentes humanos, mas também fazer parentes à maneira dos deuses.

BIBLIOGRAFIA

GALLOIS, Dominique Tilkin. *O movimento na cosmologia waiãpi: criação, expansão e transformação do universo.* Tese de Doutorado (versão corrigida). São Paulo: PPGAS-USP, 1996.

GARCIA, Uirá Felippe. *Karawara. A caça e o mundo dos Awá-Guajá.* Tese de Doutorado. São Paulo: PPGAS-USP, 2010.

GARLET, Ivori José. *Mobilidade mbyá: história e significação.* Dissertação de Mestrado. Porto Alegre: PUC-RS, 1997.

LADEIRA, Maria Inês. *Espaço geográfico guarani-mbya. Significado, constituição e uso.* Maringá: Eduem; São Paulo: EDUSP, 2008.

MCCALLUM, Cecilia. "Intimidade com estranhos: uma perspectiva kaxinawá sobre confiança e a construção de pessoas na Amazônia". *Mana*, 19(1), 2013.

MONTARDO, Deise Lucy Oliveira. *Através do* mbaraka. *Música, dança e xamanismo guarani.* São Paulo: Edusp, 2009.

PIERRI, Daniel Calazans. *O perecível e o imperecível: lógica do sensível e corporalidade no pensamento Guarani-Mbya.* Dissertação de Mestrado. São Paulo: PPGAS-USP, 2013.

SCHADEN, Egon. *Aspectos fundamentais da cultura guarani.* São Paulo: Difusão Europeia do Livro, 1962.

TESTA, Adriana Queiroz. *Caminhos de saberes guarani mbya: modos de criar, crescer e comunicar.* Tese de Doutorado. São Paulo: PPGAS-USP, 2014.

VIVEIROS DE CASTRO, Eduardo. *A inconstância da alma selvagem e outros ensaios de antropologia.* São Paulo: Cosac & Naify, 2002.

_______. *Araweté: os deuses canibais.* Rio de Janeiro: Jorge Zahar/ Anpocs, 1986.

Conexões, alteridades, alterações

O que nos levanta sobre a terra

Alegria e saudade fazendo parentesco

ANA MARÍA RAMO Y AFFONSO[*]

O presente trabalho visa apresentar aspectos do que venho aprendendo com os Guarani Mbya sobre as relações e sobre o parentesco. O parentesco faz parte do movimento de dar forma às relações e, portanto, pode ser compreendido como uma linguagem estética que expressa o processo no qual pessoas se tornam visíveis a partir das relações em que estão implicadas. Do meu ponto de vista, esse modo de pensar o parentesco e as relações de diferença pode ser aproximado do conceito de *teko* entre os Guarani, que foi traduzido já no século XVII por Montoya como "ser, estado de vida, condição, estar, costume, lei, hábito" (1876, p. 363, 357).[1]

Como mostraram os antropólogos Seeger, Da Matta e Viveiros de Castro, indagar sobre as *formas de construção da pessoa* supõe, entre os povos ameríndios, se questionar sobre os corpos (1979, p. 4). Desta perspectiva, antes que grupos corporados, relações de parentesco formam *corpos de parentes*.[2] Como qualquer corpo, tais *corpos de parentes* estão em constante transformação, promovendo e provocando diferenças. Assim, é uma possibilidade sempre presente que algumas das relações sociais entre sujeitos ontologicamente distintos — humanos e não humanos, visíveis e invisíveis — derivem em relações de parentesco. É uma pequena mostra de algumas destas relações a que me serve de material para a presente reflexão

*. Doutora em antropologia pela Universidade Federal Fluminense.

1. O conceito de *teko* é um tema central para a etnografia dedicada especificamente aos Guarani. Dentre as traduções possíveis, opto pelo termo "costume", manifestando uma aproximação ao trabalho de Pissolato (2007). Também podem se encontrar importantes reflexões sobre este conceito nos trabalhos de Meliá (1991), Pissolato (2007), Ladeira (2008) e Macedo (2009), dentre outros. Minha tese de doutorado (2014) é, em certo sentido, a tentativa de explorar os diversos sentidos e o poder explicativo deste conceito para as reflexões sobre a sociologia, cosmologia, política e filosofia guarani.
2. Sobre esse tema, ver Souza (2004) e Viveiros de Castro (2002).

A ideia que gostaria de explorar aqui, de modo a abordar o tema das relações e do parentesco, ou das relações de parentesco, indica que o movimento de palavras, pessoas e objetos produz interferências nas relações, gerando aproximações e afastamentos. De acordo com o que pude aprender com os Guarani Mbya, os estados de fortalecimento e enfraquecimento, ou adoecimento, são efeitos dessas relações; esses efeitos também podem aparecer em termos de afetos — tristeza, alegria, saudade, raiva — e/ ou de processos — lembrar e esquecer.

Para os Guarani, me parece, as aproximações entre pessoas se efetivam fundamentalmente por meio de três tipos de ações: alimentar, seduzir e alegrar. Por sua vez, os afastamentos implicam uma obstrução parcial destas ações, ganhando forma por meio de três estados: tristeza, doença e morte, *jepotá*. No jogo do parentesco, é preciso criar aproximações a uns, atualizando e afirmando um corpo de parentes, para efetuar por implicação o afastamento de outros, pertencentes a outro corpo de parentes possível. Assim, a hipótese é que a pessoa deve fortalecer as relações desejadas para bloquear, ou enfraquecer, outras indesejadas.

Como exemplo, poderíamos falar dos cuidados que se deve ter com a carne de caça que se consome, levando-a ao *karai*, "pajé", para que *omoatãxi*, solte a fumaça em cima dela, *limpando-a* ou *benzendo-a*, como explicaram meus interlocutores. Fazer isto é um modo de bloquear certos efeitos negativos que o consumo de carne pode ter sobre a pessoa — efeitos das relações com o animal caçado e com seu "dono", *ja* — reforçando, ao fumar, a relação com os seres divinos que habitam o alto, os *Nhanderu kuery*. Dessa maneira, o *karai* atua na composição de um corpo para a pessoa, que é o de parentesco constituído por todos aqueles que podem se dizer Guarani[3] e que se reconhecem como parentes dos habitantes de *yvate gua*, os *Nhanderu kuery*. Em todo caso, é importante lembrar que a construção do parentesco é um processo constante e cotidiano, uma vez que a pessoa

3. Estou usando aqui o termo Guarani de um modo, possivelmente, pouco criterioso, uma vez que não contemplo o tema das parcialidades. Pelo que pude descobrir recentemente, graças ao trabalho de acompanhamento de um grupo de jovens pesquisadores guarani que venho realizando dentro de um projeto financiado pelo IPHAN e coordenado pelo CTI, existem quatro "nações guarani" das quais algumas, como a Mbya, eram endógamas. Estas nações se diferenciam por detalhes da língua, por jeitos, *teko*, roupas e objetos, cantos, etc. No entanto, hoje em dia os jovens já não estão sabendo mais a qual nação pertencem, pois este estilo de diferenciação caiu em desuso.

Mbya,[4] pelo que pude entender por meio das falas dos Guarani, é uma composição entre seres ontologicamente diferenciados.

Alegrar-alimentar-seduzir são ações voltadas para que a pessoa se *acostume* entre os seus parentes. O parentesco é, em alguns de seus sentidos, um fazer acostumar para aproximar, para fazer ficar junto, para compor corpos. No entanto, por intermédio destas mesmas ações, é possível virar parente de outros. A pessoa que se deixa seduzir, alimentar e alegrar por aqueles cuja qualidade de pessoa era e deveria continuar sendo invisível, e que vai compondo o seu próprio corpo com as marcas destas relações, pode acabar entrando em um processo de parentesco irreversível que terá como destino a morte ou a transformação, *jepotá*. Esta pessoa é, assim, subtraída aos poucos do corpo de parentesco Guarani.

Neste contexto, a vida é por vezes um campo minado, onde simpatias podem facilmente virar paixões, e antipatias, raiva. Este *campo minado* na construção do parentesco é o que gostaria de abordar aqui. Para isto, vou me referir fundamentalmente a dois tipos de relações: as relações das pessoas com os *nhe'ẽ*, as "almas" guarani, e as relações entre vivos e mortos, ou *mbya* e *ãgue*, literalmente "ex-sombra", espectros dos mortos. Tais relações serão apresentadas por meio de algumas falas dos meus interlocutores — o pessoal da aldeia Araponga, em Paraty, no Rio de Janeiro, principalmente —, sobre a importância do *nhe'ẽ* e sobre os modos em que se promove a sua aproximação. Ao mesmo tempo, descrevo e analiso brevemente algumas das interferências dos mortos nas relações entre os vivos, e os modos em que se promove o afastamento dos primeiros. Com isto, pretendo mostrar um exemplo privilegiado da dinâmica da aproximação de uns *versus* afastamento de outros.

PALAVRAS EM MOVIMENTO

Para que os *mbya* possam ficar aqui em *yvy rupa*, "esta terra", "plataforma terrestre", *Nhanderu* envia os *nhe'ẽ*, "alma-palavra", aqueles que erguem os corpos dos *mbya*. Foi assim que Augustinho, o *tamoĩ*, "avô", "idoso", da aldeia Araponga, me ensinou. Ele contou que é *Nhanderu* quem manda *nhe'ẽ* aqui na Terra: "*Nhanderu* pergunta: 'Você quer ir pra Terra? Você quer ir trabalhar com seu pai e sua

4. Doravante, farei referência a esta "pessoa Mbya" utilizando o termo *mbya* como homólogo a "pessoa", para evitar a redundância. Sobre este termo e seus possíveis sentidos, ainda não suficientemente esclarecidos, ver também Ladeira (1992, 2008, p. 64–65), Macedo (2009, p. 286) e Pierri (2013).

mãe?', e o *nhe'ẽ* vêm. Mas aqui, à diferença do *Yvate*, "céu", "alto", a condição da vida é o *tekoaxy*, por ser um lugar onde *se pega doença* e onde as pessoas enfrentam muitas adversidades". Como diz o *tamoĩ* Nivaldo, da aldeia Krukutu: aqui o *nhe'ẽ* fica triste. Ele "não gosta de ver o que acontece com a pessoa, porque às vezes os outros falam mal dela e lhe causam sofrimento". *Nhe'ẽ* vem à Terra pensando que aqui vai ver aquilo que via no alto. Lá em cima é só alegria, me contava o *tamoĩ* Nivaldo, "não se vê fome, tristeza, briga, inveja". Isso é coisa da *tekoaxy*, e é por isso que aqui se sofre; é um mundo com muita sujeira pro *nhe'ẽ*, explicava.

O *nhe'ẽ* dos Guarani está em movimento; ele fica indo e voltando, entre a *yvy rupa* e o *amba*, "cidade", "lugar", de *Nhanderu*, o *yvate*, o "alto", e quando vai, a pessoa fica fraca e pode ficar doente com mais facilidade. Então, quando o *nhe'ẽ* não está junto, "a pessoa pode pegar doença forte", como costumava me explicar Karai Mirim. Se ele for embora de vez, a pessoa morre. O avô de Augustinho dizia, quando é assim, é porque *Nhanderu* chamou o *nhe'ẽ*: "Venha cá, na Terra você não vai trabalhar mais, você vai trabalhar aqui. Você deixou seu escritório,[5] você vai trabalhar aqui de novo, no seu escritório. Aí o espírito vai, vai embora!".

"Quando o *nhe'ẽ* da criança não quer ficar", me explicou o *tamoĩ* Nivaldo, "o *karai*, 'pajé', tem que convencê-lo; senão, ela morre". O *karai* sabe como seduzir o *nhe'ẽ*, quais *ayvu porã*, palavras belas, tem que pronunciar para alegrar os ouvidos dele, quais "brinquedos", *mba'e porã*, "coisas belas", vão entretê-lo, porque é se alegrando que o *nhe'ẽ* vai se acostumando, e é se acostumando que o *nhe'ẽ* vai ficando. Quando a criança começar a ser chamada pelo seu *nome indígena*, pelo seu *nome sagrado*, como costumam dizer os Guarani, ela vai se alegrar de estar aqui na Terra. Tem que chamar só pelo "nome sagrado", o *tery*, o nome

5. Augustinho costumava usar a palavra "escritório" para se referir ao "trabalho" do *nhe'ẽ* no *amba* de *Nhanderu*. Certa vez me disse que o meu *nhe'ẽ*, lá em cima, trabalhava em um escritório, escrevendo no computador, concentrado. É difícil saber até que ponto Augustinho usa estes termos para explicar a uma *juruá* — termo com que os Guarani se referem aos brancos — que o *nhe'ẽ* tem os seus afazeres no *amba*. Cuidar dos animais, do fogo, do milho, das flores, etc., são alguns dos afazeres dos *nhe'ẽ* dos Guarani, indicados pelos seus nomes. O termo em guarani que costuma ser traduzido como trabalho é *mba'eapo*, cuja tradução literal seria "fazer coisas". Enfim, considero que este é um tema a ser explorado, no contexto do uso de metáforas no processo de tradução. O importante a notar, neste momento, é a ênfase que Augustinho costumava dar ao fato dos *nhe'ẽ* terem afazeres e especializações, tanto na *yvy rupa* como no *amba* de *Nhanderu*.

que indica a região celeste de onde provem e que indica o jeito, os gostos, o humor, as capacidades, idiossincrasias, afazeres, etc., de cada pessoa: "Pra ele também se segurar, pra ele gostar", explica Nivaldo.

Nas falas dos Guarani é recorrente a ideia de que para querer ficar é preciso se acostumar, e nada acostuma mais do que a alegria, *vy'a*, o contentamento. No contexto do parentesco, o conhecimento sobre o alegrar, o cuidar e o fazer ficar circula por meio das palavras e junto com os alimentos e outros objetos, no que poderia ser visto como um complexo circuito de troca cujos caminhos se ligam e se cruzam, e cujos arranjos — quem conta o quê e pra quem — dependem, na maioria das vezes, de relações de parentesco, respeitando as diferenças de idades.

Também os próprios *nhe'ẽ* passam o seu conhecimento, a sua sabedoria aos *mbya*. Eles são donos de um conhecimento privilegiado e muito necessário para a vida, um valioso conhecimento sobre as relações. É que o *nhe'ẽ* dos *mbya* não é uma alma a-social, ou pré-social, que precisa ser domesticada; o *nhe'ẽ* tem é que ser seduzido, ser convencido a ficar, porque o *corpo de parentes* do qual ele faz parte, ao que parece, é bem mais eficaz no que se refere à alegria do que este que se lhe oferece na *yvy rupa*, com a condição *tekoaxy* e todas as dificuldades que a mesma impõe.

Antes que um ser a-social, o *nhe'ẽ* é supra-social. Ele vive numa sociedade ideal, por assim dizer, e ele precisa ser reconhecido como um habitante do alto, *yvategua va'e*, atestando, respeitando e mantendo a memória de sua outra vida. A supra-socialidade do *nhe'ẽ* em relação à socialidade da Terra é marca e expressão do seu costume, *reko*, e de seu entendimento, *mba'ekuaa*: essa alegria permanente e boa convivência, essa ausência de sofrimento e doença que, ao que parece, caracteriza ao povo de cima, *yvate gua va'e*, pode ser refletida aqui na Terra e, fazendo parentesco de acordo com essa imagem de socialidade, é que a pessoa pode superar a condição perecível, *marã*, do corpo.

Uma vez que certa proximidade do *nhe'ẽ* é prerrogativa para a vida, para por o corpo em movimento, uma parte importante do conhecimento dos *karai* e as *kunha karai* diz respeito ao modo em que se promove a aproximação do *nhe'ẽ*, convencendo-o a ficar junto aos pais e aos parentes dos pais quando a criança é pequena. Também é relevante o conhecimento sobre as proximidades que devem ser evitadas, e é por isso que é necessário conhecer a socialidade de outros seres que convivem com os *mbya*, e compartilham alguns espaços com eles: os chamados *jaexa e'ỹ va'e*, "aqueles que não vemos". É preciso saber sobre o seu costume para não se confundir com eles: o que eles gostam, como andam, por onde andam, como ficam, o que comem, como comem e, principalmente, quando comem. A permanência dos *nhe'ẽ* na Terra depende desse conhecimento, cujos detentores privilegiados costumam ser os mais velhos e que constitui, em certo sentido, uma dádiva inter-geracional que circula por meio da prática do aconselhamento, *nhemongeta*.

Aconselhamento para a vida, pois a vida, para os Guarani, pode se dizer uma caminhada em busca de experiência e conhecimento. Aqui, a palavra é trocada e não imposta. Eis o fundamento da moral *mbya*. "Palavra tem cor", me disse Kuaray Poty; cores que o *py'a* identifica, pensei eu. As palavras têm cor, e têm efeitos; têm poder e têm consequências. É por isso que os mais velhos não querem jogar as suas palavras ao vento e que não gostam de falar, a não ser quando são questionados. Os mais velhos não devem falar se não serão escutados. Durante um *Nhemongarai*[6] em Araponga, Augustinho disse aos jovens: "Nós, os *xeramoĩ*, não vamos falar: 'É, antigamente era isso o que acontecia, é isso'. Nunca vamos falar assim, diretamente. Vocês tem que perguntar: 'Como é que era a relação, a vivência dos nossos Guarani antigamente?'". Disse que se os jovens perguntarem desse jeito, com certeza os mais velhos vão contar muitas coisas pra eles. "Se vocês perguntarem isso, aí que eles vão falar pra vocês de antigamente, como era a vivência, *reko*, dos Guarani".

Pude aprender, entre os guarani com quem convivi, que os mais velhos passam as palavras que um dia receberam de seus avós, coloridas pelas suas próprias experiências, transmitindo o seu próprio costume como uma repetição com variação de costumes outros que, se seguidos até suas origens, vão ancorar nos primeiros tempos da Terra, quando os *Nhanderu* andavam por aqui deixando as suas imagens e os fundamentos para as futuras normas. "*Nhande Ru nhande reko rã ra'anga*, nuestro padre imita nuestra futura conduta, sienta precedentes para nuestra futura conducta", contaram os Guarani a Cadogan (1959, p. 71). Palavras se recebem e palavras se passam, para seguir em frente, para levar a vida, para ficar na terra.

A pessoa pode escolher segurar ou soltar a palavra que ouviu daqueles que o aconselharam ou daqueles que o ofenderam, lembrar ou esquecer, acreditar ou desconfiar; ela pode escolher fortalecer umas

---

6. Ritual de nominação e, ao mesmo tempo, ritual do milho e do mel, do *guembe*, "aningaúba", do *ka'a*, "erva-mate" etc., dependendo da ocasião e da época do ano. No caso do *Nhemongarai* que se realiza no final do mês de janeiro, os Guarani costumam se referir a ele em português como "batismo do milho".

ou outras vontades, realizar uns ou outros desejos, seguir por um ou por outro caminho. É sobre isto que falam os *tamoĩ*, "avôs", e as *jaryi*, "avós", os pais e as mães, os tios e tias e todo aquele que assume o lugar de quem aconselha, de quem tem palavras boas para passar. A sabedoria assim transmitida, por meio do aconselhamento, *nhemongueta*, é o que permite, no final das contas, a duração na Terra.[7] As interrupções, mesmo breves e parciais, deste circuito, operadas por escolas, postos, supermercados e televisões em maior ou menor medida, são motivo de preocupação para os mais velhos. Pois a circulação de suas palavras, e eles o sabem, é o movimento da sabedoria que se espalha, fortalecendo e alegrando. É isso que eu entendo ao escutar, por exemplo, as seguintes palavras de Augustinho:

> Quando eu tinha cinco anos de idade, os meus avós já me falaram. Eles falavam sobre todas as coisas que aconteciam nas aldeias, o que os Guarani faziam antigamente, qual era a vivência da história real, isso que o *xeramoĩ* contou pra mim naquele tempo em que eu tinha seis anos. Depois *xeramoĩ* faleceu, mas eu peguei muitas coisas que *xeramoĩ* tinha dito pra mim. Ele falou também que se eu casasse, pra não ter ciúme, pra não ter braveza, não ficar ciumento. O *xeramoĩ* falou pra mim de onde que o dono do ciúme está olhando em mim, de onde que o dono do bravero está olhando em mim. Todo esse tipo de coisas o *xeramoĩ* falou pra mim antes dele falecer.

Os mais velhos têm mesmo muito conhecimento para passar. Mas, às vezes, é difícil ter palavras para passar e não ter entendimentos para recebê-las. Foi isso que Vera Mirim, da aldeia Rio Silveira, explicava durante um dos *Nhemongarai* na aldeia Araponga de que participei. Ele contou que sempre fala com os filhos sobre o modo de vida dos Guarani, o *mbya reko*, de antigamente, da época em que eles ainda não usavam as coisas dos brancos, como a geladeira e a televisão. A mulher dele, que é segundo ele *mais antiga*, não quer geladeira e nem televisão em casa. Ele quer explicar essas coisas aos filhos, mas tem que se cuidar porque eles não querem ouvir e *é importante evitar a briga*. "Mesmo que meus filhos não queiram ouvir, falo também", esclarece. Isso mesmo que Karapetu tentava me explicar quando conversamos sobre este assunto: o filho tem que escutar o que o pai e a mãe estão falando. "Ele não pode ficar bravo quando falo, ou levantar, mesmo que ele não vai fazer", explica Karapetu. Obrigar, o pai não pode obrigar; mas a palavra é um direito de qualquer pessoa, e a escuta, um dever

7. Ver Pissolato, 2007.

de todos; provavelmente, a obrigação de receber seja neste caso muito mais premente que a obrigação de dar ou retribuir.

Às vezes é difícil mesmo. "Quando falo isso, falo da dificuldade que eu passei pra criar ele", diz Vera Mirim lembrando suas conversas com o filho. O *py'a raxy*, a angústia, é um afeto, uma sensação que todo pai e toda mãe conhecem bem. Como disse Augustinho, o *nhe'ẽ* veio aqui na Terra "para trabalhar, *mba'eapo*, 'fazer coisas', com o pai e a mãe", e para "se alegrar entre os parentes". Então, é importante pedir àqueles parentes que moram no alto, os *yvategua va'e*, os *nhanderu kuery*, força e coragem (*mbaraete* e *py'a guaxu*, literalmente "fígado", "coração", "estômago grande"), de modo que o *nhe'ẽ* não desista de continuar a erguer o corpo sobre a Terra, fazendo-o ficar e caminhar entre seus parentes daqui. Pessoas que têm *py'a guaxu*, além de corajosas, guardam nele muitas palavras boas, *ayvu porã*, para poder passar pra frente.

Já o *py'a raxy*, essa dor, essa angústia, expressa uma alteração no circuito de troca de palavras e entendimentos. *Py'a raxy* é sempre o resultado de um afastamento não desejado e nem procurado, de uma distância que não satisfaz, de um vazio de comunicação. Quando as palavras boas, *ayvu porã*, já não mais circulam, quando elas são dadas e não são recebidas, ou quando elas já não são mais dadas, o *py'a* se ressente. A circulação das *ayvu porã*, "belas palavras", entre as pessoas, entre as aldeias e entre a *yvy rupa*, "plataforma terrestre", e o *amba* de *Nhanderu*, "plataformas celestes", é tanto causa como efeito da saúde e do bem-estar do *py'a*.

Por sua vez, a distância não percorrida por estas palavras, a distância que está na raiz do *py'a raxy*, é expressa pelo termo comumente traduzido como saudade: *Ndavy'ai ndere*, "não me alegro mais com você". A saudade é fonte de dores e sofrimentos variados e, principalmente, de falta de apetite. Se a pessoa não quer comer, ela não vai se alegrar, e se não se alegra, não se acostuma. Assim, as rupturas ou mudanças nas redes de parentesco, como as provocadas pela separação de um casal, remetem a esses estados sempre perigosos — os "estados ontológicos vacilantes"[8] — em que o resguardo é necessário, como a primeira menstruação e a couvade.

Deixar de acostumar-se entre os próprios *mbya* abre a possibilidade para acostumar-se com outros, sendo aí que reside o perigo. Saudade, tristeza e doença formam outra tríade, que se imbrica com a tríade do parentesco, seduzir-alimentar-alegrar, de que falei acima. Em certo sen-

8. Ver Lima, 2005.

tido, uma é o negativo, o reverso da outra. Se a última é expressão do acostumar-se, a primeira é sinal do processo contrário. É o parentesco, a relação, a que determina e define os corpos, antes que o contrário. Assim, se alguém entra em um processo de *jepotá*, transmutação interespecífica, o que começa com uma sedução, um compartilhamento de alimentos, um alegrar-se junto, um acostumar-se, deriva em uma transformação corporal que pode chegar, em um determinado ponto, a ser irreversível. Nesse caso, a saída, o exílio dessa pessoa do *corpo de parentes* de origem, se consuma quando seus antigos parentes lhe transpassam o coração com uma flecha, depois de enterrado.

É suspeita generalizada que quem não se acostuma com os parentes vivos e visíveis pode estar se acostumando com parentes mortos, assim como com possíveis afins invisíveis, os "donos", *ja*. É por isso que o cuidado, *pena*, é tão importante na relação entre as pessoas. Ele é ao mesmo tempo o que faz e o que evita parentesco; o que muda não são os modos em que o parentesco acontece — comer junto, se alegrar junto, se acostumar, etc. —; o que muda são os parentes e, com eles, a perspectiva. O que é alegrar-seduzir-alimentar, para uns, para outros pode ser entristecer-enganar-adoecer.

Os diversos seres buscam a presença de mais um para andar junto e, assim, se alegrar. Assim, a possibilidade sempre presente de se alegrar com outros, com *aqueles que não vemos*, ao preço de brigar e se distanciar dos parentes *mbya*, é o que abre para a possibilidade de uma guerra invisível entre os *mbya*.

AUSÊNCIAS POVOADAS

A ausência de alguém com quem se andava junto ou se ficava junto não é uma ausência vazia, mas uma ausência povoada de outras presenças. Se a alegria aproxima os vivos entre si, e afasta os vivos dos mortos, o contrário se passa com a tristeza e a saudade. Normalmente provocadas pela distância entre vivos — o casal que se separou, a criança que vive longe do pai ou da mãe, a pessoa que vive longe dos parentes —, a tristeza e a saudade favorecem a aproximação dos vivos aos mortos, ao mesmo tempo em que são os efeitos dessa aproximação. Elas são, portanto, o signo da distância — proximidade e afastamento — entre vivos e mortos. A falta de fome é medida por excelência do estado de tristeza da pessoa e, portanto, de seu estado de saúde.

A alegria dos mortos raras vezes coincide com a dos vivos, pois a alegria dos mortos é o desenlace da tristeza dos vivos. É por isso que um *mbya* não deve chorar pelas coisas da Terra, como dizia a seu filho a *jaryi* Para Mirim. É o *nhe'ẽ* daquele que faleceu que se deve lembrar na hora do luto, é nele que se deve pensar, e não na própria pessoa que faleceu, em sua vida na Terra, nos caminhos que se trilharam juntos. Lembrar o *nhe'ẽ* e o seu destino que é uma volta, pois assim fazendo se afirma o vínculo com o povo do alto, os *yvategua va'e*, antes que com aqueles que estão fadados a permanecer na Terra, os *ãgue kuery*. Lembrar o *nhe'ẽ* do parente recém-falecido para ele passar palavras, saúde e força para aqueles que ficaram mais um pouco aqui nesta Terra, andando por esses caminhos povoados de tantas ausências visíveis e presenças invisíveis. Palavras, força e saúde para eles se alegrarem entre si. Pois lembrar a pessoa que faleceu enfraquece, enquanto que lembrar o *nhe'ẽ* fortalece, já que nas relações entre vivos e mortos, lembrar é fazer ficar perto, aproximar, e esquecer é fazer ir embora, afastar. As presenças invisíveis dos mortos e a sua proximidade é o que o *nhe'ẽ*, com sua presença, "tira", afasta.

Os mortos, na sua condição de *ãgue*, querem ficar junto com os vivos; de seu ponto de vista, a relação de parentesco ainda existe, permanece ativa. Eis neste aspecto que o ponto de vista dos vivos e dos mortos é irreconciliável, uma vez que, para os vivos, os mortos são ex-parentes. Este afastamento, que pode ser reforçado de diferentes maneiras, é necessário por vários motivos. Dentre eles, como me explicava Karai Mirim, porque se o parente que morreu vê a pessoa chorando, amargurada, ele fala: "Ah, se ele está assim então vou levar junto". O *ãgue*, a ex-sombra daquele que viveu na Terra junto com os seus parentes, continua sempre querendo ficar perto. Ele é a própria memória da socialidade *mbya* na Terra, da convivialidade. Uma memória que se nega a morrer e, na sua batalha contra o esquecimento, mexe com os *mbya* e atrapalha as suas vidas. É que os *ãgue* fazem de tudo para o *nhe'ẽ* deixar a pessoa, e assim ter o parente junto com eles. É uma questão de saudade, ou seja, um levar a memória para além dos seus próprios limites. Assim, nas palavras de Nirio, filho de Augustinho, quando a pessoa morre, os *ãgue* se juntam ao seu redor e dizem: "Oba, chegou o nosso parente pra andar com a gente". Aí que eles ficam alegres.

Por isso que os pais ouvem os *tamoĩ*, "avôs", as *jaryi*, "avós", falarem sobre os cuidados com as crianças, para evitar que o olhar e o toque dos *ãgue*, dos espectros dos mortos, caiam sobre elas. Há vários desequilíbrios nessa relação entre vivos e mortos e se, por uma parte, os vivos ferem os mortos com o seu esquecimento, traindo a sua memória, eles perdem a possibilidade de vê-los, enquanto que os mortos, ao manter a memória de sua vida em comum com os vivos, continuam enxergando-os, sendo esta a diferença, assimetria, que torna tão vulneráveis os últimos aos primeiros. Mais, se os vivos enxergassem os mortos, dificilmente evitariam a sociabilidade com eles. Para esquecê-los é preciso não vê-los, mas é porque não são vistos que mexem com as pessoas sem que estas possam evitá-lo.

"Teu parente que morreu vem junto com você. Caminha com você, onde você for está junto", me explicou *xeramoĩ* Augustinho. Ele perturba principalmente à noite; fica perto e escuta as conversas das pessoas. Se a pessoa estiver triste ele vai falar: "Poxa, essa pessoa que eu gosto está sofrendo. Vou levar ela comigo, então". *Ãgue* fica com dó da pessoa. Por isso que *mbya* tem que pegar *petỹgua* à tardezinha, quando a noite está chegando. Pegar *petỹgua* e se concentrar. *Ãgue* não gosta da fumaça do tabaco, sinal do fogo de *Nhanderu*, o fogo que o queima e apaga a sua memória. A fumaça do *petỹgua, tataxina*, levanta um muro que distancia os mortos dos vivos e os vivos dos mortos. A gente fuma "pra não pensar muitas coisas", como disse *xejary* Marciana.

É que os *ãgue* invadem os pensamentos, se apropriam deles e irritam as pessoas, fazendo-as brigar. Eles vivem e são uma memória próxima, feita de nomes e relações de parentesco ainda mapeáveis; memória que é imitação de um parentesco virtual e passado para os vivos, atual e presente para eles. Na saudade, a recriação de imagens e palavras preenche o espaço deixado pela ausência da pessoa, assim como os *ãgue* repetem aquilo que a pessoa fez na Terra, preenchendo a ausência deixada pelo seu corpo. A ausência de um corpo pede a ausência de outros corpos, pois o que é ausência em um plano de visibilidade pode muito bem ser presença em outro.

Os *ãgue* têm acesso às palavras, aos pensamentos, imaginações e lembranças das pessoas, e podem até modificá-los, fazer a pessoa pensar ou imaginar o que ela não quer. Este acesso dos *ãgue* é o que lhes permite enganar a pessoa, e este é o objetivo deles, na maioria das vezes. O lembrar-imaginar parece, então, ser a matéria para o ardil dos *ãgue*, pois o pensamento repetitivo e obsessivo favorece a abertura para sua ação na vida da pessoa, promovendo a saudade e a tristeza que, como vimos, são o signo da proximidade dos *ãgue*, as marcas de suas relações com os *mbya*. É por isto que as relações com os *ãgue* pedem um controle da memória e uma intensificação do esquecimento. A memória, antes que signo de uma relação, é a relação em si, pois lembrar é já estar junto, uma vez que lembrar é atualizar, mesmo que seja em pensamento, um circuito de troca de palavras e imagens.

A pessoa pensa imagens e palavras; mas imagens e palavras também se pensam na pessoa, muitas vezes à sua revelia. O conteúdo do pensamento, assim como dos sonhos, extrapola os limites do sujeito, sendo o pensamento um espaço que está sempre sendo ocupado, já seja pelas palavras e lembranças dos *nhe'ẽ*, já seja pelas lembranças, palavras e mentiras dos *ãgue*. Pessoas andam juntas; pensamentos e as imagens mentais também o fazem. Os pensamentos são, às vezes, lembranças de acontecimentos experimentados ora pelo *nhe'ẽ*, ora pela sombra, *ã*, em suas andanças pelos vários mundos, pelos vários patamares celestes e terrestres, e pelos caminhos que os ligam e separam. É por isso que é tão importante a concentração, pois ela depende do fortalecimento da vontade da pessoa para ficar junto ou trazer para perto o seu *nhe'ẽ* e, com ele, as palavras dos *Nhanderu*. Palavras para levar a vida, nesta Terra tão complicada, tão povoada; palavras para passar para frente, num ato de manifestação intencional do pacto com o não esquecimento. Xemaendua Nhanderure, *eu lembro de* Nhanderu, é uma frase amplamente pronunciada pelos *tamoĩ* e as *jaryi*, uma estratégia de duração. Neste contexto, a memória faz parte dos processos de fazer parentesco, tanto quanto o sangue, as substâncias e os alimentos, pois a memória é também um dispositivo que se insere na composição dos corpos, das pessoas e dos parentes.

Diz Augustinho que os *ãgue* não param; ficam daqui para lá, levando e trazendo palavras, notícias dos parentes. De noite, os *mbya* precisam tomar mais cuidado, controlando palavras e pensamentos, pois tanto uns como outros são captados e cooptados pelos *ãgue*. Ser descuidado com a fala à noite é deixar que *ãgue* leve a sua palavra. Por isso, o avô de Augustinho falava: "*Pytü ma ramo ndeayvu eme neretarã kuery mombyry ikuai va'e re, ndeayvu eme. Pytüma ramo ndeayvu neretarã kuery rekoa re ramo, ndeayvu oendu ãgue gui oo. Oo, ndeayvu ogueraa*". Ou seja: "Não fale dos parentes que moram longe quando for de noite, não fale. Se quando for de noite você fala dos seus parentes, os *ãgue* escutam a sua palavra e vão. Eles vão e levam a sua palavra". Assim fazendo, chegando perto, se aproximando, os *ãgue* enfraquecem os parentes que moram longe. Se, por exemplo, me explicava Augustinho, o marido está viajando e a mulher ou os filhos ficam lembrando, ficam com saudade, tristes, aí também *ãgue*, que está perto deles, pode ir até onde está o marido e fazer algum mal para ele. Vemos, então, que as distâncias entre os parentes são caminhos para os *ãgue*, e é nesses caminhos que muito da vida social *mbya* acontece. O modo como as palavras percorrem estas distâncias e os tipos de palavras que as percorrem, definem dois efeitos possíveis da relação entre as pessoas: o enfraquecimento e/ ou o fortalecimento.

Por isso que ficar com raiva é uma faca de dois gumes. Por uma parte, através da raiva e das palavras ruins que ela pode fazer expressar, jogar no vento, a pessoa, querendo ou sem querer, manda os *ãgue* que estão perto dela fazer mal para essa outra pessoa que está lhe causando raiva; querendo ou não fazer mal, repito, corpo, porque como os *ãgue* sempre vão na frente eles se antecipam a quaisquer considerações posteriores que a pessoa venha a fazer; se antecipam também aos desejos. Por outra parte, os *ãgue* que ficam perto dessa outra pessoa sabem quem está falando mal dela e vão também ficar com raiva e se aproximar para enfraquecê-la, para lhe fazer mal, para se vingar. As falas ruins, as palavras feias, *ayvu vai*, são rapidamente transformadas em dor de cabeça e mal-estar por aqueles que são objeto delas, efeitos das ações dos *ãgue*.

Então, começa a se desenhar o que poderia ser um circuito de agressões na forma de troca de palavras e objetos entre as pessoas por meio dos *ãgue*, o que caracteriza, nos casos de intencionalidade explícita e mais radical, a feitiçaria. Este circuito é completado e complicado pelo circuito de troca em que os *ãgue* querem fazer as pessoas se adentrar, aquele que ajuda a compor o seu *corpo de parentes* — troca de alimentos, por exemplo, como quando os *ãgue* oferecem comida às pessoas em sonhos. Como disse logo acima, este circuito é também, inevitavelmente, o da feitiçaria, ou*arte* como costumam dizer os Guarani, com seus distintos graus de vontade de participar por parte das pessoas. Porque muitas vezes as pessoas são simplesmente pouco cuidadosas com seus hábitos de fala; já se sabe, a fofoca é assim mesmo, começa com um simples comentário, mas nem sempre se sabe onde é que pode chegar. Os *ãgue* pegam e levam as palavras das pessoas, às vezes só pronunciadas em pensamentos, atualizando assim este circuito de agressões que é uma guerra invisível, mas claramente perceptível. Se as boas palavras passadas por meio do aconselhamento dos mais velhos e da comunicação com os *nhe'ẽ* trazem junto fortalecimento e alegria, as palavras ruins que os *ãgue* veiculam, nesse leva-e-traz, enfraquecem, adoecem e fazem brigar. Ambos os circuitos são o oposto um do outro, e é na sua interferência mútua que a vida vai se desenrolando nas aldeias.

Para sair desse circuito dos ataques e contra-ataques dos *ãgue*, caso a pessoa queira mesmo sair, diz que só tem um jeito. Karai Mirim me explicava que quando a pessoa está com raiva de alguém, ela entrega pra *Nhanderu*, que ele vai saber o que fazer. Ela fala assim, dizia Karai Mirim: "Então *Nhanderu*, vocês que veem o que vão fazer. Vocês mesmo têm que ver. Só vocês mesmo que tem que ver". Trata-se, mais uma vez, de um ato de confiança e respeito. Augustinho e Marciana sempre falam: "Tem que lembrar de *Nhanderu*". Lembrar é pegar e segurar a palavra e é por isto que lembrar de *Nhanderu*, dando continuidade às palavras dos mais velhos, é a estratégia para conseguir que *Nhanderu* olhe para a pessoa e que, assim, a fortaleça; lembrar é o modo de ter *Nhanderu* sempre na frente, pois se os caminhos não podem ser andados sozinhos, é importante saber escolher as companhias. E é lembrando os conselhos dos *karai*, das *kunha karai*, "mulheres e homens de conhecimento", dos *tamoĩ* e *jary* que jovens e adultos aprendem a lembrar de *Nhanderu*. Eles são *Tenonde*, "aqueles que estão na frente", na vida de todos.

Diz que *Tenonde* também quer dizer futuro. *Tenonde Porã* é a vida boa, é a alegria do casal, dos parentes, das crianças. Ter *Tenonde Porã* é achar o caminho para andar junto com *Nhanderu*, lembrando de *Nhanderu*; pra levar a vida bem, para ter um bom futuro. *Tenonde* é futuro e é destino. Destino antecipado, realizado na antecipação e, assim nunca completo, nunca acabado. É *Nhanderu* que ilumina *Tenondé Porã*: se é isso mesmo, se os caminhos não podem ser trilhados sozinho, se há sempre que andar junto com alguém, juntar-se a algum costume,[9] como vimos ser a hipótese da presente apresentação, aqueles que andam junto com *Nhanderu* é que têm *Tenonde Porã*.

Andar junto com *Nhanderu*, *juntar-se ao seu costume*, por assim dizer, é a caminhada para compor o seu *corpo de parentes*. Então, para ter *Tenonde Porã*, o *mbya* tem que encontrar *tape porã* para andar, o caminho bom. O *mbya* tem que colocar tudo aquilo que ele quer na sua frente, escolhendo ao tempo em que antecipa o seu destino; tem que colocar *Nhanderu* na sua frente, afirmar que *Nhanderu* é *Tenonde* em sua vida, pois é indo na frente que *Nhanderu* ilumina o caminho. Deste modo, e para o caso *mbya*, o desejo faz mundo. *Embaraete potare Nhanderu reve*!

Andar pelos caminhos é se colocar à disposição dos olhares de outros, e é provavelmente por isso que é necessário fortalecer a

9. Sobre esta expressão, que em Guarani é *ojea nedereko*, ver Pissolato (2007).

vontade, uma vez que o olhar do outro faz desejar os mesmos desejos dele, faz acostumar, pois é neste compartilhamento de desejos que as pessoas podem se alegrar juntas. Em se tratando de chegar a *yvy marã e'ỹ*, "Terra sem mal" ou "imperecível",[10] ou de levar a vida e criar a família, ou seja, em se tratando de encontrar caminhos e percorrê-los, o importante é sempre o mesmo: estar alegre entre os parentes. Isto porque a alegria na Terra, com os parentes, é o que vincula os *mbya* aos *nhe'ẽ kuery*, o povo do alto, os seus futuros e passados parentes na Terra. O destino da pessoa passa pelo parentesco, só pode se realizar no parentesco e por meio do parentesco; um parentesco que antes que regras ou normas, o que respeita é a vontade e o desejo, enquanto essa vontade e esse desejo sejam os de ficar junto.

Nemaendua i Nhanderure. Lembrar de *Nhanderu* para ele olhar em você. Assim fazem os que entram na *opy* e cantam bem alto, para todo mundo ouvir; em cada canto da aldeia, em cada volta dos caminhos que vão e vem de umas casas a outras, em cada caminha das crianças, perto dos fogos ou fogões, o canto se alastra pela noite afora e acolhe em suas casas os que preferiram dormir, ou ver televisão, ou simplesmente ficar. Mas são outros que estão ainda mais longe, aqueles a quem se dirigem os cantos, esses potentes gritos que se elevam e elevam. Os moradores do alto, *yvategua va'e*, os *Nhanderu kuery*, as *Nhandexy kuery*, que em suas aldeias também cantam a noite. A *opy* é o lugar da alegria, de uma alegria que não é só desta Terra.

BIBLIOGRAFIA

CADOGAN, León. Ayvu rapyta. *Textos míticos de los Mbyá-Guaraní del Guairá.* São Paulo: FFLCH-USP, boletim n. 227, série Antropologia n. 5, 1959.

CLASTRES, Hélene. *Terra sem mal.* Roraima: Ed. Tapé, 2007 [1978].

DELEUZE, Gilles. "Em que se pode reconhecer o estruturalismo?". In: CHÂTELET, François (org.). *História da filosofia: ideias, doutrinas.* Rio de Janeiro: Zahar. Editores, 1982.

LADEIRA, Maria Inês. *Espaço geográfico Guarani-Mbya.* São Paulo: Edusp, 2008.

———. *O caminhar sob a luz: o território Mbya à beira do oceano.* Dissertação de Mestrado. São Paulo: PUC-SP, 1992.

LIMA, Tânia Stolze. *Um peixe olhou pra mim: o povo Yudjá e a perspectiva.* São Paulo: Unesp, ISA; Rio de Janeiro: NUTi, 2005.

MACEDO, Valéria. *Nexos da diferença. Cultura e afecção em uma aldeia guarani na Serra do mar.* Tese de Doutorado. São Paulo: PPGAS-USP, 2009.

10. Ver Pierri, 2013.

MELIÀ, Bartolomeu. *El Guarani: experiência religiosa.* Asunción: Ceaduc-Cepag, 1991.

MONTOYA, Antonio Ruiz de. *Vocabulário y tesoro de la Lengua Guarani, ó mas bien Tupi.* Ed. do Visconde de Porto Seguro. Viena: Faesy y Frick; Paris: Maisonneuce y Cia, 1876.

PIERRI, Daniel Calazans. *O perecível e o imperecível: lógica do sensível e corporalidade no pensamento guarani-mbya.* Dissertação de Mestrado. São Paulo: PPGAS-USP, 2013.

PISSOLATO, Elizabeth de Paula. *A duração da pessoa. Mobilidade, parentesco e xamanismo mbya (guarani).* São Paulo: Unesp, ISA; Rio de Janeiro: NuTi, 2007.

SEEGER, Anthony; DA MATTA Roberto; VIVEIROS DE CASTRO, Eduardo. "A construção da pessoa nas sociedades indígenas brasileiras". *Boletim do Museu Nacional* 32, 1979.

SOUZA, Marcela Coelho de. "Parentes de sangue: incesto, substância e relação no pensamento Timbira". *Mana* 10(1), 2004.

VIVEIROS DE CASTRO, Eduardo. *A inconstância da alma selvagem.* São Paulo: Cosac Naify, 2002.

WAGNER, Roy. *A invenção da cultura.* São Paulo: Cosac Naify, 2010 [1981].

Um aspecto comum que vejo aparecer nesses trabalhos é que o aparentamento com uns implica o desaparentamento com outros. Eles descrevem um mundo repleto de sujeitos em que a gente tem que escolher de quem quer se fazer parente. Se você se fizer parente dos ãgue, *vai virar morto. Isso pode ser associado às estratégias de resistência guarani na relação com brancos. Eles não querem se aparentar, eles querem trocar. E aqui a troca aparece como modo de controle da relação. Eles se diferenciam pela troca, por isso é plausível que eles recusem comensalidade, recusem casamento, e escolham trocar com os brancos.*

MARINA VANZOLINI

Parentesco e emoções

Algumas conexões no «alegrar-se»

ELIZABETH PISSOLATO*

Por mais que nosso treinamento para nos tornarmos antropólogos não nos afaste dos parâmetros que devemos seguir para alcançar o grau de objetividade desejável em nossas pesquisas, fazêmo-lo, certamente, com o que somos, com o que temos. Com aquilo que acumulamos da vida e nos treinos por que passamos até ali. E é desse encontro, trazido mais ou menos à consciência, que se desdobram nossas impressões e também nossas análises. O que nos sensibiliza e como o faz é a via dessa experiência. Sim, é claro, há graus de intensidade que se revelam para nós, de modo mais ou menos explícito, lugares importantes de investimento por parte daqueles com quem nos encontramos na pesquisa. Assim, não há quem não perceba, eu diria, a intensidade emocional na música e dança feitas numa *opy* mbya em noite animada de reza. Não há como não sentir tal intensidade, ainda que possamos imaginar muitos sentidos ou significados nisto. E também não há como não desconfiar que o que sentimos ali pode estar longe daquilo que sentem aqueles que nos recebem e que fazem a reza.

Se na reza o nosso modo primeiro de interação com o universo de que queremos nos aproximar não é, como tentei dizer, o da cognição, o mesmo eu diria para outros muitos momentos fora dela. E, ao dizer isso, falo ao mesmo tempo de uma consciência de mim e das relações com as pessoas mbya com que convivi e também entre elas. Noutras palavras, de disposições que reconheço em mim e de qualidades que reconheci nas formas de interação entre pessoas mbya durante nossa convivência. Assim como Alexandre Surrallés (2003b) propõe para a cerimônia de recepção de visitantes entre os Candoshi, que a análise da interação entre anfitriões e visitantes deva ir além do estudo dos conteúdos das falas cerimoniais, isto é, incorporando a *intensidade da*

*. Docente na área de antropologia do Departamento de Ciências Sociais da Universidade Federal de Juiz de Fora.

dimensão afetiva, proponho uma tentativa de aproximação da vida nas aldeias mbya capaz de abordar alguns aspectos importantes desta dimensão.

Esse não deixa de ser um exercício que reverbera no tempo, indo muito além do que efetivamente vivenciamos, eu e pessoas com quem morava, conversava e partilhava tarefas. Muitas frases que ouvi em campo continuam comigo, a me fazer pensar, sobre mim e sobre eles, e sobre nossos encontros e desencontros. Assim, ainda que eu tenha desenvolvido o trabalho mais extenso que apresentei para a academia, isto é, uma tese (Pissolato, 2007), a partir de um argumento que toma como central o sentido de um verbo mbya, *vy'a*, traduzido como "alegrar(-se)", posso bem imaginar que minha aproximação dessa noção desconhece significados e sentimentos que afetavam meus interlocutores quando me falavam de suas vivências.

Num diálogo mais amplo com a produção acadêmica em etnologia sobre povos indígenas sul-americanos, observo que, se desde o momento chave de reconhecimento da corporalidade como idioma central das sociologias e cosmologias destes povos (Da Matta, Seeger & Viveiros de Castro, 1979) muito se desenvolveu o nosso campo de estudos em termos descritivos e analíticos, por outro lado, pouco investimento foi feito desde então para articular a análise de processos corporais com uma abordagem das emoções. Mesmo sabendo-se do lugar central de temas como a *raiva*, o *ciúme*, a *tristeza*, a *alegria* para a socialidade ameríndia, são escassos ainda nossos recursos para uma aproximação da dimensão emocional nos processos vividos pelas pessoas e entre elas.

Eu diria que todo o tempo que estive em minha pesquisa de campo me vi mobilizada pelo o que intuía sobre emoções ou processos emocionais envolvendo as pessoas do meu convívio. Sobre como algo que poderíamos chamar inicialmente de emoções incorporadas pareciam orientar as escolhas e os afazeres diários de cada um. De algum modo, reconhecendo que também tendia a usar essa regra para meus próprios afazeres, e particularmente para buscar ou não — e de que maneira — contextos de conversas, via-me, ao mesmo tempo, enredada no que enxergava como uma certa etiqueta de cuidado entre as pessoas e num exercício constante de percepção *pré-cognitiva*, buscando intuir, por exemplo, sentidos no silêncio de alguém, nas formas escolhidas para o falar, na velocidade e no estilo gestual de quem falava comigo ou com outras pessoas, na evitação do olhar ou em formas diversas de usá-lo, nos modos de sentar, de tecer cestos, de andar. Um olhar para como pareciam se articular sentimento e forma em cada pequeno acontecimento ou contexto.

Não conseguiria com certeza transformar em texto esta minha experiência feita mais de imagens e sensações que não se descolavam obviamente de meus estados variados de humor, impressões que vinham e iam, sem se fixar em ideias propriamente, uma resistência que ainda mantenho em bom grau a cada vez que busco escrever.

Aproximando o que foi dito acima com temas e enfoques que nos são caros na etnologia dos povos indígenas sul-americanos, minha impressão é que uma abordagem do parentesco e da socialidade entre os ameríndios não pode prescindir dessa dimensão, das emoções. Menos que tomar emoções como um aspecto claramente distinto de outros, como o corpo, o que parece interessante é buscarmos uma maneira de aproximação aos processos vividos pelas pessoas e entre as pessoas tentando perceber o que se conecta neles e como. Isso nos leva menos a conceitos ou noções que tenderiam a tomar emoções como coisas que motivam o agir das pessoas, e mais às ações e disposições aí implicadas. Neste sentido, por exemplo, mais interessante que definir a *raiva*, caberia ver o que se conecta no *enraivecer* de alguém em um dado contexto, o que se desdobra daí.

O exercício que buscarei aqui partirá principalmente de conexões que reconheço em torno do verbo *vy'a*, "ficar alegre", considerando dois contextos em especial. O primeiro diz respeito à produção de disposições relacionais que marcariam a convivência entre parentes, o "estar bem", *iko porã*; e o segundo, que também entendo se conectar com o parentesco, é disposição produzida com música e outros elementos, na reza. Neste exercício inspiro-me, ainda que não chegue a desenvolver qualquer diálogo com o autor, em momentos da análise feita por Olivier Allard (2003) em torno de emoções e relações para o parentesco amazônico.

ALEGRAR (-SE COM) PARENTE

Desde o final da década de 1970 muitas etnografias sobre povos indígenas sul-americanos apontaram a centralidade da fabricação de corpos nos processos de parentesco. Em contraste com o parentesco ocidental, vínculos biológicos por nascimento não definiriam absolutamente uma relação de parentesco entre os ameríndios. O que as cosmologias do continente demonstraram é que a forma primeira das relações entre sujeitos — incluindo-se aqui humanos e não humanos — seria aquela da afinidade — da inimizade —, isto é, enquanto *meta afinidade* (Taylor, 2000) ou *afinidade potencial* (Viveiros de Castro, 2001), as relações de parentesco, por sua vez, resultam de uma desconstrução da afinidade. Assim, aproximando-nos de aspectos que pretendo comentar a seguir, o fato é que uma criança não nasce parente, mas precisa ser tornada ou se tornar parente, assumindo um modo de vida característico daqueles que a recebem, isto tanto no caso do nascimento quanto no da adoção. Como observa Vilaça (2002), tomando vários exemplos etnográficos sul-americanos, os corpos dos recém nascidos viriam de um fundo de alteridade, devendo então ser produzidos conforme uma certa humanidade, o que implica em determinada dieta, disposições, hábitos.

Um dos aspectos enfatizados nas etnografias foi a consubstancialidade, segundo a qual parentes — ou certas categorias deles — compartilhariam a mesma substância corporal. Tal noção foi importante, por exemplo, na análise de resguardos feitos pelo nascimento de crianças ou em eventos de doença. Não cabe discuti-la fora dos contextos etnográficos particulares, mas parece interessante ressaltar que há certamente outros aspectos implicados na comensalidade enquanto prática fundamental do parentesco entre os ameríndios de um modo geral. Comer junto, no sentido de adotar uma mesma dieta e partilhar refeições, parece ter muitas implicações, e possivelmente mais importantes que aquelas compreendidas nos termos de uma substância comum. Merecem atenção aqui, como alguns autores demonstraram, a produção de uma *consciência* do parentesco,[1] a experiência de certas emoções, a produção de determinado vínculo afetivo, tudo isso *através* da comensalidade. Corpo e afetos fariam parte aqui de um mesmo processo. Ou, como observaram Viveiros de Castro & Taylor (2006) para o contexto ameríndio em geral, oferecer alimento de forma regular com marcas de afeição seria o primeiro passo para a construção mútua de uma corporeidade compartilhada, dando também acesso ao que seria a primeira forma de consciência, aquela do *pensar aos próximos* (2006, p. 161).

Para o comentário sobre este tema focalizando a vida nas aldeias mbya, considero fundamental a definição de Marilyn Strathern da *alimentação como relação* (Strathern, 1988, p. 251). Não é o alimento

1. Entre os Piro, a partir do trabalho da memória, conforme Gow, 1997.

enquanto substância que deve prevalecer como foco de análise, mas o que esta relação envolve, o que produz como resultado.

No item seguinte, comento então a prática do "dar de comer", *mongaru*, nas aldeias mbya, para mais adiante colocá-la em relação com outras formas de *alegrar (-se com) parente*, envolvendo ações ou disposições como as de *falar* e *ouvir* ou ainda *dançar* e *cantar* na reza. Penso que estes contextos ou ações são experiências fundamentais do que vem a ser o parentesco entre as pessoas mbya. Esse será também um exercício que tenta aproximar dimensões muitas vezes tratadas enquanto distintas: corpo, emoções, consciência, memória.

ALIMENTAR

Omongaru, "alimentar" na 3ª pessoa, é uma prática central de "alegrar" quem se quer aparentar.

A atenção às preferências culinárias são um lugar de cuidado observado sempre por quem cozinha nas aldeias mbya — em geral, mulheres, para seus maridos e filhos. Parece mesmo que o ato de cozinhar seria efetivamente um *cozinhar para*. Não se cozinha a não ser para alguém, pergunta que ouvi diversas vezes ao começar a preparar algum alimento no fogo.

Mas se cozinhar é uma prática relacional sempre, parece haver uma atenção especial ao contexto do "dar de comer às crianças", *mongaru kyringue*. Lemos em muitas etnografias sobre povos ameríndios que o ato de aceitar alimento define parentesco, e as histórias de transformação animal, *jepotá*, que são contadas por nossos anfitriões não deixam dúvida: visitar a aldeia de *koxi* e aceitar comida por lá é tornar-se parente dessa gente, *koxi*.

Para a criança que nasce, por sua vez, aceitar a relação de alimentação, envolver-se e *ficar bem* junto daqueles que a receberam na Terra é um momento crucial da relação de parentesco. "Dar de mamar", *mokambu*, e "mamar bem", *kambu porã* — isto é, aceitar o peito —, são facetas já desta relação que põe em contato um possível — mas não dado — desejo de cuidar e um igualmente não dado desejo de *ficar*, isto é, permanecer na terra. O caráter recíproco da relação se torna mais evidente, me parece, passada a fase do aleitamento e iniciada a relação de alimentação.

Alimentar as crianças é sempre algo tratado como uma forma possível de alegrá-las. Deste modo, se estas não aceitam bem o que lhes é oferecido como alimento, tal ato é tido como um *não se alegrar*, um *não gostar* que indica uma indisposição relacional com aqueles que buscam aparentá-la. Então, se uma criança não se alimenta bem, podemos ouvir de um parente mais velho que ela *não quer ficar*, ou que *não está gostando [possivelmente] do pai, da mãe* para os quais veio por nascimento.

Disposições de cuidar ou não cuidar — ou, como alguns dizem: *jogar* —, soluções como a de dar ou pedir em adoção são sempre possibilidades, mas o que eu gostaria de enfatizar aqui é como a relação da alimentação é um lugar crucial de produção de contentamento. Observar se a criança está se desenvolvendo, experimentar alimentos e formas de preparo que possam lhe agradar, e, mais tarde, quando a criança é capaz de falar, acolher seus desejos declarados de comer um determinado item são expressões desta atenção. Algumas mães ou pais dedicados costumam fazer esforços como o de ir à vila ou cidade mais próxima comprar ingredientes para atender a uma demanda especial de sua criança numa dada manhã.

Mas a relação de alimentar ou agradar com comida, como foi observado acima, nunca é unilateral. É o contexto privilegiado para a construção de um sentimento ou disposição relacional que *faz bem*, produz conforto emocional, através da saciedade-prazer no comer e percepção-interesse no dar de comer. Tais ações-intenções, contudo, só podem ser — ou não ser — experimentadas. Uma criança pode estar contente ou não, um homem ou mulher podem alegrar-se ou não com a criança que lhes veio como filha ou filho. Daí por que podem empenhar-se num exercício cuidadoso de percepção diária do que pode vir a agradá-la, investindo energia e afeto aí; daí também por que podem não criar interesse em fazê-lo, abrindo mão da criança. De sua parte, a criança também coloca para si as alternativas de ficar ou não entre eles.

FALAR E OUVIR

Se a experiência de receber alimento inaugura o parentesco, outras formas de alegrar parentes ou de alegrar-se junto deles podem ser experimentadas através do falar ou contar, *mombe'u*, e do ouvir, *endu*.

Na etnografia sobre grupos guarani, não há dúvida de que a fala aparece como qualidade por excelência da humanidade, isto é, enquanto vinculada à sua origem divina através de *nhe'ë*. Meu interesse aqui é tratá-la menos como princípio agentivo que se desdobra em palavras bonitas e conhecimento originado na comunicação com *nhaderukuery* e *nhandexykuery* — o coletivo de "pais" e "mães" divinos de *nhe'ë* —, e mais como capacidade que permite aos humanos se relacionarem enquanto tal, ou seja, se tratarem como parentes.

Como vimos acima, no contexto da alimentação a fala é já um componente da relação que tem como foco a produção de satisfação. Nas primeiras falas as crianças manifestariam suas demandas básicas, pedindo alimento, demonstrando algum desconforto, demandas que seriam — ou não — *escutadas* pelos adultos que a cercam.

Lembrando o mito de *Kuaray*, podemos dizer que o mesmo não deixa dúvida quanto à centralidade da fala como capacidade relacional. É no momento em que *Kuaray*, ainda no ventre de sua mãe, se zanga e se nega a falar com ela que esta acaba por tomar o caminho da casa dos jaguares — *xivi* —, sendo devorada.

Para além do mito, um conjunto de situações e disposições que definem maneiras apropriadas ou prejudiciais à vida entre parentes é descrito nos termos da fala. Assim, "falar feio", *jayvu vai*, é um modo de definir a feitiçaria, bem como o "falar mal", que pode também se referir à fofoca, *ayvuxe*, falas claramente contrastantes com aquela que é estética e eticamente valorizada na conversa cotidiana, dotada de um humor dosado, fala que produz *bem estar* e faz *alegre* a vida experimentada em um certo lugar.

Voltando às práticas entre parentes, e particularmente à relação entre adultos e crianças, parece-me que outro contexto chave de produção mútua de afetos é aquele em que filhos e netos — e possivelmente outros jovens presentes — param para *ouvir* o que os parentes mais velhos lhes *contam*. Há um valor especial conferido às narrativas do tempo antigo, que costumam mobilizar bastante o interesse de crianças, que deixam de entreter-se com brincadeiras e voltam-se à escuta atenta. Há gêneros e contextos diversos para falar-e-escutar. Alguns conteúdos são *contados* de forma explicitamente instrutiva e ressalta-se aí a importância do ouvir bem, *endu porã*, e de desenvolver a capacidade de "guardar bem na cabeça", *mõi porã iakã*, o que os mais velhos contaram, *mombe'u*. Há também relatos que rememoram eventos vividos noutros contextos em épocas e lugares distintos, e ouve-se ainda o que contam os visitantes sobre parentes residentes noutras aldeias.

A disposição de *contar* — considerado aqui em sentido amplo — e sua contrapartida, isto é, a disposição de *ouvir* são, a meu ver, o contexto e o meio privilegiado de produzir bem estar, satisfação na vida partilhada num mesmo local.

Mas, novamente, o jogo das intencionalidades se faz presente. E aqui, como veremos adiante, de forma estendida. Quero dizer que não há como não *sentirmos* um aspecto de tensão que a vida partilhada num mesmo local tende a manifestar. Poderíamos reconhecer aqui um certo estilo no trato das emoções? Talvez.

O que parece se revelar na prática é uma consciência de que alteramos nossos humores, nossas disposições, o que se manifesta física e emocionalmente nas pessoas. Se podemos definir emoções como disposições relacionais, tais disposições não existiriam enquanto coisas produtoras de efeitos no agir, mas são elas mesmas o processo das relações. Viver nos faz variar, alterar nossas disposições, e isto tem implicações ao redor, ou seja, conecta nosso agir — intencionado — com (os d)aqueles que nos cercam.

Um comentário direto do cacique Augustinho em Araponga observava como poderíamos mudar de ânimo, acordando bem, passando bem a manhã, e, sem que nada aparentemente ocorresse, já não estaríamos assim à tarde.

Alterações como esta parecem bastante comuns, e podem ser traduzidas com ênfases mais fortes ora no corpo, no sentimento ou no pensamento. Se, como dissemos anteriormente, a relação de alimentação está na base do *pensar ao próximo*, o contexto da co-residência experimentado nas falas — bonitas, mas também possivelmente feias, acusatórias, antipáticas — pode nos levar a *pensar longe*, a acordar sem vontade de conversar no pátio, a ficar sem ânimo para os afazeres, como algumas pessoas vez ou outra comentam de sua indisposição de ficar onde vivem ou ainda de sua vontade de visitar uma outra aldeia.

As falas variam com os humores. Assim, o tom das conversas pode variar da convivência prazerosa que anima as pessoas a se juntarem nos pátios, trocando palavras com um senso de humor característico, àquele do desânimo e reclamação, às vezes segredada, noutras vezes declarada em discursos mais ou menos públicos de quem reclama do descuido ou desafeto de parentes. É quando ouvimos sobre um *não gostar*, ou melhor, não ser gostado ou não *ter ajuda* de parentes. Tais falas podem assumir um tom de acusação por sovinice, ou mesmo de suspeita de feitiçaria.

O que me parece particularmente interessante é o fato de um mesmo motivo estar na base de tal desconforto emocional e no horizonte que se desvela para livrar-se do mal-estar: a relação com os parentes. Felizmente há parentes noutros lugares, onde é possível buscar meios de reanimar-se, experimentando outras conversas, outros afetos, outro clima.

Num mundo assim, o parentesco está sempre sob teste, ou as relações em geral. *Ficar alegre* particularmente está sob o teste de lugares e de vínculos dos quais só se sabe experimentando.

Se na aldeia em que se vive bem como noutras aldeias distingue-se parentes, *xeretarã*, "meus parentes", e não parentes, *xeretarã eÿ*, tal distinção não garante que junto daqueles classificados como parentes alguém efetivamente vai *ficar alegre*, o que a experiência põe à prova. E, como vimos, é possível que venha o desânimo, o desgosto, a disposição de ir embora dali.

Se no contexto da relação alimentar com a criança pequena, ficar ou não ficar é uma solução entre manter-se entre os vivos ou não, aqui a mesma questão se coloca num campo estendido espacial e temporalmente. Noutras palavras, *não ficar* aqui dá margem à circulação por outros lugares possíveis para se viver com parentes, outras possibilidades de *alegrar-se*, de achar conforto emocional.

Minha impressão é a de que o que se pôde ouvir, a memória que foi possível construir pela escuta sobre outros lugares, tende a expandir a consciência do parentesco para além da referência local.

CANTAR E DANÇAR JUNTO

Se fôssemos comentar os cuidados diversos com a saúde, uma matéria tão fundamental quanto a alimentação na relação de parentesco, uma multiplicidade de práticas entraria em questão, desde o enfumaçamento da cabeça das crianças, a atenção ao sono e aos sonhos, o uso de remédios de plantas, benzeções e outras habilidades até o tratamento na *opy* — a casa de reza — de extração de doenças ou feitiços pelos pajés. Mas minha intenção aqui é principalmente comentar uma faceta da reza na *opy*, aquela da reunião no canto e dança das pessoas que se dispõem a fazê-los.

Se os cuidados de um pajé costumam se desenvolver primeiramente no seio de seu grupo de descendentes, uma casa de reza posta numa aldeia acolhe quem se disponha a frequentá-la, normalmente pessoas interessadas que vivem no local, e possivelmente também visitantes de outras aldeias.

A *opy* sempre me pareceu um contexto acolhedor em maior amplitude, não só por que assim me ensinavam meus interlocutores, dizendo que o pajé e/ ou dono de *opy* deveria acolher quem viesse até ele, mas também por que sempre senti esse acolhimento na reza estando nas aldeias. A companhia de minha filha, que tinha como eu um gosto especial pela reza e pedia para ir à *opy* quando ia caindo a tarde, certamente me animava.

Minha impressão é a de que há muitas formas de rezar, e alguns comentários como os que cito a seguir reforçam-na. Há a dimensão da *concentração* que se pode ter dentro da *opy* ou também fora dela. Assim, disse-me uma vez João Karaí, em Parati Mirim, como se sentia *olhado* por *nhanderu* mesmo não frequentando a casa de reza. De modo que a conexão com o *alto*, com as capacidades originadas em *nhanderukuery* e *nhandexykuery* — através da atividade de *nhe'ë* — depende certamente de ações-modos de estar referidos por verbos traduzidos frequentemente para o português como "concentrar(-se)", "mentalizar", "pensar" ou "lembrar", isto é, de "*nhanderu*", que certamente nos fazem lembrar o que alguns estudos clássicos sobre os Guarani apontaram como o caráter *individualista* da reza.[2]

Há também conexões através da *opy* ou das *opy* que mereceriam reflexão. Os efeitos estendidos da reza para outros locais habitados pela humanidade *mbya*, a comunicação através de *nhe'ë* — e concentrada na atividade das *opy* — que permite conectar pessoas e acontecimentos em diferentes lugares. Tudo isso parece nos desafiar analiticamente. Mas deixo esses desafios para um próximo momento e gostaria de manter, aqui, o foco na experiência local da reza.

São dois os aspectos que eu gostaria principalmente de destacar: o quanto a reza é capaz de esfriar, amenizar as tensões cotidianas, e também de reanimar a vida das pessoas num dado local.

Lembrando aqui outros contextos ameríndios em que reconhecemos que emoções são produzidas intencionalmente, como a *vontade de matar inimigo* o deve ser para a guerra, por exemplo, entre homens parakanã (Fausto 2001, p. 271), é possível sugerir que a reza nas *opy* mbya é efetivamente feita para produzir o que poderíamos chamar de um estado afetivo, um saber incorporado do que é *bonito* e *bom*. Sabemos que essas são propriedades de elementos que compõem a reza, como a *fala bonita* das *opy*, a fumaça que *faz bem* usada nos cachimbos, mas são também qualidades fundamentais para se viver junto, e não haveria modo de sabê-lo de forma mais intensa que cantando e dançando junto. Lembro aqui o comentário de Olivier Allard

2. Ver Nimuendajú, 1987, e Schaden 1962, p. 122.

(2003, p. 24–38) das emoções como disposição para a ação, e como tais disposições colocam em relação o próprio agir com o agir dos outros.

Por um lado, a extensão da reza feita por alguém a seus co-residentes na aldeia, o clima de acolhimento mencionado acima fazem-nos sentir esfriar *más* ou *feias* disposições que se manifestam no cotidiano, como as que costumam produzir ciúme, *akãte'y*, raiva, antipatia. Disputas em torno do acesso a alimentos e outros recursos, demandas por postos de trabalho, por reconhecimento e atenção da parte de outras pessoas, tudo isso que *esquenta* a convivência seria, então, abrandado no clima acolhedor da *opy* quando cai a tarde.

Para além dessa sensação de apaziguamento, entretanto, em noites animadas de reza, quando costumamos ficar horas seguidas dentro da *opy*, o que experimentamos física e emocionalmente cantando e dançando não me parece comparável em intensidade a qualquer outra experiência de *ficar alegre* e *sentir bem* que conheci nas aldeias. É certo que inclinações pessoais, habilidades como resistência física, sensibilidade musical, capacidade vocal, virtuosismo na execução dos instrumentos, tudo isso é parte do que se experimenta aí. Mas ainda que a intensidade seja variável na reza experimentada por cada pessoa a cada vez que participa da mesma, não há contexto mais apropriado nas aldeias mbya, ouso dizer, para se experimentar os efeitos revigorantes e o sentimento de beleza presentes na dança e na música feitas aí.

Cantando e dançando em coro, o *poraei* conecta efetivamente os corpos e os movimentos das pessoas que se levantam na *opy* para fazê-lo. Braços se entrelaçam na fileira feminina que executa em uníssono as taquaras — *takuapu* — e os passos de dança, a mesma sincronia se vendo na fila de rapazes e meninos que tocam os *mbaraka miri*, "maracás". Na dança que circunda um tocador de *mbaraka* — violão rítmico — puxando um canto, saltos sincronizados acompanham as vozes também em coro e surge aí um clima tão intenso que costuma fazer *cair* ou *queimar* na dança algumas pessoas. Persistir cantando e dançando por longo tempo, *queimar* desse jeito na *opy* nos levaria a experimentar em dose alta e com efeitos instantâneos o que se pode obter como ânimo para a vida. Nada é mais envolvente, a meu ver, entre as pessoas numa aldeia do que essa sensação intensa de alegria revigorante. Seu caráter terapêutico é sempre comentado pelos pajés — a pessoa que persiste assim no canto-dança se livra de toda doença —, mas para além da cura pessoal que o *poraei* possa produzir, há certamente um efeito relacional da maior importância.

Se o comentário anterior sobre as dimensões do alimentar e do falar-e-ouvir na experiência das pessoas e entre as pessoas mbya são momentos chave na construção de uma consciência do parentesco, cantar e dançar na reza seria igualmente uma referência fundamental do que se pode fazer vivendo junto, ou de como é possível alegrar-se vivendo junto.

E ainda, poderíamos sugerir, não apenas com aqueles parentes perto dos quais nascemos, mas com outros, também, que se envolvam e criem disposição para fazer assim o canto.

Intensidade e também potencial de extensão. A propósito, muitas vezes, como por ocasião dos rituais de batismo — *nhemongaraí* — a troca de visitas entre aldeias costuma animar bastante a música e dança nas *opy*.

EMOÇÕES E RELAÇÕES

O que busquei trazer neste texto bastante introdutório é uma aproximação da dimensão que costumamos chamar de emoções. De um lado, reconhecendo desde o início que nós, antropólogos, fazemos análises partindo de nossas próprias maneiras de nos emocionarmos ou sentirmos o que vivemos com nossos anfitriões nas aldeias; de outro lado, sugerindo que esta é uma dimensão chave dos processos experimentados pelas pessoas e entre as pessoas — neste caso, aquelas que vivem nessas mesmas aldeias.

De um modo particular, tentei me aproximar de aspectos do parentesco, buscando focalizá-lo em seu caráter existencial. Como se pode experimentar as relações com parentes, como se constrói um sentido, uma consciência do que é o parentesco, quais as facetas implicadas aí, e especialmente quando consideramos que essa consciência tem simultaneamente uma referência local e outra, multilocal.

Escolhi como ponto de partida o verbo *vy'a*, o qual me parece conectar maneiras de agir, de sentir e de produzir emoções, e que ocuparia um lugar central no parentesco: numa única frase, alegrar(mo-nos) seria o que devemos buscar na relação com parentes.

Alguns contextos que colocam no centro o tema do *ficar alegre* foram abordados e nos encaminharam para um tratamento das emoções como disposições relacionais. Assim nas disposições de agradar com alimento e de aceitar a comida oferecida; nas disposições que se atualizam no contar e no ouvir sobre diversas matérias em gêneros distintos de fala; assim também na disposição de cantar e dançar junto na *opy*. Cada um desses contextos conecta intenções e ações de modo nunca dado previamente e nem definitivo daí por diante. A vida está sempre um processo, e o parentesco não foge à regra.

BIBLIOGRAFIA

ALLARD, Olivier. *Emotions and relations: a point of view on Amazoniam kinship*. Dissertação de Mestrado. Cambridge: University of Cambridge, 2003.

FAUSTO, Carlos. *Inimigos fiéis: historia, guerra e xamanismo na Amazônia*. São Paulo: Edusp, 2001.

GOW, Peter. "O parentesco como consciência humana: o caso dos Piro". *Mana* 3(2), 1997.

NIMUENDAJÚ, Curt Unkel. *As lendas da criação e destruição do mundo como fundamentos da religião dos Apapocúva-Guarani*. São Paulo: Hucitec/ Edusp, 1987 [1914].

PISSOLATO, Elizabeth. *A duração da pessoa: mobilidade, parentesco e xamanismo mbya (guarani)*. São Paulo: Unesp, ISA; Rio de Janeiro: NuTi, 2007.

SCHADEN, Egon. *Aspectos fundamentais da cultura guarani*. São Paulo: Difusão Europeia do Livro, 1962.

SEEGER, Anthony; VIVEIROS DE CASTRO, Eduardo; DA MATTA, Roberto. "A construção da pessoa nas sociedades indígenas brasileiras". *Boletim do Museu Nacional* 32, 1979.

STRATHERN, Marilyn. *The gender of the gift. Problems with women and problems with society in Melanesia*. Berkeley e Los Angeles: University of California Press, 1988.

SURRALÉS, Alexandre. *Au cœur du sens: perception, affectivité, action chez les Candoshi*. Paris: CNRS Éditions, 2003a.

______. "Face to face: meaning, feeling and perception in Amazonian welcoming ceremonies". *Journal of the Royal Anthropological Institute* 9(4), 2003b.

TAYLOR, Anne-Christine. "Le sexe de la proie: representations jivaro du lien de parenté". *L'Homme* 154–155, 2000.

TAYLOR, Anne-Christine & VIVEIROS DE CASTRO, Eduardo. "Un corps fait de regards". In: *Qu-est-ce qu'un corps?*. Paris: Musée du Quai Branly/ Flammarion, 2007.

VILAÇA, Aparecida. "Chronically unstable bodies. Reflexions on Amazonian corporalities". *The Journal of the Royal Anthropological Institute* 11(3), 2005.

VIVEIROS DE CASTRO, Eduardo. "GUT Feelings about Amazonia: potential affinity and the construction of sociality". In: RIVAL, Laura & WHITEHEAD, Neil (eds.). *Beyond the visible and the material. The amerindianization of society in the work of Peter Rivière*. Oxford: Oxford University Press, 2001.

Ficar alegre é muito importante, mas há distintas formas de alegria. A casa de reza é um lugar de alegria, mas também tem a alegria de ir para o forró, jogar futebol, beber, namorar, talvez usar feitiços de namoro. Há muitas alegrias, há tantas alegrias que a pessoa está sempre se alterando. Se há um si dentro do si mesmo, é um si constantemente alterado. O mesmo é onde estaria a escolha, com quem se quer andar junto pelos caminhos. A sabedoria é saber aproximar e distanciar quem você quer. Mas a relação de alteridade é sempre produtiva porque vai sempre produzir alguém.

ANA MARÍA RAMO Y AFFONSO

Um *tekoa*, uma cidade e a *sidade*

FABIO NOGUEIRA DA SILVA*

Uma pergunta comum que visitantes — como estudantes, adeptos de diversas religiões, voluntários de associações beneficentes etc. — fazem aos Guarani Mbya no Jaraguá é "por que vocês escolheram viver na cidade?". Acessando as imagens de satélite disponíveis na internet vemos as pequenas aldeias da Terra Indígena Jaraguá envoltas por um mar de casas, avenidas e estradas, de um lado, e de outro pelo Parque Estadual do Jaraguá.

A cidade de São Paulo não cresceu igualmente em todas as direções e nesse bairro da região noroeste o adensamento populacional se intensificou apenas nos anos 1970 (Pereira, 2006). Na década de 1950, período da instalação da primeira família guarani no Jaraguá, a paisagem da região era predominantemente rural, com alguns sítios efetivamente ocupados e muitas áreas de capoeira alta no entorno e no morro do Jaraguá. Adensamentos populacionais com características urbanas existiam apenas próximos às estações de trem Taipas (que viria a se chamar Jaraguá) e Vila Clarice. Assim, àquela pergunta dos visitantes, respondem os indígenas que "não fomos nós que viemos para a cidade, foi a cidade que veio até nós".

Com o apoio do Centro de Trabalho Indigenista (CTI), nos anos 1980, os Guarani Mbya na capital e no litoral conquistaram o reconhecimento de uma parcela de seu território no estado de São Paulo. Mesmo sem contar com o suporte legal da Constituição promulgada em 1988 e sob intensa pressão da especulação imobiliária, foram demarcadas, entre outras, as Terras Indígenas Rio Branco, Tenondé Porã, Krukutu e Ribeirão Silveira.[1] A TI Jaraguá, demarcada também

*. Doutor em Antropologia Social pelo PPGAS-USP.

1. Um balanço importante dos movimentos que resultaram na demarcação das TIS Guarani Mbya em São Paulo encontra-se em Macedo (2009).

nesse processo, limitou-se a 1,7 hectare, não englobando o conjunto das áreas utilizadas pelos Guarani Mbya desde a década de 1950, inclusive a área do Parque, criado em 1961.

Os estados do Rio Grande do Sul, Santa Catarina, Paraná, São Paulo, Rio de Janeiro e Espírito Santo, além do nordeste argentino e parte do Paraguai se sobrepõem ao território mbya. Os indígenas desse coletivo circulam pelas aldeias em toda essa região motivados pela busca de afins para casar, pela visita a parentes, pela procura de intervenções xamânicas nos adoecimentos espirituais. Também são causas da mobilidade[2] dos Guarani Mbya pelo território a procura por um *tataipy*, "lugar do fogo" — local indicado por uma divindade a xamãs-chefes de família, para onde devem conduzir seu grupo e constituir uma nova morada —, as migrações em busca da Terra sem mal e a fuga da violência praticada pelos *juruá*, "não indígenas", interessados nas áreas ocupadas pelos Mbya.[3]

Às vezes, a mobilidade é motivada pela necessidade de apoio a parentes e aliados que estão enfrentando problemas, como ocorreu no Jaraguá. Nos anos 1990, José Fernandes e Rosa mudaram-se da aldeia de Ubatuba para o Jaraguá, onde residia a cacique Jandira,[4] prima de José Fernandes. Pretensos proprietários não indígenas tentavam se apossar de parte da área ocupada pelas residências dos Mbya.[5]

Inicialmente, José Fernandes e Rosa, juntos com seus filhos e filhas casados, fizeram suas casas na mesma área onde morava Jandira. Alguns meses depois se transferiram para outra área, antes usada para pequenas roças, separada da gleba demarcada por uma rua estreita. As tentativas de intimidação dos indígenas por meio de advogados, policiais e cercamento à força não fizeram os Guarani ceder. Ao contrário, para esse local começaram a mudar-se parentes próximos e distantes do casal principal, José Fernandes e Rosa, e parentes dos seus genros e noras. Depois de construírem uma *opy*, "casa de reza", o local recebeu o nome de Tekoa Pyau, "Aldeia Nova", tornando-se então uma aldeia vizinha ao Tekoa Ytu, "Aldeia da Cachoeira", que era liderado pela cacique Jandira.

---

2. A mobilidade dos Guarani é objeto de análise em Ladeira (1992); Garlet (1997) e Pissolato (2006).

3. Para informações sobre o processo de esbulho e violência sofrido pelos Guarani no oeste do Paraná, ver Carvalho (2013).

4. Falecida em março de 2012.

5. Sobre a formação dos *tekoa* Ytu e Pyau no Jaraguá, ver Nogueira da Silva (2008 e 2015) e FUNAI (2011).

O processo de formação do Tekoa Pyau revela o quanto a mobilidade é constitutiva da organização territorial mbya. Ao visitarmos as aldeias mbya notamos em sua paisagem a presença de nucleações residenciais,[6] que são formadas por um casal principal e seus filhos e filhas solteiros e casados. É por meio das relações de parentesco e das alianças matrimoniais que novos coletivos são formados, passando então a fazer parte do conjunto dos locais de referência dentro do território Guarani Mbya — *Yvy Rupa* a plataforma terrestre.

A compreensão das relações que as famílias mbya constituem entre si, além de importante para o desenvolvimento da Etnologia focada nas Terras Baixas da América do Sul, pode contribuir para reflexão sobre a extensão dos impactos negativos de ações do Estado e suas consequências para um amplo conjunto de aldeias. Foi com base nesse entendimento que, por exemplo, o Ministério Público Federal e a empresa Furnas firmaram, em dezembro de 2000, acordo sobre um Termo de Ajuste de Conduta que incluía não apenas a TI Tenondé Porã, por onde passavam linhas de transmissão de energia, mas também a TI Jaraguá. Isso porque um evento negativo em um *tekoa* impacta outros com os quais mantém fortes laços de parentesco, alianças matrimoniais e cerimoniais, diversas formas de reciprocidade.

Com essa mesma disposição de abarcar as relações entre diversas aldeias mbya, foram elaborados os Relatórios de Identificação e Delimitação das TIs Jaraguá e Tenondé Porã, que agora inclui a aldeia do Krukutu. Os estudos antropológicos para essas delimitações confirmam a continuidade histórica desses grupos com aqueles descritos por Nimuendajú (1987) e Schaden (1974), apontada por Ladeira (1992), descrevem o percurso de diversas famílias a partir do Paraná e do Rio Grande do Sul e também as relações atuais entre as aldeias do litoral e da capital. Esse trabalho foi importante para a definição de Terras Indígenas mais próximas das efetivas áreas de uso dos Guarani Mbya na região.[7] No Jaraguá, a área identificada passa de 1,7 ha para, aproximadamente, 532 ha, e na zona sul, as áreas das TIs Tenondé

6. Os núcleos de residências em um *tekoa* guardam maior ou menor distância entre si conforme a disponibilidade de espaço, a presença de equipamentos de saúde e educação e o poder de atração exercido pelas lideranças xamânicas principais no local — este último fator é o que explica, também, a presença de núcleos familiares que não possuem relações de parentesco com outros núcleos em um *tekoa*, como ocorre no Tekoa Pyau, para onde se mudaram famílias em busca da orientação e proteção xamânicas de José Fernandes.

7. Os Relatórios foram aprovados pela FUNAI e publicados no Diário Oficial da União, mas ainda aguardam a assinatura do Ministro da Justiça e da Presidenta da República

Porã e Krukutu que antes somavam pouco mais de 60 ha, agora estão unificadas em uma única terra, com cerca de 16.000 ha. Em relação a esta última, é importante registrar que sua área atravessa a Serra do Mar em direção ao litoral e, portanto, inclui os caminhos, pontos de parada e ranchos de caça e coleta que a conecta às aldeias do litoral — caminhos dos quais já falava Benedito Calixto em 1901.

Como dito acima, as redes de parentesco, a busca de cônjuges e a circulação de bens materiais e simbólicos intensificam as relações entre moradores de diferentes *tekoa*, contribuem para formá-los e mantê-los conectados ao longo do tempo. Contudo, veremos a seguir que as relações entre humanos não são as únicas a constituir a vida local em um *tekoa*, pois que se entrecruzam com aquelas que se estabelecem também com diferentes sujeitos do cosmos, como deuses, espíritos e certos animais e vegetais que vivem na mata. Antes, apresento alguns elementos que participam da produção do *tataipy*, o "lugar do fogo".

«TATAIPY»

Poluição sonora, anulação da privacidade com visitas cotidianas de não indígenas, assédio de adeptos de diversas religiões, oferta abundante de bebidas alcoólicas e outros tipos de droga, multiplicação de aparelhos de televisão, videogames e computadores são alguns dos elementos apontados por pessoas mais velhas que, em sua opinião, dificultam a concentração durante a reza assim como em tarefas que exigem cuidado e atenção, como os tratamentos xamânicos, prejudicando a comunicação[8] com agências não humanas diversas. Contudo, mesmo sob toda essa pressão da sociedade envolvente, os Guarani no Jaraguá valorizam o cultivo do autocontrole e a ascese. Praticam cotidianamente seus rituais na *opy*, "casa de reza", sendo raros os dias em que não acontecem. Há, constantemente, alguém sendo tratado por José Fernandes ou por outros xamãs no Tekoa Pyau, e quando são moradores de aldeias distantes, podem passar os dias e as noites de tratamento na própria *opy*, sob constantes sopros de fumaça de

para que o processo seja encaminhado até o seu final, ou seja, até o registro em cartório das áreas como Terras Indígenas.

8. Sobre o desenvolvimento e a circulação de saberes por meio das práticas xamânicas e de comunicação entre os Mbya e destes com agências não humanas, ver Testa (2014).

tabaco e em repouso absoluto. Mantêm-se atentos aos cuidados com excessos no cotidiano, seja na alimentação, no movimento dos corpos ou na fala.

A concentração nos rituais cotidianos e a valorização de práticas ascéticas estão relacionadas ao processo de transformação de corpos e almas de forma a atingir o estado de *aguyje*, que se traduz por iluminação do espírito e leveza do corpo, a ponto de tornar-se matéria mais divinizada que humanizada e, dessa forma, poderem elevar-se a *Yvy Marã E'ỹ*, a "Terra sem mal". Atingir esse estado, dizem, é muito difícil, quase inalcançável hoje em dia, dada a impossibilidade da pessoa se dedicar a isso, assim como pelas dificuldades impostas pela forma como se vivem hoje nas aldeias, pequenas e incompletas como são. "Tem que pedir muito pra *Nhanderu*, mas também tem que viver de um jeito que você caminhe para isso, atingir o estado de *aguyje*, todo dia um pouquinho mais. Só que hoje a gente não consegue mais viver desse jeito. Até tem lugar que dá, mas é muito difícil", disse-me um xamã.

Esses lugares difíceis de encontrar, aos quais o xamã se referiu, são justamente aqueles pelos quais os Mbya buscam quando migram pelo seu território: os *tataipy*, "lugar do fogo", de *tata*, fogo, e *py*, "em"; remete à comensalidade e ao fogo doméstico de uma residência ou de um núcleo de residências. Mostrado pelas divindades aos *xeramoĩ*[9] por meio de sonhos ou de visões, esses locais reuniriam as condições que os Guarani consideram necessárias para viver uma vida dedicada à comunicação com os seres celestes. A direção que tomam ao procurar pelo *tataipy* leva-os, por vezes, à Serra do Mar, que é identificada na cosmografia do coletivo como a borda do mundo, *Yvy apy* (Ladeira, 2001, p. 133), a partir da qual podem seguir para a morada do deus criador. Uma liderança que atualmente é o cacique de um novo *tekoa*, na fala a seguir, refere-se ao papel central dos *xeramoĩ*[10] na circulação de grupos familiares através do *Yvy Rupa*, "plataforma terrestre", o território Guarani Mbya, atuando como líder do grupo e como *karai*, "rezador".

9. O termo *xeramoĩ* significa, literalmente, "meu avô". É comumente usado para designar a liderança principal de um *tekoa*, que reúne as funções de cacique e xamã. Sobre as lideranças e sua atuação na constituição dos *tekoa*, ver Nogueira da Silva (2015).

10. O uso do termo masculino *xeramoĩ* para se referirem às lideranças políticas e xamânicas em geral não significa que ignorem a presença e a agências das figuras femininas na condução de grandes famílias Mbya, as *xejaryi kuery*, "nossas avós", e as *kunhã karai kuery*, "rezadoras".

Então, existe aqui o *xeramoĩ*, os familiares mais próximos e os seguidores desses *xeramoĩ*, e outro *xeramoĩ* em outro *tekoa*, com as famílias mais próximas. Cada um deles recebia sua revelação ou alguma manifestação, seja no sonho, seja na reza, dizendo que ele vai ficar por um período de tempo ali, naquele *tekoa*. Existem os grandes núcleos de grandes famílias que buscavam através de revelação, de sonhos, de rezas, alguma manifestação que apresentavam para ele que teria que buscar o rumo do grande mar, *Yye'ẽ* ou *Para Guaxu*. E, estando sempre mais próximo dessa região ele alcançaria uma grande força divina, uma força maior, até alguma manifestação mais sagrada de *Nhanderu*, que poderia, então, fazer com que ele atravessasse o grande mar e alcançasse *Yvy Marã E'ỹ*, que seria uma Terra sem Mal. Então, essa caminhada dos grandes núcleos de famílias junto com os *xeramoĩ* percorria toda essa parte, toda essa região, nesse sentido de busca da Terra sem mal.

Assim, tanto *tekoa* quanto *tataipy* são termos que se referem aos locais onde os Mbya constituem morada. No entanto, diferem entrem si pelo contexto em que são empregados. Segundo José Fernandes, *tekoa* seria o que os *juruá* chamam de aldeia, "*jaa tekoa Tenonde Porã*?, vamos lá no *Tenonde Porã*?", disse o cacique do Tekoa Pyau para exemplificar o uso do termo. Mas *tataipy*, ainda que signifique, como *tekoa*, o local onde os Mbya constituem morada, é usado em momentos específicos, conforme a explicação do *xeramoĩ*.

Tataipy é diferente. *Tataipy* já é uma palavra sagrada. É a mesma coisa que *tekoa*, mas para falar de aldeia mesmo é *tekoa* que se usa. *Tataipy* é palavra especial. É como diz *Nhanderu*, para a gente falar. *Tupã* que manda fazer o *tataipy*, ele que está falando, "*tataipy, tataipy*".

Os xamãs anteveem o local para onde devem conduzir seus parentes, assim como a direção que devem tomar. Isso não significa que sempre partam diretamente para erguer o *tataipy*. A visão pode não ser clara o suficiente, contingências na caminhada podem levar a circular por diferentes locais e aquele, ou aquela, que teve a visão sempre reivindica um tempo nos locais para se certificar positivamente de que é o local correto. Além disso, pode haver desconfiança por parte daqueles que seguem um xamã em relação à eficácia de sua comunicação com sujeitos não humanos, minando a vontade do grupo de segui-lo. Disse-me um xamã que o *xeramoĩ* que "vai na frente", *tenonde re oiko va'e*:

É igual Moisés. Moisés fazia como a gente. Não sei como que ele conseguiu fazer igual o índio. O deus falava com ele, só que quase ninguém acreditava também. Ele sabia o que ia acontecer. Todas essas coisas dessa parte a gente também via. O Jaraguá também tem um pouco de sagrado, por isso que não está acontecendo muito, de *juruá* que ataca a gente.

A última parte da fala desse xamã se relaciona com o processo de procura da área para iniciar um *tataipy*. O local deve, inicialmente, ser identificado por sua paisagem, em comparação com o que foi sonhado. No entanto, a certeza de que aquele é o *tataipy* mostrado pela divindade só vem com o tempo, a partir das relações que se estabelecem principalmente com agências não humanas, mas não apenas. Na nova morada, as pessoas não ficam doentes com frequência, não há ataques de animais peçonhentos nem são agredidos pelos *juruá*. Por isso, a fala do xamã teve o sentido de confirmar que o Tekoa Pyau, fundado por José Fernandes, é um local destinado a eles pelas divindades, pois após a sua chegada cessaram as agressões por parte de pessoas que reivindicam a propriedade de uma parte da Terra Indígena.

A comunicação com as divindades pode ser estabelecida em sonho ou em vigília. Neste último caso, as narrativas das visões quase sempre remetem-se ao momento em que estão fazendo uso do tabaco, concentrados. Uma jovem liderança no Tekoa Pyau disse que suas experiências se dão geralmente em vigília.

> Os *xeramoĩ* falam que quando a gente dorme, não lembra de nada, mas atravessa outras dimensões. Aí, eles falam que quando você viaja para outros lugares que você não conhece, quando chega lá, pensa assim *eu já fui por aqui, eu já fui por esse caminho*. Ou acontece alguma coisa que você já sabia que ia acontecer. Não são todas as pessoas que conseguem isso. Agora, eu já sou diferente, eu não durmo e já consigo ver algumas coisas, assim, acordado.

Os sonhos podem ser uma via de comunicação entre os humanos e os seres celestes. O xamanismo não é atividade exclusiva de alguns indivíduos, e a comunicação com não humanos idem. *Opora'i va'e*, "o que canta, reza", e *opita'i va'e*, "o que fuma", por exemplo, não se referem a pessoas detentoras de cargos com esses nomes, são atividades xamanicas que qualquer um pode realizar. Há, no entanto, o reconhecimento de que certas pessoas têm maior desenvoltura, conhecimento e eficácia com essas práticas. O mesmo se dá em relação aos sonhos e visões de seres não humanos ou mesmo de parentes que moram em aldeias distantes. Ainda que qualquer um sonhe, a interpretação é melhor desenvolvida por pessoas mais velhas e mais experientes. Vi algumas vezes, no período da manhã, quando estão acendendo fogueira e fervendo a água para preparar *ka'a*, "erva-mate, chimarrão", pessoas contando a seus parentes os sonhos que tiveram na noite anterior. Apesar do sonho ser um momento em que o indivíduo estabelece uma relação com alteridades diversas, ele pode ser usado pela pessoa mais velha, que o interpreta, para tomar uma decisão sobre algo do cotidiano do grupo que lidera, e assim, por exemplo, contraindicar a saída da aldeia naquele dia.

Um xamã pode sentir-se incomodado com comentários que indiquem haver dúvida em relação às previsões que faz. Pode mesmo sentir-se ofendido, isolar-se das atividades da aldeia ou até mudar-se dela com sua família. Assim, para se preservarem, disse-me um rezador, os xamãs só contam o que sabem quando são procurados ou quando consideram que o interlocutor não irá ofendê-lo. Por isso, dentre as jovens lideranças, aqueles que compartilham das experiências xamânicas dos mais velhos, ouvindo-os e levando a eles suas dúvidas, são elogiados e respeitados.

A desconfiança em relação ao poder xamânico de determinadas pessoas é algo comentado muito discretamente para que não se irrompam conflitos, no entanto, são falas relativamente comuns e fazem parte do cotidiano do coletivo, pois têm seu lugar no fortalecimento e no enfraquecimento de reputações. O que parece preocupar mais aos *karai*, quando ouvem jovens se referindo com desdém às práticas xamânicas, é o afastamento e a consequente interrupção na comunicação com divindades e entidades espirituais. Ou seja, não estão preocupados se as pessoas não declaram adesão incondicional às crenças do coletivo, mas com a suspensão das relações com o conjunto das subjetividades não humanas, em especial com aquelas responsáveis pela continuidade da existência do mundo terrestre — enquanto houver Guarani cantando, o mundo não será destruído, disse-me um jovem em 2007:

> A gente canta na *opy* todo dia para lembrar de *Nhanderu*, para mostrar aos *Nhanderu kuery* [divindades e seres espirituais celestes] que a gente não esqueceu deles. Enquanto *Nhanderu* ouvir a gente cantar, o mundo continua aqui.

Ao viverem como os *juruá*, dizem os Mbya que eles deixam de lado o *teko*, seu "modo de vida" ou "costume". Ou seja, eles vinculam as interrupções da comunicação com os diversos sujeitos do cosmos às práticas dos não indígenas, ao *juruá reko*, a "cultura do branco". É o que observamos na fala de um cacique sobre as mudanças que nota no *tekoa*:

Antes não tinha tanta influência do *juruá*, então a parte da religiosidade era mais forte. Os *xeramoĩ* quando rezavam recebiam alguma revelação ou alguma manifestação divina. Havia um envolvimento mais forte com a parte espiritual. Hoje são poucos os *xeramoĩ* que ainda hoje recebem essa orientação dos outros *xeramoĩ* que já faleceram há muito tempo. Eu acredito que muitas mudanças, hoje, estão ocorrendo porque existem poucos *xeramoĩ* que receberam essa orientação, essa revelação dos antigos. Hoje existem *xeramoĩ* mais novos com influência de muitas coisas da sociedade não indígena, e por isso se criam essas dificuldades hoje. Nas reuniões em que nós participamos dá para perceber que pode, ainda, existir um *xeramoĩ* ou outro que ainda busca a travessia para a Terra sem mal, mas sabem que essa busca é difícil.

Assim, a própria ocupação da plataforma terrestre, *Yvy Rupa*, pelos Mbya ficaria comprometida, pois os *xeramoĩ* dependem das relações que administram com as entidades não humanas para vir a conhecer o local aonde deverão conduzir seus parentes e seguidores. E, uma vez lá, também dependem dessa capacidade para prover o grupo e garantir sua proteção espiritual. Parafraseando Noelli (1993), mas invertendo sua proposição, sem *teko* não há *tataipy*.

«TEKOA»

Em uma visita a uma aldeia no litoral paulista, em 2008, encontrei um jovem casal que conheci no Tekoa Pyau, no bairro do Jaraguá em São Paulo. O rapaz, que à época tinha vinte e poucos anos de idade, não parecia bem, e estava sob os cuidados de um xamã, recebendo tratamento para uma doença espiritual, como disse mais tarde. Passou, por isso, vários dias dormindo na *opy*, "casa de reza", daquela aldeia, saindo de lá apenas eventualmente e somente durante o dia, para as necessidades fisiológicas. Alimentava-se com pouco arroz, cozido sem tempero, além de batata doce, banana e milho, assados numa fogueira próxima ao local onde dormia. Não comia feijão, nem carne. Tinha sempre à mão uma cuia de *ka'a*, "erva-mate", que tomava sempre que sentia vontade.

O xamã que o tratava, um senhor bastante idoso, várias vezes ao dia soprava sobre o rapaz a fumaça de seu grande *petỹgua*, "cachimbo", cheio de fumo de corda esfarelado à mão por uma senhora também idosa e pela esposa do rapaz. Às vezes soprava a fumaça sobre o alto da cabeça e às vezes sobre o peito e as costas, esfregando levemente a mão espalmada sobre os locais onde pareciam concentrar-se dor e uma incômoda pressão.

A jovem esposa do rapaz permaneceu ao seu lado, dia e noite. As conversas na *opy* eram sempre em tom de voz bastante baixo — ele comunicava-se muito pouco, quase sempre era ela quem falava. Antes de partir, nos despedimos e ele disse que ficaria ali mais uns dias, mas que nos encontraríamos novamente no Jaraguá. O casal permaneceu cerca de um mês nessa aldeia e, assim que ele se sentiu forte o suficiente, retornou para o Tekoa Pyau, onde moravam. Após algumas semanas, aproveitei uma oportunidade para perguntar o que havia acontecido. Ele estava reticente e, enfim, disse que preferia não falar do assunto naquele momento, mas disse que um dia falaria.

Pouco mais de três anos depois, circulávamos por algumas áreas da Terra Indígena Jaraguá quando notei sua recusa em passar por uma delas. Ao final da caminhada, ele disse que estava impedido de ir aonde sugeri, pois aquele xamã idoso, que o tratou anos antes, havia lhe recomendado que não voltasse mais a esse local. Mais uma vez silenciou sobre o assunto, retomado apenas alguns meses depois. Foi quando finalmente falou sobre o encontro que tivéramos na aldeia do litoral. Contou que era onde moravam os parentes de sua esposa, sendo o xamã que o tratou um deles. Disse ter passado vários dias dormindo na casa de reza daquela aldeia, de onde saía muito brevemente durante o dia — nunca à noite. Aí recebia alimentação, cuias de erva-mate e tratamento xamânico. Segundo ele, seu problema surgiu porque precisou retirar algumas lascas da casca de uma árvore para fazer um remédio para sua esposa, mas não seguiu o preceito indicado a todos os que tomam algo da mata: pedir permissão a *Nhanderu* e ao dono, *-ja*,[11] antes de realizar essa atividade. O ritual é comum, e se relaciona a diversas ações que impliquem em predação ou que possam ser entendidas como agressão — matar animais na caça, arrancar vegetais na coleta, limpar um terreno com enxada, com a eventual quebra de pedras. O que se busca nesses rituais de súplica é a pacificação da relação, muitas vezes apelando para a generosidade das divindades e/ ou dos donos. Não há uma fórmula única a ser recitada

11. Os *ja* ou "donos" são seres criados pelas divindades celestes para atuarem como cuidadores de seres não humanos, geralmente residentes em seus *tekoa* na mata, como as queixadas, por exemplo — neste caso, trata-se do *koxija*, "dono das queixadas". Eles podem, eventualmente, tomar a forma humana ou daqueles pelos quais zelam. Para explicar como atua essa figura, um xamã comparou-a ao capataz de gado em uma fazenda, diligente com o gado, é protetor, mas não proprietário.

quando se estabelece essa comunicação, mas alguns preceitos devem ser seguidos como, por exemplo, demonstrar respeito ao doador da substância — evitando brincadeiras durante a coleta, não falando alto com outras pessoas —, manter-se concentrado tanto no objetivo daquela ação — a fabricação de remédio — quanto na pessoa para quem o remédio será feito e, antes de tudo, é preciso dirigir o *jerure*, "pedido", a *Nhanderu* e depois ao *-ja*. A pessoa que fará o remédio pode perguntar aos mais velhos de sua família ou mesmo ao xamã principal se é pertinente sua ida à mata para determinada ação ou, ainda, pode ela mesma comunicar-se com as divindades. Em geral, para essa comunicação, fazem uso de tabaco fumado no *petỹgua*, "cachimbo", mas ela também pode ocorrer através dos sonhos.

Enfim, atacado por um agente não humano, o rapaz foi tratado pelo xamã parente de sua esposa: o *opita'i va'e*, "aquele que fuma", sopra a fumaça do *petỹgua*, "cachimbo", sobre o doente, esfregando a mão espalmada sobre o local onde está a doença, ou a dor, e faz a *aspiração* desta, sugando-a até que ela surge em sua boca na forma de algum objeto, sendo então lançada ao fogo.

Ao fim do tratamento o rapaz foi orientado pelo rezador a não mais se aproximar da localidade onde estava a causadora de sua doença — proibição que dizia respeito apenas a ele e não a outros moradores do *tekoa*. Dessa forma, do ponto de vista do rapaz, um novo elemento passou a compor a cosmografia a partir de relações estabelecidas com diversos sujeitos do cosmos, como a divindade, o dono, o espírito da árvore, o curador e os familiares da esposa.

Como vimos a respeito dos *tataipy*, novas ocupações dos espaços na plataforma terrestre também implicam em comunicação com humanos e não humanos. Assim, podemos observar que os conjuntos das relações constituídas por meio de relações de reciprocidade, de dádivas ou de agressões, que extrapolam o espaço local — diferentes aldeias, diferentes esferas do cosmos — são constituintes dos *tekoa*.

Ao falar sobre o que é *tekoa*, Maurício, liderança principal de um núcleo de residências no Jaraguá, recorreu a uma comparação com o modo de vida dos não indígenas, segundo suas reflexões.

> O *tekoa* envolve tudo. É chamado *tekoa* porque tem religião, tem espaço para caçar, tem o espaço para pescar, tem espaço para a planta. É um espaço de vivência guarani. Quando não tem o mato, não tem o rio, não tem nada. Não dá para o índio viver. A gente fala *tekoa* porque tem religião também. Agora, a cidade, porque o *juruá* chama de cidade? Eu fiquei pensando nisso. É porque os *juruá* que vivem em São Paulo, no prédio lá de doze, treze,

quinze famílias, não se conhecem. De um lado mora um, do outro lado mora outro, ninguém se conhece, então lá é totalmente *si*. Por isso é *sidade*, lá está morando o *si*, sozinho. Aqui, não. No *tekoa* envolve comunidade indígena, que mora dentro da aldeia, isso é que é o chamado *tekoa*. Envolve tudo.

Tekoa é uma palavra composta pelo substantivo *eko*,[12] que significa "vida" e "modo de vida" e pelo sufixo indicador de lugar *a*. Dessa forma, *tekoa* pode ser traduzido como "o lugar onde se vive de acordo com o modo de vida [mbya]". É dessa forma que a liderança, na fala acima, expõe as diferenças entre *tekoa* e *sidade*: comparando *juruáreko*, "modo de vida dos não indígenas", e *nhandereko*, "nosso modo de vida". O *si* é a condição própria dos *juruá*, sempre pensando em si, vivendo para si, cada um por si, ignorando e evitando as múltiplas subjetividades que povoam o cosmos, diferentemente de quem vive no *tekoa*, por onde passam e onde se constituem relações com diferentes coletivos, humanos e não humanos.

BIBLIOGRAFIA

CARVALHO, Maria Lucia Brant de. *Das terras dos índios a índios sem terras. O Estado e os Guarani do Oco'y: violência, silêncio e luta.* Tese de Doutorado. São Paulo: USP, 2013.

FUNAI. *Relatório circunstanciado de identificação e delimitação da TI Tenondé Porã.* Brasília: FUNAI, 2010.

_______. *Relatório circunstanciado de identificação e delimitação da TI Jaraguá.* Brasília: FUNAI, 2011.

GARLET, Ivori José. *Mobilidade mbya: história e significação.* Dissertação de Mestrado. Porto Alegre: PUC-RS, 1997.

LADEIRA, Maria Inês. *O caminhar sob a luz: o território mbya à beira do oceano.* Dissertação de Mestrado. São Paulo: PUC-SP, 1992.

_______. *Espaço geográfico guarani-mbya: significado, constituição e uso.* Tese de Doutorado. São Paulo: FFLCH-USP, 2001.

MACEDO, Valéria Mendonça de. *Nexos da diferença. Cultura e afecção em uma aldeia guarani na Serra do Mar.* Tese de Doutorado. São Paulo: PPGAS-USP, 2009

NIMUENDAJÚ, Curt Unkel. *As lendas da criação e da destruição do mundo como fundamentos da religião dos Apapocuva-guarani.* São Paulo: Hucitec/ Edusp, 1987 [1914].

NOELLI, Francisco Silva. *Sem tekoha não há tekó: em busca de um modelo etnoarqueológico da aldeia e da subsistência Guarani e sua aplicação a uma área de domínio no delta do Jacuí-RS.* Dissertação de Mestrado. Porto Alegre: PUC-RS, 1993.

NOGUEIRA DA SILVA, Fabio de O. *Elementos de etnografia mbya: lideranças e grupos familiares na aldeia Tekoá Pyaú (Jaraguá – São Paulo, SP).* Dissertação de Mestrado. São Paulo: PPGAS-USP, 2008.

12. O vocábulo *–eko* também pode ser um verbo, significando "andar" e "viver".

________. *Do Tekoa Pyau à nova aldeia: sujeitos em movimento na produção do espaço local.* Tese de Doutorado. São Paulo: PPGAS-USP, 2015.

PISSOLATO, Elizabeth de Paula. *A duração da pessoa: mobilidade, parentesco e xamanismo mbya (guarani).* Tese de Doutorado. Rio de Janeiro: PPGAS-Museu Nacional, 2006.

PEREIRA, Sandra de Castro. *Os loteamentos clandestinos no distrito do Jaraguá (SP): moradia e especulação.* Dissertação de Mestrado. São Paulo: USP, 2006.

SCHADEN, Egon. *Aspectos Fundamentais da cultura guarani.* São Paulo: Epu/ Edusp, 1974 [1954].

TESTA, Adriana Queiroz. *Caminhos de saberes guarani mbya: modos de criar, crescer e comunicar.* Tese de Doutorado. São Paulo: PPGAS-USP, 2014.

Os Guarani pedem licença aos donos espíritos para entrar na floresta, para derrubar uma árvore, para matar um animal. Uma metáfora muito forte da apropriação violenta e indevida desses domínios pelos brancos é o fato de que agora os juruá *dizem que é obrigatório pedir licença ao Ibama e outros segmentos do governo...*

VANESSA LEA

Mundéu do mundo

Predação e troca em relações entre os Guarani e os «juruá»

VALÉRIA MACEDO*

A maioria do que aprendi com os Guarani se deu na Terra Indígena Rio Silveira — que fica no litoral norte paulista, entre Bertioga e São Sebastião, cujos moradores são Guarani Mbya e Tupi — e mais recentemente na Terra Indígena Jaraguá — na capital paulista e de maioria Mbya. Esse texto é uma tentativa de compartilhar um pouco desse aprendizado, particularmente sobre relações com os brancos, os *juruá*, e como essas relações fazem parte da engrenagem de um mundo em que o outro é fonte potencial de capturas, incorporações, transformações. Um mundo povoado por onças desde os tempos primordiais e hoje dominado pelos *juruá*.

Os leitores para os quais escrevi esse texto não são necessariamente antropólogos, por isso tentei evitar uma linguagem demasiadamente acadêmica, apesar da centralidade do tema que busco enfrentar nas reflexões recentes de diversos antropólogos que trabalham junto a populações indígenas na América do Sul.[1] Esse tema diz respeito à predação como modalidade de relação pautada pela captura e incorporação do outro, em que corpos são indissociáveis de capacidades subjetivas. Os antropólogos vêm aprendendo com os indígenas como a caça e a predação podem ser uma importante referência para se pensar outras relações pautadas pela diferença, como aquelas com possíveis cunhados ou sogros, ou com os brancos e outros povos, ou ainda com outros seres invisíveis e visíveis que povoam o universo.

*. Docente na área de antropologia do Departamento de Ciências Sociais da Universidade Federal de São Paulo e pesquisadora colaboradora no CESTA-USP.

1. Aqui há que se destacar as importantes sínteses teóricas de Viveiros de Castro (2002) e seus desdobramentos na etnologia contemporânea.

Alguns Guarani me ensinaram que onça na mata deve ser chamada de *xeramõi*, termo de tratamento dedicado aos avós, incluindo aqueles com poderes de transformação, cura, ou morte, e visão ilimitada. Predador mais respeitado e temido, a onça pode devorar corpos ou então se assenhorar deles, de modo que a vítima passe a perceber e agir no mundo como onça. *Ojepotá* é o modo como os Guarani chamam aquele que sofreu uma transformação por ter os afetos do corpo dominados por uma onça ou outro animal, como sapo, peixe, anta, ou ainda árvores e outros seres. A pessoa que *ojepotá* passa a experimentar o mundo como o dono animal, ou de outros domínios da terra, que capturou ou afugentou sua alma.[2]

A predação é, portanto, um modo de falar da ação de um sujeito sobre outro, incorrendo na morte ou em outras formas de alteração, como um caçador que captura uma presa e a mata ou domestica, ou um guerreiro que mata o outro ou faz dele prisioneiro, ou um espírito que mata ou adoece sua vítima. Seja como for, tanto aquele que é o sujeito da ação como aquele que é sujeitado à ação do outro podem sofrer transformações em seu modo de experimentar o mundo, ou um mundo outro pode se desdobrar da pessoa que se transformou.

É certo que a predação não é o único modo de se relacionar pela diferença, havendo trocas e relações que não envolvem caça, guerra, feitiçaria ou outras formas de conflito e transformação. Mas, particularmente nas relações com os brancos, diversos trabalhos em antropologia vêm tematizando a relevância da predação na conceituação dessas relações entre povos indígenas, em que a condição de sujeito vincula-se à busca de se evitar a posição de presa. Ainda assim, são inúmeros os modos como cada população busca lidar com a potência predatória dos brancos, fazendo suas escolhas a partir das possibilidades postas nas diferentes conjunturas que enfrenta.

Esse texto resulta, portanto, não apenas do que aprendi com os Guarani, mas também do que aprendi com outros antropólogos que aprenderam com outros povos indígenas. Muitas seriam as possibilidades para um exercício comparativo, mas selecionei dois trabalhos por apontarem direções inversas no modo como seus respectivos interlocutores indígenas lidam com as coisas e capacidades subjetivas dos brancos. A próxima seção do texto se volta assim para o trabalho

2. Muitos antropólogos escreveram sobre o *jepotá*, desde Schaden até autores contemporâneos, como Pereira (2014); Ramo y Affonso (2014); Macedo (2013); Pierri (2013); Henrich (2011); Mendes Junior (2009); Pissolato (2007); Mello (2006) etc.

de Cesar Gordon junto aos Xikrin, no Pará, e de Oiara Bonilla junto aos Paumari, no Amazonas. Já a última seção é dedicada aos Guarani Mbya na Serra do Mar e planalto paulista, os quais me parecem apontar para uma terceira direção em relação a esse tema.[3]

Precisarei sintetizar ao máximo as ideias dos dois autores com os quais irei dialogar, assim como não poderei expressar a complexidade do pensamento e das experiências de meus interlocutores guarani mbya em profundidade. Mas a intenção é que o texto possa servir como ponto de partida para outras comparações de maior alcance. Antecipando o argumento central da comparação, entre os Xikrin, de acordo com Gordon (2006), o consumo intenso de mercadorias produzidas e patrocinadas pelos brancos vem sendo um modo de predar os brancos e incorporar suas capacidades transformativas. Já entre os Paumari, seguindo com Bonilla (2005; 2007), os não indígenas são fonte de mercadorias e favores, mas também de perigos e adversidades, de modo que um modo de controlar a voracidade predatória dos brancos é sujeitar-se à sua domesticação, colocando-se como seus empregados e afilhados. No exercício comparativo proposto neste texto, a aposta é de que a ênfase entre os Guarani Mbya vem sendo na busca de assegurar a condição de sujeito por meio de uma recusa em estabilizar-se tanto na posição de presa, ou ser domesticado, como na de predador, em que o desafio das relações com os brancos é não deixar-se capturar, promovendo capturas parciais e circulando nas redes sem ser enredado.

Recusando qualquer tipologização entre esses povos, cabe aqui enfatizar que se tratam de diferentes ênfases, já que a instabilidade e alternância nas posições de predador e presa, ou de sujeito da ação e sujeitado à ação de outro, é uma constante no universo relacional ameríndio.

DE PROVEDORES E PREDADORES

Há pessoas que associam o interesse dos indígenas por produtos industrializados com uma suposta perda cultural, como se estivessem deixando de ser indígenas. Em sentido inverso, os autores com quem este texto busca dialogar procuram entender a relação com os brancos

3. Não há espaço aqui para discorrer sobre outros trabalhos fundamentais nos debates que articulam predação, comensalidade, parentesco e alteridade na etnologia americanista contemporânea, tais como Lima (1996, 2005); Vilaça (1998, 2007, 2008); Viveiros de Castro (2002); Fausto (2002, 2008); Sztutman (2012); Costa (2013), entre outros.

e suas mercadorias a partir dos significados específicos e experiências singulares de seus interlocutores indígenas. Como apontado pelo antropólogo americano Marshall Sahlins (1997, p. 62), a tradição, ou a cultura, não é um modo de permanecer o mesmo a despeito das mudanças, mas um modo específico de se transformar.

Cesar Gordon (2006) escreveu seu trabalho a partir de sua experiência com os Xikrin, que vivem nas Terras Indígenas Cateté e Trincheira Bacajá, no estado do Pará. Os Xikrin somam em torno de duas mil pessoas falantes da família linguística jê e fazem parte do conjunto de populações mais conhecidas como Kayapó, mas que chamam a si mesmas de Mebêngôkre. Na história recente, os Xikrin acabaram tendo difundida uma imagem de serem um povo muito ávido por mercadorias. No trabalho de Gordon, as relações marcadas pela predação forneceram um caminho para a compreensão desse suposto consumismo a partir do pensamento e da história xikrin.

Entre os povos indígenas, as histórias sobre o começo do mundo costumam ser uma importante fonte de conhecimento sobre o porquê das coisas serem como são. Uma dessas narrativas conta como os Xikrin, inicialmente pacíficos, se transformaram em um povo guerreiro. Os Xikrin eram presa fácil do grande gavião Àkti, que os levava para seu ninho e depois os devorava. Dois meninos foram então escolhidos para vingar as mortes e matarem o gavião. Eles cresceram muito fortes e se tornaram grandes caçadores. Conseguiram abater a ave e com suas penas fizeram o primeiro cocar que existiu. Sopraram as outras penas e elas se transformaram nos pássaros que existem hoje (Gordon, 2006, p. 213–4).

Os enfeites de penas usados nas festas nos dias de hoje são chamados de 'roupas de ave' na língua dos Xikrin, assim como a palavra usada para 'dança' e 'festa' é a mesma que 'voo'. Nessas ocasiões, eles revivem a transformação em Àkti, deixando de estar no mundo na condição de presa e tornando-se eles mesmos sujeitos da ação, ao apropriarem-se dos instrumentos da ação predatória do gavião e criando as aves.

Gordon destaca duas palavras usadas pelos Xikrin: *uabô* e *àkrê*, sendo *uabô* o estado potencial de presa e *àkrê* a ferocidade da predação. Nas relações entre parentes, dizem os Xikrin que deve predominar a condição *uabô*, evitando a agressividade. Já na guerra e outras relações de inimizade, a condição de *àkrê* garante a posição de sujeito na relação com um outro.

Até meados do século passado, nas relações com os *kuben*, os brancos, predominava o estado *àkrê*. Mas, ao comentarem a história do contato, os Xikrin reconhecem uma inflexão para o estado *uabô* nas relações com o Estado brasileiro, amenizando sua disposição geral para a guerra. A chamada "pacificação" teve como estratégia do governo o fornecimento de grandes quantidades de mercadorias, das quais os Xikrin foram ficando cada vez mais dependentes. Mas, após a "pacificação", o afluxo de mercadorias diminuiu, ao passo que aumentou a presença de madeireiros e garimpeiros ilegais em suas terras.

Ocorre que as terras xikrin incidem na região de impacto da atividade mineradora na Serra do Carajás, explorada pela Companhia Vale do Rio Doce. Como compensação por esses impactos, nos anos 1980 foi firmado um convênio de assistência entre os Xikrin e a Vale, de modo que os Xikrin passaram a ter acesso a um volume crescente de recursos financeiros, incorrendo no consumo crescente de mercadorias. As relações com a empresa são sempre tensionadas por novas solicitações de dinheiro e serviços por parte dos Xikrin.

O argumento de Gordon é que essa postura de querer sempre mais traz consigo uma busca de ocupar a posição de *àkrê* na relação com os *kuben*, invertendo a pacificação imposta pelo Estado. Apropriar-se de dinheiro e mercadorias é assim um modo de incorporar capacidades e subjetividades *kuben*, com seus poderes criativos e destrutivos. Isso não quer dizer que tenham se transformado em brancos, como alegam muitos, pois o consumo das mercadorias possui significados próprios ao universo xikrin. Como destaca o autor, é preciso continuar virando *àkrê* para ser xikrin. Entretanto, assim como o dinheiro, a força do Grande Gavião Àkti não é apenas criativa. "Ela guarda um componente caótico, virtualmente desmesurado e destrutivo, que pode aniquilar a humanidade xikrin" (Gordon, 2006, p. 410).

A relação entre mercadorias e predação é também observada por Oiara Bonilla, em seu trabalho com os Paumari, que vivem às margens do médio rio Purus, ao sul do Amazonas. Sua língua é o arawá e eles também somam algo próximo de duas mil pessoas, contingente próximo aos Xikrin. Mas a história do contato com os brancos é mais antiga e diferente na experiência desse povo. Enquanto entre os Xikrin o órgão indigenista oficial foi um mediador importante na chamada *pacificação*, ou seja, na substituição de relações de inimizade por um contato pacífico com os brancos a partir de meados do século

XX, os Paumari se viram imersos no sistema de exploração da borracha para exportação desde o final do século XIX.

Nesse período, os seringais na região habitada pelos Paumari passaram a ser uma fonte de lucro para os brancos, que vieram de outras regiões e se tornaram donos das terras. Eles eram também donos das mercadorias, e assim buscavam se tornar donos das pessoas. Ao perderem suas terras, os Paumari se viram obrigados a trabalharem na extração da borracha, de modo que os brancos converteram-se em patrões. Mas a remuneração era tão baixa que precisavam contrair dívidas para consumir os produtos que os brancos vendiam nos barracões. Nesse sistema, a melhor alternativa era ser apadrinhado pelos patrões, pois como afilhados podiam receber mais favores e era menos provável que fossem vítimas de sua violência.

Mesmo após o final do sistema de aviamento e com o reconhecimento das Terras Indígenas, Bonilla observa que os Paumari mantiveram a forte tendência de buscar converter as relações com os brancos, com outras populações indígenas e mesmo com parentes distantes em relação comercial. Mesmo nas narrativas sobre os espíritos-animais há aqueles que são empregados e os que são patrões (2005, p. 47).

A autora reconhece entre os Paumari uma transformação do modelo em que a posição de predador é associada à de sujeito na relação, como é o caso dos Xikrin. Os Paumari não costumam se ver na posição de predador, mas buscam uma alternativa para não ocuparem a posição de presa, que é a de ser domesticável em relação aos brancos. Tal posição pode ser experimentada em duas modalidades, como freguês e como empregado. O freguês é aquele que deve pagar ou se endividar para consumir, enquanto o vínculo entre patrão e empregado é muito mais amplo, incluindo acesso a coisas, cuidados e favores. Servir a um patrão é, dessa forma, estar sob sua proteção e ser alimentado direta ou indiretamente por ele. Ser alimentado pelo Outro é aqui uma forma de escapar à condição de ser seu alimento. Nas palavras de Bonilla: "Do ponto de vista da presa, a alternativa é a morte, a devoração ou a domesticação [a familiarização por seus predadores], assim como, no contexto comercial, a alternativa para os Paumari é serem fregueses ou serem empregados. E, neste contexto, parecem claramente preferir a segunda opção" (2005, p. 56). Mas a autora destaca que isso não significa uma renúncia à posição de agente, ou de sujeito. Ao contrário, os Paumari buscam deslocar aqueles que ocupam a posição de predador potencial para a de patrão domesticador, de forma que o patrão lhes deva cuidados e atenções.

Assim, tanto os Paumari como os Xikrin não são vítimas passivas dos brancos, buscando enfrentar a violência do contato de seu modo, dando sentido a essas experiências a partir de seus respectivos universos de significação. A relação com as mercadorias não significa, portanto, sucumbir ao mundo dos brancos, e sim um modo de agenciar os brancos como provedores de favores e de coisas, seja predando-os como escolheram os Xikrin, seja controlando sua potência predatória ao posicionarem-se como seres domesticáveis como fizeram os Paumari. Cada qual nas conjunturas específicas que enfrentam, cada qual com as escolhas e os sentidos que constroem para elas. Seja como for, tais posições nunca se encontram estabilizadas, e os Xikrin também reconhecem que a construção do parentesco e de alianças implica o controle da predação. A incorporação do mundo dos brancos e seus poderes transformativos traz consigo um potencial destrutivo, que pode aniquilar as capacidades criativas de impor-se como sujeito de um mundo próprio.

O NÃO SE ACOSTUMAR

A história que os Guarani Mbya mais gostam de contar é de um tempo em que ainda não havia *juruá*, e uma gente-onça originária andava pela terra. *Nhanderu Papa Tenonde* vivia aqui, mas se desentendeu com sua esposa e partiu para uma morada celeste. Ela estava grávida e foi atrás do marido, seguindo as orientações do caminho dadas por seu filho dentro da barriga. Mas eles também se desentenderam e ela pegou o caminho errado, indo parar na casa das onças, que a devoraram. As onças não conseguiram comer seu filho *Kuaray*, o Sol, que foi então adotado pela onça mais velha. Mais tarde *Kuaray* fez um irmão, *Jaxy*, a Lua, para fazer-lhe companhia. Ambos caçavam borboletas e, certa vez, desobedeceram a avó-onça, que havia lhes proibido de ir a uma certa região. Ali estavam prestes a flechar um papagaio, quando este lhe contou o que se passara com sua mae. Os irmãos resolveram então se vingar da avó e de seus tios onças, buscando acabar com essa espécie de gente. Fizeram mundéus para capturá-las e depois uma falsa ponte para afogar as que restaram. Contudo, *Jaxy* fez um sinal antes da hora, e eles viraram a ponte sem que uma onça grávida tivesse iniciado a travessia. Ela sobreviveu e teve filhos com o filho, de modo que a predação seguiu imperando no mundo.

Essa é uma das versões mbya para uma história que também é contada, com muitas variações, por outras populações guarani e por inúmeros povos na América indígena.[4] Trata-se da saga de irmãos que alternam posições de vítimas e de agentes de capturas, mortes e transformações. Como dizem os Guarani sobre a história de *Kuaray* e *Jaxy*, tais narrativas contam como as coisas e as gentes vieram a ser como são hoje. Os Paumari figuram entre esses povos que contam a história de irmãos cuja mãe é devorada pelas onças e eles sobrevivem quando ainda estavam em sua barriga. Mas eles eram em sete, e nascem sob a forma de papagaios. Assim como *Kuaray* e *Jaxy* na história guarani, os irmãos na história paumari afogam as onças para se vingarem, mas poupam a onça velha que os criara.[5]

Assim como os irmãos nas narrativas guarani e paumari foram capturados e domesticados pelas onças, a história dos primeiros ancestrais xikrin conta que eram presas do grande gavião. Em todos esses casos, a posição de predador é ocupada pelo outro e depois revertida, num enredo em que a vingança mobiliza potências destrutivas e criativas. Na narrativa xikrin, os ancestrais convertem o gavião em presa e, a partir de suas penas, fazem dos pássaros suas criações. Os irmãos *Kuaray* e *Jaxy* também passam de presas ou seres domesticados para predadores ou caçadores das onças. A instabilidade dessas posições, tematizada nas histórias, é também experimentada em diferentes dimensões relacionais na vida entre essas populações.

Na narrativa mbya, particularmente, as capturas não se efetivam plenamente. *Kuaray* não se deixa devorar pelas onças, como ocorre com sua mãe, tampouco se sujeita à domesticação por muito tempo. Mas, se ele não se fixa na posição de presa, tampouco se encaixa plenamente à de predador. Ele caçava borboletas, seres quase desprovidos de carne, que transitam pelo mundo e têm uma vida breve. O Sol também acaba não flechando o papagaio e as onças são derrubadas na ponte ou capturadas em mundéus — feitos de sabugo de milho, segundo uma versão —, não sendo caçadas com armas ou consumidas. Nesse sentido, é importante o apontamento de Flávia Mello (2006, p. 229) de que os caçadores guarani se valem sobretudo de mundéus como armadilhas, alegando que o animal só é preso quando o dono-espírito já o deu para o caçador. A autora também comenta que essa técnica permite neutralizar os perigos advindos do sangue da

4. A esse respeito, ver Lévi-Strauss (1993).
5. Para um relato detalhado, ver Bonilla (2007).

caça. Mesmo entre aqueles que usam arco e flecha para caçar pássaros, tomam todo cuidado para que o sangue da presa não entre em contato com o corpo do caçador. Assim, a captura pelo mundéu é antes uma permuta, em que o dono-espírito concorda em dar algo de si por meio do animal.

Em sentido próximo, Bonilla (2007) comenta que, segundo os Paumari, o animal predado vê sua carne a ser consumida como algo dado ou permutado. Por exemplo, o que o pescador vê como um peixe é uma esteira do ponto de vista do pirarucu que está sendo pescado. Assim, parece haver uma ênfase, tanto no caso paumari como entre os Guarani Mbya, em amenizar ou neutralizar os perigos da predação.

Vimos como as oscilações de posição entre presa e predador são exercitadas nas respectivas sagas dos irmãos versus as onças, ou gavião, nos tempos primordiais. Contudo, ao longo de suas histórias do contato, me parece que tais povos vêm priorizando diferentes maneiras de lidar com a predação dos brancos. Enquanto os Paumari têm buscado assegurar a proteção de patrões, em alternativa à sua inimizade voraz, os Guarani Mbya têm priorizado a recusa à posição de empregados, privilegiando o comércio e outras formas de troca cujos vínculos sejam instáveis.

Pesquisas históricas e antropológicas[6] sugerem que os Mbya estiveram entre as populações guarani que se recusaram a viver nas missões jesuíticas desde o período colonial, sendo por isso chamados de *ka'agua*, "gente da mata", em muitos registros. Como aponta Pimentel (2012) e autores com os quais dialoga, tal recusa ao missionamento não significava, porém, ausência de relações e trocas com as missões.

Já no início do século XX, com a criação do Serviço de Proteção aos Índios (SPI), órgão oficial que antecedeu a FUNAI, Curt Nimuendajú (1914) comenta a dificuldade de agrupar e fixar os Guarani em reservas indígenas, pois eles se recusavam a ir ou então logo fugiam. Sob o jugo dos brancos, o confinamento era fortemente associado a seu efeito definhante e patogênico. Nas décadas seguintes, Ladeira e Azanha (1988) estão entre os autores que destacam como as migrações guarani para a Serra do Mar foram motivadas — além da busca por *yvy marã e'ỹ*, a terra imperecível dos imortais — por ameaças e violência de fazendeiros, posseiros e da própria FUNAI na região sul do Brasil, que

6. A exemplo de Schaden (1974); Monteiro (1992); Ladeira (2007); Pimentel (2012), entre outros.

seguia com o propósito do SPI de confiná-los em postos e reservas indígenas.

Na Serra do Mar, muitas das terras ocupadas pelos Mbya não tinham titulação, ou o título estava em disputa, mas havia supostos donos que viviam longe e *deixavam* que os indígenas vivessem ali como modo de garantir a posse contra outros que poderiam reivindicá-la. Nos anos 1980, com o processo de reconhecimento das Terras Indígenas no estado de São Paulo, os próprios Guarani passaram a disputar com esses supostos donos. Nesse contexto, os apoiadores dos Guarani comentavam as dificuldades de convencê-los a ficar em uma terra que estava sendo disputada, pois ela deixava de ser um lugar bom para se viver. A esse respeito, Ladeira e Azanha (1988, p. 35), membros do Centro de Trabalho Indigenista (CTI), destacaram que a circunscrição das terras e sua titulação eram percebidas entre os Mbya como uma deformação de seu mundo, já que impedem a livre circulação e a formação de novas aldeias.

Nos dias de hoje, a sensação de acuamento pelo crescimento das cidades e a multiplicação dos *juruá* no entorno das aldeias é algo sempre enunciado pelos Guarani. Dada a exiguidade crescente de terras, os Guarani têm se engajado cada vez mais na luta por seus direitos fundiários, tendo a Comissão Guarani Yvyrupa como uma importante frente de atuação nas regiões Sul e Sudeste.[7] Seja como for, o confinamento das cercas *juruá* não impede a intensa circulação de pessoas e conhecimentos entre as aldeias.

Para além da questão territorial, a recusa de estar sob o controle dos *juruá* também se observa nas relações de trabalho. Hoje em dia há muitos postos assalariados nas aldeias, sobretudo na área de educação e de saúde. Mas é bastante raro o trabalho sistemático fora das aldeias. Alguns amigos guarani me dizem que não adianta dizer *vou trabalhar!* e ir para a cidade, pois acabam não se acostumando, não se sentem bem e logo desistem. Nesses comentários, usam com frequência a expressão *ndovy'ai*, que é forma negativada do alegrar-se, *vy'a*, traduzindo-a em tais contextos como "não se acostumar". Aqui, não se acostumar, ou não se alegrar, diz respeito a um não se sujeitar.

Hoje em dia os empregos na aldeia, as aposentadorias e os recursos advindos de projetos ou programas de transferência de renda consti-

7. A esse respeito, ver artigos de Marcos Tupã, Pierri e Ladeira neste volume, além do texto de apresentação de Macedo e Gallois. Já entre os Guarani no Mato Grosso do Sul, ver os artigos de Pimentel, Pereira e Benites.

tuem as principais fontes de recursos. Mas essa é uma conjuntura posterior à Constituição de 1988. Ao longo do século XX, as incursões às cidades e rodovias para receber doações e fazer comércio com os brancos sempre se apresentaram como contrapartida à recusa dos Guarani Mbya em estar sob o domínio de um dono ou patrão *juruá* na maioria das aldeias no estado de São Paulo.

Já nos anos 1940, Schaden (1954) comenta as frequentes incursões de famílias mbya, muitas recém-chegadas, nas aldeias da Serra do Mar às cidades e vilas da região, onde vendiam artesanato, angariavam doações ou compravam produtos. Nos dias de hoje o comércio de artesanato e plantas segue intenso em muitas aldeias próximas a rodovias e centros urbanos. A esse comércio, somam-se apresentações públicas de corais de crianças e jovens, produção de CDs com esse repertório musical e palestras.[8]

Os fregueses *juruá* são via de regra anônimos, que param nos acostamentos das rodovias, ou nas feiras e praças. Não há, portanto, nesses casos, apadrinhamento ou vínculos mais duradouros. Ao comprarem produtos nas cidades, os Guarani também se colocam como fregueses dos brancos. E parecem preferir, diferentemente dos Paumari, essa posição a de empregados. A alternativa à posição de presa não parece ser, para os Guarani, a posição de ser domesticado. Ausente a posição de patrão, o jogo é marcado pela oscilação de posições, com capturas parciais de ambos os lados.

Já no mundo dos projetos, cada vez mais presente em muitas aldeias, há entre os Guarani um imenso interesse em captar recursos e relações por meio de parcerias com não indígenas no setor público, não governamental e privado. Mas o desenvolvimento dessas iniciativas muitas vezes acaba frustrando os chamados parceiros *juruá* no que diz respeito ao cumprimento de cronogramas, distribuição e uso dos recursos, apresentação de produtos e indicadores etc. Os Guarani sempre encontram formas de não se submeterem aos condicionantes burocráticos e pragmáticos dos projetos, de modo a posicionarem os *juruá* como provedores, mas não como domesticadores ou predadores. Tanto é que muitos 'parceiros' desenvolvem ações paralelas ou complementares que poderiam surtir maiores efeitos se articuladas, mas os Guarani muitas vezes parecem evitar essa articulação, preferindo manter a atomização de iniciativas. Nesse aspecto, parece haver uma proximidade com o investimento dos Xikrin em incorporarem coisas

8. Sobre o tema, ver Macedo, 2012.

e relações com os brancos para se diferenciarem deles, assim como promoverem diferenciações internas ao grupo, se valendo de recursos financeiros ou de outra ordem como poderes distintivos. Tanto os Xikrin como os Mbya buscam posicionar os brancos como provedores, mas o manejo dessas relações deve evitar que tal posição incorra em controle ou domesticação. Ambas populações, no entanto, recorrem a diferentes estratégias, sendo a esquiva predominante entre os Mbya e o ataque predominante entre os Xikrin. Não por acaso, a preparação dos corpos dos *xondaro* — como chamam aqueles que definem como guerreiros, guardiões e mensageiros nas aldeias — se dá por meio de danças e treinamento físico que enfatizam a esquiva, não se deixando capturar.[9]

Os Guarani Mbya não buscam nos brancos a figura do patrão, contudo, há busca por relações de apadrinhamento com vistas a posicionar os brancos como provedores e aliados, sem que isso implique poder de mando e controle. Nos *nhemongarai* — rituais que os Guarani traduzem como batismo — que presenciei no Silveira, em várias ocasiões houve o convite para que um não indígena seja padrinho e ou madrinha de uma criança mbya. Mas os padrinhos não exercem qualquer controle sobre as crianças, devendo apenas serem responsáveis pelo provimento de recursos em caso de necessidade. Igualmente comum — tanto no Silveira como na aldeia Pyau, no Jaraguá — é que um *juruá* se torne afilhado de um *xeramõi*, ao receber dele um nome no ritual de batismo, passando a ser também responsável por apoios financeiros e de outras ordens. A despeito da mudança de posição, de padrinho a afilhado, a assimetria se dá no mesmo sentido, de modo a conferir aos *juruá* a posição de provedores, mas não de controladores.

Seja como for, o comércio com os brancos, os projetos com os brancos e o consumo das coisas dos brancos não costumam ser acompanhados da comensalidade com os brancos, ou seja, do comer junto e viver junto com *juruá*. Na maior parte das aldeias mbya, o casamento com não indígena é controverso e raro. Assim como não gostam de ter patrão *juruá*, os Mbya em geral não gostam de ter cunhado, genro ou sogro *juruá*.[10]

---

9. A esse respeito, ver publicação sobre os xondaro feita por pesquisadores guarani, em CTI (2013); ver também Montardo (2009).

10. Há casos de *juruá* que se tornam grandes amigos e aliados, os quais passam a frequentar a aldeia, participando de atividades cotidianas e cerimoniais. Como aponta Pereira (2014), há aqui um investimento de domesticação de corpos-afetos visando sua *guaranização*, ou a construção de um parentesco que, contudo, jamais chega

Uma das alegações mais recorrentes que ouvi para a proibição ou ressalva de casamentos e geração de filhos com *juruá* é que os anjos não combinam. "Anjos" é o modo como muitas vezes traduzem para o português o *nhe'ẽ*, que Cadogan (1959) traduziu como "alma-palavra". Como os anjos não combinam, seu encontro pode ter como efeito o enfraquecimento de um deles, podendo até adoecê-lo ou matá-lo.[11] Isso também pode acontecer com alguém próximo ao casal, ou com os filhos que vierem a ter. O *nhe'ẽ porã* de um mbya não se acostuma com *juruá*, por isso se afasta e deixa a pessoa suscetível a adoecimentos e adversidades. Por essa razão, em muitas *opy* a presença de *juruá* é evitada, pois afasta os *nhe'ẽ* e enfraquece as rezas e curas.

A incompatibilidade do *nhe'ẽ* dos Guarani e os *juruá* também é formulada quando comentam que aquilo que fortalece um tipo de corpo pode enfraquecer o outro.[12] Por exemplo, o *petỹgua*, "cachimbo", é crucial para o fortalecimento dos Guarani, já que a fumaça enreda os corpos, criando uma malha de proteção contra agentes que causam doenças, assim como abrindo caminhos para a comunicação entre aqueles que estão distantes, mas conectados, como os parentes espalhados nas aldeias guarani e os habitantes imortais das aldeias celestes. Muitos médicos e enfermeiros, no entanto, alegam que o cachimbo faz mal para a saúde. Os Guarani com quem conversei não duvidam que a fumaça possa fazer mal e enfraquecer os corpos *juruá*. O que os profissionais da saúde não conseguem entender é que esse efeito é inverso nos corpos guarani (Macedo, 2014).[13]

Assim como o *petỹgua* fortalece, a comida dos *juruá* deixa o corpo dos Guarani mais fraco. Isso não quer dizer que não apreciem e consumam as comidas industrializadas, mas os Guarani sabem e dizem de suas implicações nos afetos do corpo. Assim como para que a caça seja consumida é preciso desagenciar a carne da presa

---

a termo. Pereira frequentou uma das poucas aldeias de maioria mbya em que há incidência significativa de casamentos com não indígenas, a qual localizava-se em Niterói, mas cujos moradores mudaram-se para Maricá, no Rio de Janeiro. Ali a questão da familiarização com *juruá* se coloca de modo mais acentuado e gera controvérsia nas redes mbya de parentes dispersos nas aldeias.

11. Há também implicações relativas à mistura de sangue, tematizadas por exemplo por Heurich (2010) e Pierri (2014).

12. Não há espaço aqui para discorrer sobre concepções de corpo entre os Guarani. A esse respeito, ver por ex. Pissolato (2007); Macedo (2013); Pierri (2013); Ramo (2014) etc.

13. Uma argumentação muito próxima a essa foi relatada por Peter Gow entre os Piro e analisada por Viveiros de Castro (2002), no que diz respeito ao efeito da água fervida em diferentes corpos.

por meio da fumaça do *petÿgua* e outros recursos, o preparo e as condições de consumo da comida vinda dos *juruá* pode fazer dela comida de parentes, *nhande kuery*, "da gente".[14] De modo que mais perigoso do que a comida dos brancos é comer com os brancos ou como os brancos. Nesse sentido, certa vez ouvi de um senhor que estava almoçando no meio da tarde com seus parentes em uma área comum a várias casas no Tekoa Pyau, aldeia no Jaraguá, em São Paulo, que quem tem hora para comer é empresário e empregado.

Por sua vez, se voltarmos às histórias mbya do começo do mundo, Pierri (2013) apresenta várias delas sobre a origem dos *juruá*. Uma dessas narrativas conta como os animais domésticos, como porcos, vacas e patos, eram *juruá* nos tempos primordiais. Também ouvi diversas histórias sobre o surgimento dos brancos, e uma delas conta que os Guarani surgiram do sopro de *Nhanderu*, junto com a erva-mate, enquanto os *juruá* nascem do sopro de *Anhã*, junto com animais de criação como porcos e ovelhas (Macedo, 2009). Esse primeiro *juruá* plantou uma grande árvore e nela criaram-se muitas lagartas, as quais vêm ao mundo em forma de *juruá*. Por isso um dos nomes usados para os *juruá* nas falas na *opy*, a "casa de reza", é *mbiikue*, "os que vieram das lagartas". Esses seres devoram tudo o que encontram e se proliferam como pragas. Por serem tão numerosos, os brancos são também chamados de *hetava'e kuery*, "os muitos".

Uma outra história que ouvi conta o porquê dos brancos serem muitos. Diz-se que *Nhanderu* pediu para o primeiro *juruá* e o primeiro guarani escolherem entre o *petÿgua* e um saco de dinheiro. O guarani ficou com o *petÿgua* para poder se comunicar com *Nhanderu*, e o *juruá* ficou com o dinheiro para possuir, consumir e acumular coisas. Por isso os brancos são tão poderosos e numerosos nesta terra, mas seu domínio está restrito a ela, já que não têm acesso às aldeias celestes dos imortais como aqueles que escolheram o *petÿgua* (Macedo, 2009; 2014).

Assim, essa escolha primordial estabelece a posição de *Nhanderu* como provedor e dono dos Guarani nessa terra — sendo *Nhandeja* ou *Nhandejara*, 'Nosso dono', um modo alternativo de referir-se a *Nhanderu*. Nessa direção, Pereira (2014) aponta que, entre os Mbya, a recusa de ocupar a posição de presa nas relações com os *juruá* passa

14. A esse respeito, ver o relato de Pereira, 2014, p. 47ss. Para um aprofundamento do debate sobre comensalidade, alteridade e parentesco na etnologia contemporânea, ver autores mencionados na nota 3.

por se posicionar como *mymba*, "ser domesticado", de *Nhanderu*, buscando motivar ações de seu dono por meio do *petÿgua*, da vida da *opy* e de práticas de conhecimento que buscam imitar a vida nas aldeias celestes. Contudo, como argumentado por Pierri (2013), tal imitação é sempre uma transformação, dada a condição perecível, *tekoaxy*, das pessoas nesta terra, sendo esse um mote das relações entre homens e divindades guarani.

Uma versão alternativa da história sobre a escolha primordial que incorreu nas diferenças entre Guarani e *juruá* foi ouvida por Montardo (2009), em que a escolha posta por *Nhanderu* fora entre um *mbaraka*, chocalho usado nas rezas, e um *pedaço de papel para escrever*. A autora ainda diz que o *mbaraka* lhe foi definido por um Guarani como "o documento do índio, em contraposição ao documento de identidade do branco, um papel" (2009, p. 163). Em muitas ocasiões, o *kuaxia* – papel e seus derivados –, é mencionado pelos Guarani Mbya como expressão do pensamento e dos agenciamentos *juruá*, sobretudo nos últimos tempos, com a multiplicação de projetos, relatórios e documentos como mediadores no acesso a recursos e direitos.

O *kuaxia* é uma expressão do pensamento aprisionado dos brancos, que só conseguem aprender o que está no livro, ou acreditar no que está na Bíblia, ou lembrar o que está na fotografia, entre tantos outros exemplos. Mas o *kuaxia* é também um instrumento da predação dos brancos, com seu poder confinante do pensamento e dos corpos, enredando as vidas na máquina burocrática do Estado e nas relações pautadas pelo dinheiro.

Como um mundéu do mundo de hoje, o papel e seus derivados remetem ao potencial predatório e às capacidades subjetivas dos brancos, das quais é preciso se apropriar sem se deixar capturar. *Kuaray* sobreviveu às onças, e estas sobreviveram à *Kuaray*. Assim a história continua, no mundo e nos corpos. O trunfo entre os Mbya é não se acostumar.

BIBLIOGRAFIA

BONILLA, Oiara. *Des proies si désirables: soumission et prédation pour les Paumari d'Amazonie brésilienne.* Tese de Doutorado. Paris: École des hautes études en sciences sociales, 2007.

BONILLA, Oiara. "O bom patrão e o inimigo voraz: predação e comércio na cosmologia Paumari". *Mana* 11(1), 2005.

CADOGAN, León. *Ayvu rapyta. Textos míticos de los Mbyá-Guaraní del Guairá.* São Paulo: FFLCH-USP, 1959.

CENTRO DE TRABALHO INDIGENISTA(coord.). *Xondaro Mabaete. A Força do Xondaro.* São Paulo: CTI, 2013.

COSTA, Luiz. "Alimentação e comensalidade entre os Kanamari". *Mana* 19(3), 2013.

FAUSTO, Carlos. "Banquete de gente: comensalidade e canibalismo na Amazônia". *Mana* 8(2), 2002.

______. "Donos demais: maestria e domínio na Amazônia". *Mana* 14(2), 2008.

GORDON, Cesar. *Economia selvagem: ritual e mercadoria entre os índios Xikrin-Mebêngôkre.* São Paulo: Unesp, ISA; Rio de Janeiro: Nutti, 2006.

HEURICH, Guilherme O. *Outras alegrias: parentesco e festas mbya.* Dissertação de Mestrado. Rio de Janeiro: PPGAS-Museu Nacional, 2011.

LADEIRA, Maria Inês. *O caminhar sob a luz. O território mbya à beira do oceano.* São Paulo: Unesp, 2007.

LADEIRA, Maria Inês & AZANHA, Gilberto. *Os índios da Serra do Mar. A presença Mbyá-Guarani em São Paulo.* São Paulo: CTI, Nova Stella, 1988.

LIMA, Tania Stolze. "O dois e o seu múltiplo: reflexões sobre o perspectivismo em uma cosmologia tupi". *Mana* 6(2), 1996.

______. *Um peixe olhou pra mim: o povo Yudjá e a perspectiva.* São Paulo: Unesp, ISA; Rio de Janeiro: Nutti, 2005.

MACEDO, Valéria. "Nexos da Diferença entre os Guarani. Entre aldeias, cidades, corpos e cosmos". In: EL FAR, Alessandra; Barboza, Andrea; AMADEO, Javier (orgs.). *Ciências sociais em diálogo: cultura e diferença.* São Paulo: Unifesp, 2014.

______. "De encontros nos corpos guarani". *Ilha* 15, 2013.

______. "Dos cantos para o mundo. Invisibilidade, figurações da cultura e o se fazer ouvir nos corais guarani". *Revista de Antropologia* 55(1), 2012.

______. *Nexos da diferença. Cultura e afecção em uma aldeia guarani na Serra do Mar.* Tese de Doutorado. São Paulo: PPGAS-USP, 2009.

MELLO. Flávia Cristina de. *Aetchá nhanderukuery karai retarã: entre deuses e animais: xamanismo, parentesco e transformação entre os Chiripá e Mbyá Guarani.* Tese de Doutorado. Florianópolis: UFSC, 2006.

MENDES JÚNIOR, Rafael Fernandes. *Os animais são muito mais do que algo somente bom para comer.* Dissertação de Mestrado. Rio de Janeiro: PPGA-UFF, 2009.

MONTARDO, Deise Lucy Oliveira. *Através do mbaraka. Música, dança e xamanismo guarani.* São Paulo: Edusp, 2009.

MONTEIRO, John Manuel. "Os Guarani e a história do Brasil meridional: séculos XVI-XVII". In: CARNEIRO DA CUNHA, Manuela (org.). *História dos índios no Brasil.* São Paulo: Companhia das Letras, 1998 [1992].

NIMUENDAJÚ, Curt. *As lendas da criação e destruição do mundo como fundamentos da religião dos Apapocúva-Guarani.* São Paulo, Hucitec/ Edusp, 1987 [1914].

PEREIRA, Vicente Cretton. *Aqueles que não vemos: uma etnografia das relações de alteridade entre os Mbya Guarani.* Dissertação de Mestrado. Rio de Janeiro: PPGA-UFF, 2014.

PIMENTEL, Spensy K. *Elementos para uma teoria política kaiowá e guarani*. Tese de Doutorado. São Paulo: PPGAS-USP, 2012.

PIERRI, Daniel Calazans. *O perecível e o imperecível. Lógica do sensível e corporalidade no pensamento guarani-mbya*. Dissertação de Mestrado. São Paulo: PPGAS-USP, 2013.

PISSOLATO, Elizabeth. *A duração da pessoa. Mobilidade, parentesco e xamanismo mbya (guarani)*. São Paulo: Unesp, ISA; Rio de Janeiro: NUTI, 2007.

RAMO Y AFFONSO, Ana María. *De pessoas e palavras entre os Guarani-Mbya*. Tese de Doutorado. Rio de Janeiro: PPGA-UFF, 2014.

SAHLINS, Marshall. "O "pessimismo sentimental" e a experiência etnográfica: por que a cultura não é um "objeto" em vias de extinção (parte 1)". *Mana* 3(1), 1997.

SCHADEN, Egon. *Aspectos fundamentais da cultura guarani*. São Paulo: Edusp, 1974 [1954].

SZTUTMAN, Renato. *O profeta e o principal: a ação política ameríndia e seus personagens*. São Paulo: Edusp, 2012.

VILAÇA, Aparecida. "Fazendo corpos: reflexões sobre morte e canibalismo entre os Wari' à luz do perspectivismo". *Revista de Antropologia* 41(1), 1998.

VILAÇA, Aparecida. "Cultural change as body methamorphosis". In: FAUSTO, Carlos & HECKENBERGER, Michael (eds.). *Time and memory in indigenous Amazonia*. Flórida: University Press of Florida, 2007.

VILAÇA, Aparecida. "Conversão, predação e perspectiva". *Mana* 14(1), 2008.

VIVEIROS DE CASTRO, Eduardo. *A inconstância da alma selvagem*. São Paulo: Cosac Naify, 2002.

Nas negociações e no aprendizado de lidar com a apropriação de conhecimentos e coisas dos brancos, não é isso ou *aquilo, é sempre isso* e *aquilo. Estamos num caminho em que as oposições têm que ser rompidas. Não podemos ver a técnica como a maneira na qual algo natural se transforma em artificial. A maneira como os Guarani procedem justamente é sempre na circulação livre, é sempre continuar a gerar simultaneidade e não gerar separações, nem entre passado e presente, tampouco entre tradição e modernidade.*

DOMINIQUE TILKIN GALLOIS

O desabrochar da palavra
Sobre o encontro dos Clastres com os Guarani

RENATO SZTUTMAN*

Este não é um texto sobre os Guarani,[1] tampouco sobre a obra de Pierre e Hélène Clastres; é um texto sobre o encontro dos Clastres com os Guarani, Mbya e Chiripa, do Paraguai, nas décadas de 1960 e 1970 — ambos estiveram também entre os Mbya do litoral paulista no período em que Pierre lecionava na Universidade de São Paulo. Neste mesmo período o ambiente intelectual na França vivia uma reviravolta. O estruturalismo, por exemplo, era acusado, talvez injustamente, de esquecer a sociedade e a política; e o sujeito, então dissolvido, voltava à cena. Simultaneamente, na América do Sul tropical, a expansão do capitalismo ganhava êxito, e junto com ela muitas populações indígenas viam-se cada vez mais encapsuladas em territórios minúsculos e obrigadas a se incorporarem como mão de obra pouco valorizada. Este era o caso dos Guarani com os quais P. e H. Clastres conviveram, logo após uma significativa experiência com seus vizinhos da floresta paraguaia e também falantes de uma língua tupi-guarani, os Aché Guayaki.

Muitas foram as críticas dirigidas aos textos de P. e H. Clastres sobre os Guarani. Em primeiro lugar, vinha o incômodo de uma leitura pessimista, que tomava este povo como anunciando o seu próprio fim diante da incontornável expansão da sociedade não indígena. Não sem relação com esse pessimismo, vinha o caráter eminentemente mistificador de suas análises: o núcleo duro da vida social guarani seria dado pela religião, orientada para a busca de uma *Terra sem mal* e baseada em uma espécie de ascetismo. Não pretendo elencar e

*. Docente do Departamento de Antropologia da USP, pesquisador do CEstA-USP e do Laboratório de Imagem e Som em Antropologia (LISA-USP).

1. Agradeço às organizadoras pela oportunidade de falar com os Guarani no seminário "Nas Redes Guarani". Em especial à Valéria pelo incentivo para desenvolver este texto e suas ideias e pela oportunidade de pensar em conjunto a partir do mundo guarani, o qual infelizmente conheço ainda tão pouco. Agradeço, por fim, a Henrique Pougy, com quem venho discutindo a relação entre linguagem e política, e a Lucas Keese e Aline Aranha, pelo que me ensinam sobre os Guarani.

discutir essas críticas aqui, mas sim apontar que, para além do caráter controverso e sobretudo datado destes trabalhos, eles forneceram uma contribuição muito significativa para a história da antropologia e do pensamento em geral. Promoveram, entre outras coisas, a abertura de um diálogo efetivo entre o pensamento ocidental e o pensamento indígena e, em especial, o guarani. Ambos, P. e H. Clastres, sempre em diálogo com León Cadogan, notável conhecedor do universo guarani, extraíram da meditação dos sábios mbya sobre a relação entre mundo humano e mundo divino uma crítica do princípio de identidade, este que funda a metafísica do Ser, predominante na história da filosofia ocidental. Outra metafísica seria, pois, possível: os ecos de tal provocação não cessam de se fazer ouvir tanto na antropologia como na filosofia contemporâneas.

Poderíamos dizer, em poucas palavras, que P. Clastres buscou uma versão guarani da sua ideia de *sociedade contra o Estado* (1974a); versão filosófica ou metafísica de um problema que até então se revelava de maneira mais sociológica — por exemplo, por meio do problema da chefia, das relações intercomunitárias e da guerra. O *contra-Estado* que P. Clastres encontra entre os Guarani é um *contra-Um*[2] e uma *máquina de guerra* do pensamento.[3] Os sábios mbya, acena Clastres, associam a Unidade, dada pela separação entre homens e divindades, a um princípio de corrupção. Seria possível ser humano e ao mesmo tempo divindade, o que implica a subversão do princípio de não contradição. Esse argumento é corroborado por H. Clastres que, em *A terra sem mal* (1975), se debruça sobre o *profetismo tupi-guarani* tomado numa perspectiva de longa duração, isto é, na sua persistência desde o período da Conquista — nos séculos XVI e XVII, incluídos aí tanto os Guarani do Paraguai como os Tupi da costa —, até os anos 1970, quando da pesquisa de campo com os Guarani do Guaíra paraguaio. O que era um movimento migratório inscrito no espaço e em resposta ao empoderamento de chefes de guerra ganha nova feição com a intensificação de uma religião profética e seus preceitos éticos, que visam aproximar humanos e divindades, recusando sua separação e reafirmando o ideal de liberdade e evasão.

A discussão, em ambos P. e H. Clastres, sobre a resistência guarani ao princípio de identidade, e que vemos desembocar numa ideia de

2. No sentido sugerido por La Boétie no *Discurso da servidão voluntária*, de 1549.

3. No sentido estendido posteriormente por Deleuze e Guattari em seus *Mil platôs*, de 1980.

devir — no caso, um devir-não humano, um devir-divindade — passa pela consideração de formas expressivas, como a palavra, fala e canto, e a dança. A metafísica guarani passaria pela linguagem articulada e pelo corpo, enfeitado e em movimento. Isso revela também um aspecto importante da sua política, entendida aqui não como busca do poder político coercitivo, mas como possibilidade de resistência a este que permanece como perigo à espreita, a coerção que caminha junto com a corrupção. Isso porque tanto a palavra como a dança expressam vivamente essa aversão ao mundo da Unidade, da corrupção, em que não é possível ser homem e ser deus ao mesmo tempo, em que a identidade e a unificação triunfam sobre o devir.

O encontro de P. e H. Clastres com os Guarani ocorre sobretudo por meio de seus sábios — os *karai* ou *tamõi* mbya. Estes são muitas vezes denominados na literatura sobre os Guarani de *profetas*, mantendo-se assim o termo utilizado nas fontes dos séculos XVI e XVII. Os autores distinguem esses sábios de boa parte dos pajés ou xamãs que abundam na literatura sobre os povos amazônicos. Mais do que curadores e/ou agressores, os *karai* seriam *líderes espirituais*, portadores de conhecimentos valiosos e de uma fala muito expressiva. H. Clastres (1975) destaca a relação privilegiada entre o profetismo — antes de tudo, uma crítica da sociedade e da condição humana — e a linguagem. O discurso dos profetas exortaria os homens a buscar a terra sem mal, a aproximar-se das divindades, deixar a terra em que tudo se corrompe. Ela destaca, pois, uma fala ao mesmo tempo endereçada às divindades e ela mesma feita divina; um veículo de comunicação e ao mesmo tempo um vetor de divinização.

P. Clastres avança em *A grande fala* (1974b), coletânea comentada de textos guarani, em uma reflexão sobre essa fala divina — as "belas palavras", *nhe'e porã*, entoadas pelos sábios mbya.[4] Como bem lembra H. Clastres (2011), o problema da linguagem perpassa todos os escritos deste autor e é indissociável do problema do poder por ele iluminado. Em "Troca e poder", de 1962, P. Clastres apresenta a *filosofia da chefia indígena*. Nas *sociedades primitivas*, ele generaliza, chefes são aqueles que possuem o dom da oratória; mas esta, em vez de lhes conferir poder de mando, institui-se como um dever: é a maneira pela qual o chefe reitera o lugar da tradição. A linguagem assim manipu-

4. O livro foi traduzido para o português sob o título "A fala sagrada" (1990). Parece-me, no entanto, que "Le grand parler" possa ser traduzido como "A grande fala", uma vez que o termo "sagrado" aparece apenas no subtítulo do livro. Por isso, mantenho ao longo deste ensaio a minha própria tradução.

lada perde a sua função de comunicação e revela sua *dupla natureza.* A linguagem seria, para P. Clastres, como os cônjuges descritos por Lévi-Strauss em *As estruturas elementares do parentesco*, de 1949: simultaneamente signos e valores. De um lado, ela se vê inserida no universo da comunicação e da troca; de outro, ultrapassa e mesmo nega esse universo para ser celebrada enquanto tal. Deixa de ser meio para ser ato, de estar separada das coisas para se tornar constitutiva delas.

Se a fala do chefe *primitivo* é, como escreve P. Clastres em "Troca e poder", *vazia* porque não comunica, a fala do profeta guarani — as *belas palavras* — é ao mesmo tempo um veículo de comunicação com as divindades e a própria presentificação dessas divindades. Em ambos os casos, no entanto, nos vemos diante dessa dimensão da linguagem como *valor.* Se a fala do chefe *primitivo* não comunica, não é possível negligenciar a sua agência; é por meio dela que o grupo ganha forma, é feito. Tal fala seria, portanto, menos vazia do que reiterativa. Infelizmente, Clastres não descreve as tais falas de chefes da mesma maneira como o faz com os discursos dos sábios guarani, o que indica que seriam necessárias mais etnografias para uma melhor compreensão desses regimes discursivos.[5] Falar seria, com efeito, o grande *ato político* do chefe que acaba por instituir a sociedade. Essa interpretação da filosofia da chefia indígena nos afastaria de uma interpretação mais durkheimiana que aposta numa sociedade transcendente, que extrai seu fundamento do *Mito-Lei divino.* Tanto na fala do chefe indígena genérico como na fala dos sábios guarani, que aliás muitas vezes atuam como líderes políticos, podemos seguir a afirmação de H. Clastres: "falar — cantar — é uma passagem ao ato" (2011, p. 214). Tais atos de fala são, segundo a autora, irreversíveis e performativos, fazem realidades.

A grande fala lida com textos guarani bastante heterogêneos. Faz uso de fontes diversas: os textos coletados pelo próprio P. Clastres, os textos coletados por Cadogan, sobretudo aqueles reunidos no compêndio bilíngue em guarani e espanhol *Ayvu rapyta*, os textos apapokuva compilados por Curt Unkel Nimuendajú no começo do século XX e, por fim, excertos da *Cosmografia Universal* de André Thevet, colhidos desta vez não entre os Guarani, mas entre os Tupi da costa do século XVI. Essas fontes, por sua vez, oferecem diferentes sortes de textos: *narrativas míticas* orais contadas com bastante frequência e de modo bastante aberto, *textos religiosos* que guardam certo saber

5. Ver, nesse sentido, a reflexão de Henrique Pougy (2015).

esotérico e uma linguagem fortemente metafórica, inacessíveis aos "não indígenas", *juruá*, e, por fim, *discursos metafísicos*, exegeses de narrativas míticas carregadas de uma reflexão de caráter mais propriamente subjetivo. Se a intimidade de Cadogan com os sábios mbya lhe rendeu o acesso a textos *esotéricos*, dotados de uma linguagem própria das divindades, P. Clastres encontra no que ele equipara a *discursos metafísicos* uma inovação com relação às formas indígenas mais comuns de conhecimento, algo comparável ao surgimento da filosofia na Grécia antiga.

Mas se falar — e cantar — é também agir, para compreender essas diferentes sortes de textos e regimes de discursividade, é preciso atentar para uma *teoria guarani da linguagem*, que implica uma teoria guarani da subjetividade. Cadogan (1959) insiste na ideia de que os Mbya aglutinam num mesmo conceito a ideia de linguagem, ou língua, e a porção divina da alma de um ser vivente. Na sua tradução dos cantos reunidos sob o título *Ayvu Rapyta*, "fonte ou fundamento da fala", ele sinaliza a distinção na língua mbya entre *ayvu* e *nhe'e*, a primeira reportando-se à *linguagem propriamente humana* — que tem como fundamento *apyta*, os atos das primeiras divindades — e a segunda, a uma categoria mais ampla de linguagem, capaz de abranger o canto dos pássaros e o chiar de outros animais, seres semelhantemente portadores de *nhe'e*. Se Cadogan traduz *nhe'e* como "alma-palavra", P. Clastres, debruçando-se sobre os mesmos textos, prefere empregar a expressão *palavra habitante*, uma vez que o *nhe'e* seria enviado pelas divindades para habitar e animar os corpos dos diferentes seres.[6] Já Valéria Macedo (2009), discutindo com os autores, propõe a tradução de *nhe'e* como "linguagem afeto", sublinhando seu caráter agentivo e mesmo material, corpóreo.

Os sábios guarani seriam, de todo modo, *nhe'ẽ jara*, os "mestres/ donos da palavra" por excelência. Além de deterem o conhecimento das "belas palavras", *nhe'ẽ porã* — como também chamam os *nhe'ẽ* de origem celeste que animam os corpos guarani —, são eles os responsáveis em buscar, em diferentes sítios, as almas-nomes das crianças pequenas. Gerar uma pessoa implica, entre os Guarani, *dar*

6. Nas palavras de P. Clastres, "Parcela de *ayvu*, *nhe'e* significa palavra, fala, mas também nossa linguagem, alma, espírito. *Nhe'e* é o que constitui um humano como pessoa, aquilo que emanando dos deuses vem habitar o corpo destinado a ser sua morada. Em termos de um encadeamento genealógico: o indivíduo, determinado como tal pelo *nhe'e*, princípio de individuação que fixa ao mesmo tempo o pertencimento da pessoa à comunidade daqueles que se reúnem pelo *ayvu*" (1974b, p. 29).

assento a um nome; trata-se de um ato poético de encarnação da palavra. Ganhar um nome é, como indica H. Clastres, *manter erguido o fluxo do dizer* (1975, p. 108), isto é, ganha-se um nome ao mesmo tempo em que se aprende a andar. A ênfase na fala revela-se homóloga à ênfase na verticalidade, o que sugere também o entrelaçamento entre fala cantada e movimento dançado: ambos maneiras de produzir leveza, de celebrar a verticalidade, de se aproximar das divindades. Como evidencia a autora, *nhe'ẽ*, diferentemente de *angue*, porção terrestre da pessoa, é algo que não se corrompe, circula no esqueleto. O destino de *nhe'ẽ* é *yvy marã e'y*, mundo incorruptível, onde nada se esgota; expressão que ganhou a famosa tradução de *Terra sem mal.*

Nhe'ẽ porã, as "belas palavras", são as vias pelas quais os humanos se aproximam das divindades. Como notam Cadogan e P. Clastres, os Guarani Mbya do Guairá gostam de ser reconhecidos como Jekaguava; donde *jeguaka* significa adorno, mais especificamente, a diadema de plumas, desígnio da "humanidade masculina". Os Mbya, portadores das *belas palavras*, seriam também *os adornados.* Não por acaso, as palavras adornadas que compõem um conjunto como o *Ayvu Rapyta* são constituídas por uma linguagem altamente metafórica, presentificada em cantos, salmos, rezas e certas narrativas.

Em comentário sobre as artes verbais ameríndias, Pedro Cesarino (2013) nota que textos como o *Ayvu rapyta* operam com justaposições de imagens que nada devem a tradições da Antiguidade européia ou da literatura contemporânea. Na mesma direção, Josely Viana Baptista, que, como P. Clastres, retraduziu a primeira parte do *Ayvu Rapyta* colhido por Cadogan, desta vez para o português, ressalta a "materialidade quase ideogramática da língua guarani" (2013, p. 15), haja vista a profusão de redes de imagens que nomeiam abstrações. Em "A grande fala", P. Clastres oferece alguns exemplos dessa profusão de metáforas: fala-se *flor do arco* no lugar de flecha, *esqueleto da bruma* no lugar de cachimbo e *ramagens floridas* no lugar de dedos de *Nhamandu*, divindade primeira, o Sol, que vai se desdobrando feito flor nas outras divindades ou "pais" do *nhe'ẽ* dos futuros humanos.

P. Clastres insiste na tradução para o francês do termo *ombojera* como *déploiement*, traduzido na versão brasileira como "desdobramento". Diverge, nesse sentido, da tradução de Cadogan de *jera* como "ato de criação" e de *oguero-jera* como "criar no curso de sua própria evolução". Na tradução dos primeiros versos do *Ayvu Rapyta* por Cadogan temos que *Nhande Ru Pa-pa Tenonde*, "nosso pai último primeiro", cria tudo o que existe no *curso de sua própria evolução.* Na tradução dos mesmos versos por P. Clastres, o que temos é "Nosso pai, o último; nosso pai, o primeiro" desdobrando tudo o que existe "ao se desdobrar a si mesmo" (1974b, p. 18). Como ensina a glosa de Cadogan, as expressões *jera*, *mbo-jera* e *guero-jera*, utilizadas para expressar o surgimento de novas divindades, devem ser compreendidas enquanto ação de fazer algo se abrir. Derivam do radical *-ra*, linguagem corrente para designar o brotar das flores, *ojera yvoty*.[7] Cadogan extrai daí um conceito mbya de criação, o que significa "não o criar do Nada, mas sim fazer com que [as coisas] se desenvolvam, se abram, surjam" (1959, p. 17).[8] Como resume Daniel Pierri, debruçando-se sobre o material e a exegese de Cadogan, "o modelo sensível implicado nesse *conceito de criação* é o de uma transformação: aquela do botão em flor" (2013, p. 102).

Nhamandu se desdobrando tal uma *uma flor que se abre para a luz do sol*; *Nhamandu* sendo ao mesmo tempo *o sol e a flor* (1974b, p. 19). Com Clastres, poderíamos tomar essa transformação como um *desdobramento*. No lugar de uma ação *criadora*, termo bastante carregado pelo sentido da Gênese judaico-cristã que postula uma criação *ex-nihilo* pelo Deus absoluto, imagem da qual Cadogan justamente quer escapar, Clastres visualiza um Nhamandu *desdobrando-se ele mesmo em seu próprio desdobramento* (p. 25). Trata-se da emergência de uma divindade que não foi exatamente criada, mas que cria a si mesma ao se desdobrar, ao aflorar, ao desabrochar.[9] Em suma, uma entidade que engendra algo ao mesmo tempo em que é engendrada.

Nhamandu é a divindade primeira, fonte de todas as *almas* e de todas as demais divindades, é aí onde reside o sentido do *Ayvu rapyta*, "a fonte da fala". Ele já é todas as demais divindades que, por sua vez, são cada qual a fonte das *almas-palavras*, *linguagens-afeto* de cada

---

7. Cadogan identifica a mesma partícula *-ra* na expressão *kuaa-ra-ra*, que ele traduz como "palavras sagradas" ou como "sabedoria/ poder criador" (1959, p. 25). *Kuaa-ra-ra* enquanto este "poder criador" se manifestaria na "chama", *tataendy*, e na "bruma", *tatachina*, esta última compreendida, tal a fumaça do tabaco dos *karai*, como capaz de conectar os humanos às divindades. O próprio termo para designar o Sol, *Kuaray* — que não é todavia o mesmo deus primordial *Nhamandu* —, seria derivado de *kuaa-ra-ra*, visto que o Sol seria a manifestação máxima da "sabedoria", *kua'a*, e poder criador.

8. "Comparando o verbo *guero-jera* com as formas 'reflexas' de *jupi* = subir e *guejy* = descer, por exemplo: *oguero-jupi* = o faz subir enquanto sobe; *oguero-guejy* = o faz descer enquanto desce" (1959, p. 17). Em suma, podemos glosar *oguero-jera* como "fazer algo ao mesmo tempo que se faz a si mesmo".

9. Não é sem razão que em sua tradução poética do Ayvu Rapyta, Josely Viana Batista (2013) tenha optado por traduzir uma expressão como *oguero-jera* ora como "desdobrar", ora como "aflorar".

pessoa humana que habita a *terra imperfeita*. O Um que é a um só tempo o Múltiplo: eis um tema que ocupa uma enorme importância no pensamento guarani.[10]

O terceiro regime discursivo identificado por P. Clastres entre os Guarani do Guairá são os assim chamados *discursos metafísicos*, algo que não teria sido exatamente notado por Cadogan. P. Clastres fala em *textos enigmáticos, reflexões críticas sobre os mitos, comentários livres, brilhos de uma luz sem traços* (1974b, p. 15). Da poética das *belas palavras* ele vê brotar um pensamento que "interroga o mundo e a infelicidade do mundo, colocando a questão das causas: por que os homens são humanos demais?" (1974b, p. 11). A poesia das *belas palavras* cede lugar para uma reflexão deliberada sobre a condição humana: os Guarani querem ser deuses — pois já o foram e o serão — mas ainda são humanos. Para tanto, precisam de um trabalho ritual intenso, que envolve canto, dança e tabaco, para alcançar o estado de plenitude, madureza — *aguyje*.

P. Clastres descreve então o seu encontro com Soria — sábio, *karai* mbya — com quem conversou dez noites a fio:

> Ele [Soria] deixava progressivamente o terreno do mito para se abandonar a uma *reflexão sobre o mito*, a uma interrogação a propósito de seu sentido, a um verdadeiro trabalho de interpretação pelo qual tentava responder à questão que se colocam, até a obsessão, os Guarani: onde está o mal, de onde vem a infelicidade? Eis o que profere, em uma noite fresca de inverno, na sua floresta do Paraguai, junto a uma fogueira que abanava pensativamente de vez em quando: '*As coisas em sua totalidade são uma. E, para nós, que não havíamos desejado isso, elas são más*'. Ele reunia, assim, o mal desse mundo ruim e a razão desse mal; a infelicidade da condição dos habitantes desse mundo e a origem de sua infelicidade. É porque a totalidade das coisas que compõem o mundo pode se dizer segundo o Um e não segundo o Múltiplo que o mal está inscrito na superfície do mundo. E quanto a nós, os adornados, não é esse mundo que desejávamos, não somos culpados, sofremos o destino do peso do Um: o Mal é o Um; nossa existência está doente, *achy*, por se desenrolar sob o signo do Um.[11]

Essa passagem é recuperada no ensaio "Do Um sem o Múltiplo", de 1972, no qual P. Clastres contrapõe a metafísica guarani à pré-socrática, ambas meditações sobre a relação entre Unidade e Multiplicidade. Como esclarece Bento Prado Jr. (2003), Clastres faz referência

10. Sobre este ponto, ver a reflexão em conjunto de Macedo & Sztutman (2015) a respeito da ontologia das divindades guarani.
11. 1974b, p. 12.

à ideia de Heráclito de que o Um deve ser homologado, isto é, a multiplicidade constitutiva do universo deve ser reduzida à unidade, da mesma maneira que as múltiplas vontades devem se reduzir à vontade de um só, afinal a hierarquia social forneceria a ordem racional do cosmos. A metafísica guarani, diferentemente, repudiaria essa redução do Múltiplo ao Um, sobretudo porque o Um por ela apontado seria imediatamente Múltiplo. Voltamos, assim, à imagem do *desabrochar da palavra*, às figuras de *Nhanderu Papa Tenonde* e *Nhamandu*. Se o Um é o Mal, afirma P. Clastres seguindo Soria, o Bem não deve ser buscado no Múltiplo, mas no Dois, na possibilidade de ser simultaneamente humano e divindade, de experimentar humanamente um devir-divindade. Essa *duplicidade* é a experiência mesma da plenitude — *aguyje* — que se contrapõe à corruptibilidade da terra habitada.[12]

A linguagem do Bem e Mal em Clastres traz um incômodo, análogo àquele que sente quando Cadogan, seguindo Montoya, traduz *mborayu* como "amor ao próximo": em lugar dessa ideia inegavelmente cristã, ele propõe um sentido de solidariedade. Para além do Bem e do Mal, seria possível pensar de maneira mais afinada com os Guarani em uma distinção entre *bonito-bom* e *feio-ruim*, o que nos envia para a oposição decisiva, e prenhe de um sentido ético-estético, entre o corruptível e o incorruptível.[13]

Ainda em "A grande fala", P. Clastres concentra-se no discurso proferido por Soria que, de sua parte, fala sob o ponto de vista de uma divindade, ora *Tupã*, ora *Nhamandu*. À medida que narra um mito que possui muitas variações entre os povos guarani, como o mito dos gêmeos ou simplesmente dos irmãos Sol, *Kuaray*, e Lua, *Jaxy*, Soria passa para elucubrações de outra ordem, por exemplo, para comentários sobre a vida na terra corruptível e a necessidade de deixá-la. Os irmãos *Kuaray* e *Jaxy* teriam abandonado a terra e partido ao céu em busca do pai, *Nhanderu Papa Tenonde*. Por isso, os humanos de hoje, que são os irmãos caçulas dos irmãos míticos, devem recuperar esse caminho e atingir a morada das divindades. Isso exige uma *paciência com o corpo*, que permanece cheio de raiva e que tem de se tornar leve, como a bruma.

12. Tânia Stolze Lima (1996, 2011) desenvolve a discussão em torno do problema a um só tempo clastriano e ameríndio, especialmente Tupi-Guarani, do *Dois* como capaz de superar a oposição grega entre o Um e o Múltiplo.

13. Sobre a oposição guarani corruptível/ incorruptível, perecível/ não perecível, ver a reflexão recente de Pierri (2013) sobre os Mbya.

O discurso de Soria torna-se portanto fortemente exortativo, assumindo ele o papel a um só tempo de sábio e líder. P. Clastres ressalta também a conexão entre o tema da *terra corruptível* e o mundo dos *juruá*. Soria opõe o *Tupã* dos Guarani, divindade das tormentas e do frescor, ao deus cristão, muitas vezes nomeado *Tupã* pelos missionários, divindade da *bruma pesada* que impede que os Guarani aproximem-se do mundo dos *nhe'e kuery*, as divindades. Com a *bruma pesada* do *Tupã juruá*, por vezes associado a Jesus Cristo, a existência torna-se ainda mais imperfeita, ainda mais distante do *aguyje*. Assim lamenta Soria: "*Tupã* [dos *juruá*] canta mais do que eu...", como que para declarar um sentimento insuportável de impotência.

P. Clastres identifica nas falas de Soria a irrupção de um discurso propriamente metafísico no seio da mitologia, um ato de criação subjetiva que projeta uma *meta-mitologia*, um discurso sobre a mitologia (1974b, p. 125). Nesse sentido, os mitos não se pensariam apenas *por meio* dos homens, como havia proposto Lévi-Strauss (1964), mas também seriam refletidos pelos próprios homens. Serei obrigado, contudo, a tecer algumas ressalvas à démarche de P. Clastres. Em certo sentido, ele reproduz um certo evolucionismo que povoa a história *standard* da filosofia ocidental: do pensamento mítico, pré-reflexivo, sem autor, passamos ao verdadeiro logos, ao pensamento reflexivo, a um discurso propriamente racional e lógico, conduzido por um sujeito. Tal démarche iria de encontro a leituras mais recentes do problema da relação entre mito e filosofia, como aquela de Viveiros de Castro (2009) que, inspirado nas *Mitológicas* de Lévi-Strauss, afirma que as mitologias indígenas contêm necessariamente uma *filosofia virtual*. Sob este viés, para haver pensamento reflexivo não seria preciso um sujeito reflexivo. P. Clastres refere-se, aliás, à reflexão individual diante de um caso em que aquele que fala não é o suposto falante, mas sim uma divindade, *Nhamandu* ou *Tupã*. Como considerar uma tal situação, na qual para repor o lugar da subjetividade é preciso, antes de tudo, reconhecer a experiência de cisão ou mesmo da pluralidade da pessoa?

Como sugere Beatriz Perrone-Moisés (2011), é possível extrair das mitologias ameríndias filosofias políticas propriamente ditas, e isso não permite separar o mito do logos. Ora, o próprio P. Clastres (1980), em textos posteriores, buscará na mitologia dos indígenas chulupi do Chaco reflexões sobre a instituição da sociedade pela guerra, verdadeiras filosofias políticas anti-hobbesianas. Não haveria, ademais, por que opor mitologia, de um lado, e reflexividade e criatividade, de outro.

Apesar dessas ressalvas, é preciso reconhecer a magnitude do problema posto por P. Clastres. Menos do que uma passagem do mito ao logos, poderíamos tomar o assim-chamado discurso metafísico de Soria como um modo particular e criativo de apropriação do fundo de virtualidades oferecido pela mitologia, um modo de articular esse fundo a experiências vividas, algo que nunca deixou de existir no quadro geral da práxis dos povos indígenas. P. Clastres teria talvez confundido a mitologia como fundo de virtualidades e a narrativa mitológica como um gênero discursivo por assim dizer aberto, em contraste a outros gêneros discursivos, por exemplo, os *textos religiosos*, as *belas palavras*. O discurso metafísico de Soria, avançando numa reflexão sobre o corruptível e a plenitude, é sobretudo um discurso profético, no sentido de que antecipa acontecimentos, impelindo à ação, produzindo uma práxis. Para abandonar a terra corrompida, é preciso entoar as belas palavras, dançar e adornar-se; enfim, afastar-se do mundo dos *juruá*, em que tudo se torna infinitamente mais pesado.

Poderíamos traçar uma conexão entre o discurso profético-metafísico de Soria e aquele de Davi Kopenawa Yanomami, transposto para a forma escrita no livro *La chute du ciel* (Kopenawa & Albert 2010). Este líder e xamã indígena articula um discurso de resistência, criticando modos de conhecimento e existência dos não indígenas, *napë*, a um discurso fortemente cosmológico, fundado na ontologia dos espíritos *xapiripë*, também descritos como "ancestrais animais". Aqui também vemos uma exegese *subjetiva* da mitologia servindo à interpretação de acontecimentos; por exemplo, o conflito com os brancos, a onda de epidemias mortíferas, a crise ambiental (Albert, 1993). Dessa exegese nasce toda uma descrição precisa da Terra em que vivemos, a *Hutukara*, Terra que corre o risco ter o céu desabado sobre si, como já teria acontecido em tempos remotos. Aqui temos também um discurso profético, proferido por um líder político e xamânico pautado num uso muito preciso e formalizado da linguagem: a linguagem vinda dos *xapiripë*, mas também aquela que deve ser empregada nos encontros multicomunitários que visam amainar os conflitos correntes.

Poderíamos mesmo afirmar que o livro de Davi Kopenawa tem um cuidado com a linguagem comparável àquele que se nota nos discursos cerimoniais yanomami. Trata-se aí, justamente, de uma *outra linguagem*. Não é sem razão que Bruce Albert escreve que o discurso escrito de Kopenawa pode ser lido, para além de seu valor etnográfico e biográfico, enquanto um *manifesto cosmopolítico*. A ideia de uma *cosmopolítica* remeteria aos escritos da filósofa Isabelle Stengers, para quem é preciso pensar a *insistência* do cosmos — povoado por seres de diferentes naturezas, humana e não humana — sobre o que costumamos chamar de *política*, arte da construção de um mundo comum a partir da suposição de uma ontologia comum. A *cosmopolítica* de Stengers exige justamente que passemos a refletir sobre as consequências da coexistência de mundos.

Discursos proféticos — guarani ou yanomami — são ao mesmo tempo metafísicos e políticos; unem a crítica da condição humana e o elogio do devir não humano à necessidade de criar novos coletivos, inclusive coletivos étnicos, exigência da interface com o mundo dos não indígenas, — ao que eles parecem ser radicalmente avessos é justamente a ideia da criação de um só coletivo, capaz de englobar todos os demais. P. e H. Clastres apenas tocaram no fato de que, entre os Guarani, a liderança política é indissociável do domínio dos *karai* ou *tamõi*; ponto que foi desenvolvido posteriormente por diferentes antropólogos, dentre eles, Macedo (2009), que enfatiza a importância de pensar o "vetor"*tamõi*" da política mbya. Não se atua como liderança fora do domínio das divindades, mesmo quando é exigida no cotidiano das aldeias a separação entre líder espiritual e cacique, interlocutor dos *juruá*. Mais do que se opor à violência, como estabelece P. Clastres para as falas de chefe de maneira geral, a linguagem proferida por esses sábios revela-se uma *tecnologia do devir*, que pretende livrar os humanos do horizonte de corrupção, que seria a perda de comunicação com o universo divino. Isso não pressupõe um movimento de cristalização de grandes coletivos e de unificação política, como aventou P. Clastres (1974a) em relação aos antigos Tupi e Guarani do século XVI, mas sim um movimento incessante de meditação, descentramento de si e dos coletivos sempre permeados pelo sentido da mobilidade. A ideia de *multilocalidade*, esmiuçada por Elizabeth Pissolato (2007), evidencia o primado do movimento sobre a fixidez. Os discursos político-metafísicos guarani tampouco pressupõem a irrupção de um discurso filosófico reflexivo personalizado e por assim dizer *purificado*, uma vez que o pensamento que emerge não pode jamais perder o pé do *arandu porã*, o *belo conhecimento*, jamais destacado do fundo virtual mitológico, da fonte mesma da fala. É desse conhecimento que provêm as demais criações, ou melhor, os demais desdobramentos de discursos e de coletivos.

Narrativas míticas, belas palavras, falas profético-metafísicas ou, como prefiro, cosmopolíticas: estes três níveis do discurso não estão jamais dissociados no pensamento guarani. Desdobram-se uns dos outros, e assim incessantemente: há sempre novas linguagens desabrochando a serem exploradas. Devemos a P. e H. Clastres a abertura de um campo de diálogo que nos aproximou deste pensamento tão florescente. P. Clastres escreve, em "A grande fala", que é preciso *traduzir os Guarani em Guarani* (1974b, p. 15), adentrando os conceitos deste povo, por mais difícil que isso possa parecer, por mais que tenhamos de lutar com a linguagem que dispomos.

Esse esforço de diálogo e essa tradução — metas de uma antropologia contemporânea, não mais satisfeita com a ideia de uma *medida de todas as coisas* e com o distanciamento epistemológico radical entre os que estudam e os que são estudados — é o que se viu continuado com tanto brilho no Seminário "Nas Redes Guarani". Sinto-me honrado, mesmo sem conhecer de perto os Guarani, em poder falar, meditar sobre esse encontro tão prodigioso ocorrido há mais de quarenta anos nas selvas paraguaias. Espero apenas ter manuseado com alguma justeza as minhas desajeitadas palavras; palavras que buscam aproximar-se de uma experiência de plenitude, porém de maneira demasiadamente imperfeita. Se eu as inscrevo agora no papel, ou *kuaxia*, como dizem os Guarani, não é de modo algum para aprisionar um conhecimento tão precioso, que sempre pôde prescindir dele porque já tinha outra sabedoria. Mas, quem sabe, o papel da escrita dos *juruá* possa um dia reverter ao menos em parte o trabalho injusto de esquecimento e contribuir para continuar esse esforço formidável, há muito exercido pelos Guarani, de fazer desdobrar, desabrochar, multiplicar as tais palavras que tem como compromisso a liberdade e o movimento.

BIBLIOGRAFIA

ALBERT, Bruce. "L'or cannibale et la chute du ciel". *L'homme* 126–128, 1993.

BATISTA VIANNA, Rosely. *Roça barroca*. São Paulo: Cosac & Naify, 2011.

DE LA BOÉTIE, Étienne. *Discours de la servitude volontaire*. Paris: Flammarion, 1993 [1549].

CESARINO, Pedro. *Quando a terra deixou de falar: cantos da mitologia marubo*. São Paulo: Ed. 34, 2013.

CADOGAN, León. *Ayvu rapyta. Textos míticos de los Mbyá-Guaraní del Guairá*. São Paulo: FFLCH-USP, boletim n. 227, série Antropologia n. 5, 1959.

CLASTRES, Hélène. *La terre sans mal: le prophétisme tupi-guarani*. Paris: Eds. du Seuil, 1975. [Tradução brasileira: *Terra sem Mal. O profetismo tupi-guarani*. São Paulo: Brasiliense, 1978.]

______. "De quoi parlent les indiens". In: ABENSOUR, Miguel & KUPIEC (eds.). *Pierre Clastres*. Paris: Sens & Tonka, 2011.

CLASTRES, Pierre. *La Société contre l'État*. Paris: Eds. de Minuit, 1974a. [Tradução brasileira: *A Sociedade contra o Estado*. São Paulo: Cosac & Naify, 2003].

______. *Le Grand parler: mythes et chants sacrés des indiens Guarani*. Paris: Eds. du Seuil, 1974b. [Tradução brasileira: *A fala sagrada: mitos e cantos sagrados dos índios Guarani*. Campinas: Papirus, 1990].

______. *Recherches d'anthropologie politique*. Paris: Eds. du Seuil, 1980. [Tradução brasileira: *Arqueologia da violência: pesquisas de antropologia política*. São Paulo: Cosac Naify, 2004.]

DELEUZE, Gilles; GUATTARI, Félix. *Mil platôs. Capitalismo e esquizofrenia II*. São Paulo: Editora 34, 2004 [1980].

KOPENAWA, Davi & ALBERT, Bruce. *La chute du ciel: paroles d'um chamane yanomami*. Paris: Plon, 2010.

LEVI-STRAUSS, Claude. *O cru e o cozido: Mitológicas I*. São Paulo: Cosac & Naify, 2004 [1964].

______. *História de lince*. São Paulo: Companhia das Letras, 1993 [1991].

LIMA, Tânia Stolze. "O dois e seu múltiplo: perspectivismo numa cosmologia tupi". *Mana* 2(2), 2002.

______. "Por uma cartografia do poder e da diferença nas cosmopolíticas ameríndias". *Revista de Antropologia* 54(2), 2011.

MACEDO, Valéria. *Nexos da diferença. Cultura e afecção em uma aldeia guarani na Serra do Mar*. Tese de Doutorado. São Paulo: PPGAS-USP, 2009.

MACEDO, Valéria & SZTUTMAN, Renato. "A parte de que se é parte: notas sobre individuação e divinização a partir dos Guarani". *Cadernos de Campo* 23, 2014.

PIERRI, Daniel C. *O perecível o imperecível: lógica do sensível e corporalidade no pensamento mbya-guarani*. Dissertação de Mestrado. São Paulo: PPGAS-USP, 2013.

PISSOLATO, Elizabeth de Paula. *A duração da pessoa: mobilidade, parentesco e xamanismo mbya (guarani)*. São Paulo: Unesp, ISA; Rio de Janeiro: NuTi, 2007.

PRADO JR., Bento. "Lembranças e reflexões sobre Pierre Clastres: entrevista com Bento Prado Jr, por Piero de Camargo Leirner e Luiz Henrique de Toledo". *Revista de Antropologia* 46(2), 2003.

POUGY, Henrique. *Por uma pragmática do poder: a fala do chefe no Alto Xingu*. Relatório Final de Iniciação Científica — Fapesp. São Paulo: USP, Ms, 2015.

STENGERS, Isabelle. "La proposition cosmopolitique". In: LOLIVE, Jacques & SOUBEYRAN, Olivier (eds.). *L'émergence des cosmopolitiques*. Paris: La Découverte, 2007.

VIVEIROS DE CASTRO, Eduardo. *Métaphysiques cannibales: lignes d'anthropologie post-structuraliste*. Paris: PUF, 2009.

Tecnologias, circulação e transformação

Filmar histórias e transformar olhares

KUARAY POTY (ARIEL ORTEGA)*

Meu nome é Kuaray Poty e nasci na Argentina, onde meu avô ainda mora e é um importante líder político e espiritual. Minha mãe é brasileira e ainda criança vim para o Brasil. Há 12 anos a gente vive no Tekoa Koenju, em São Miguel das Missões, no Rio Grande do Sul. Ali temos um coletivo de cinema Mbya-Guarani desde 2007, quando a gente começou a discutir a importância de fazer filmes. Desde criança eu tinha acesso ao cinema porque muitos cineastas não indígenas iam para a aldeia e filmavam, e eu tinha o sonho de fazer um filme, mas do meu ponto de vista, ou do ponto de vista dos Guarani, dentro da aldeia. Foi assim que, em 2007, a gente teve a oportunidade de fazer o primeiro filme. Nós filmamos com um outro olhar, diferente do que os não indígenas faziam dentro das aldeias. Eu queria mudar um pouco isso dos *juruá* irem nas aldeias, filmarem, assim de longe, e nunca mostrarem pra comunidade. Eu queria fazer de outra forma.

Foi difícil começar a fazer cinema, porque sempre os Guarani foram explorados, roubavam imagens e levavam, então o pessoal nas aldeias não estava confiando muito no nosso trabalho. Por isso o começo foi difícil. Eu conversei muito com a comunidade e consegui fazer *Duas aldeias, uma caminhada*. Não estava fazendo na aldeia onde morava, por isso foi preciso conversar e explicar o quanto era importante fazer o filme, que eram jovens indígenas que estavam fazendo, eu e outros meninos daquela aldeia, e que era importante que eles falassem, que não eram brancos que estavam fazendo aquele filme.

*. Cineasta Mbya no Rio Grande do Sul.

A gente teve contato com o *Vídeo nas aldeias*, que é uma escola de cinema para indígenas, eles davam a câmera pra nós e a gente saía filmando. Durante a noite a gente projetava o material bruto. Sempre é feito dessa forma, todo filme que a gente faz: filma durante o dia e durante a noite a gente projeta para a comunidade, para saber se está bom o que a gente tinha filmado, e o que poderia ir para o filme ou não. Depois a comunidade foi se envolvendo, vendo que era muito importante e a gente tinha que se apropriar disso pra contar os nossos problemas, a nossa realidade de hoje em dia, a nossa espiritualidade, a questão da terra, as caminhadas, essas coisas.

Nosso primeiro filme, *Duas aldeias, uma caminhada*, mostra muito a caminhada dos Guarani e os problemas de território. Nós estávamos na Argentina, depois São Paulo, depois voltava pra Argentina de novo... É dessa forma que a gente queria fazer o filme. Não queríamos fazer como estão acostumados os caras que fizeram faculdade de cinema, a gente queria transformar esse cinema num estilo nosso, dos Guarani. A gente queria transformar. Evitamos um pouco fazer entrevista, mas quando for conversar com os velhos, que eles possam não ver a câmera como uma ferramenta dos brancos que está entrando na aldeia. As pessoas começaram a ver que essa câmera, com cuidado, podia ser um instrumento guarani. Aquilo ali não é uma câmera, não é um objeto, é uma pessoa que está ali querendo conversar com os mais velhos. Então, depois, eles perceberam a importância do jeito que a gente filmava. Isso foi muito importante pra que a gente pudesse continuar o trabalho, fazer outros filmes, algumas vezes mais profundos, um pouco mais complicados. Em alguns filmes tivemos um pouco mais de dificuldade, principalmente *Tava*.

Tivemos pouco tempo pra filmar *Tava*. A gente queria aprofundar mais, pois é muito complexo falar de redução jesuítica, tem vários *karai*, vários líderes espirituais com um monte de opiniões e de versões sobre as coisas. Só que tivemos apenas seis meses pra fazer o filme e finalizar, então faltaram muitas coisas que a gente filmou e que não entraram porque era um recurso do IPHAN, tinha prazo. A gente não pôde, mas queria ir no Paraguai, porque quando a gente vai falar do Guarani a gente tem que colocar tudo, não pode falar só da Argentina ou do Brasil. Então a gente ficou triste de não ter ido ao Paraguai gravar algumas falas dos *xeramõi* lá.

Mas já é alguma coisa a gente mostrar um pouquinho do que os Guarani veem realmente, essa caminhada, porque os brancos têm tanta dificuldade de entender isso, principalmente no Sul. Durante as reduções jesuíticas muitos Guarani se refugiaram na mata, ficando muito tempo sem aparecer. Os brancos mataram muitos indígenas e nos consideravam como intrusos. Eles se apropriaram das missões, mas foram os Guarani que levaram as pedras e construíram tudo aquilo que hoje aparece como grandes ruínas.

Quando o Guarani vai de uma aldeia para a outra, ficam dizendo: "Ah, não sei... não ficam em nenhum lugar", ou vem da Argentina e dizem que são estrangeiros. Por isso a gente queria mostrar um pouquinho qual é o sentido dessa caminhada no filme. Essa tem sido a nossa luta. São Miguel das Missões, onde a gente mora, é uma aldeia em que sempre passam pessoas do Paraguai e da Argentina. A gente queria explicar um pouquinho porque o Guarani se identifica naquele lugar. Os Guarani de vários lugares sempre passam por lá porque viveram lá por muitos anos, muitos velhos já fizeram casa de reza lá. E quando voltaram, na década de 70, já estavam se formando grandes fazendas. A área demarcada é de 284 hectares, e hoje em dia tem muitas fazendas na região. Muitos Guarani saíam porque os policiais os mandavam embora.

Hoje em dia, muitos não indígenas não sabem que tem uma aldeia em São Miguel das Missões e não entendem por que os Guarani estão nas ruínas, os turistas não sabem porque que eles estão vendendo seu artesanato nas ruínas jesuíticas, nos museus. A gente tenta explicar isso no filme *Duas aldeias, uma caminhada*. Os turistas vêm e não têm entendimento que os Guarani sempre estiveram lá, mas os brancos chegaram e os expulsaram, então hoje o território é minúsculo, são 284 hectares para mais de 300 pessoas.

A gente sempre fala de muitas coisas, espiritualidade, território, a caminhada, e algumas vezes é um pouco difícil o não indígena entender, mas a gente não poderia fazer outros filmes. Em *Bicicletas de Nhanderu*, apesar de não falar especificamente de território, também tem essa questão do porquê os Guarani caminham e porque hoje em dia a gente já não pode mais fazer como faziam antigamente nossos ancestrais, como caminhavam.

Começamos a fazer filmes pra quebrar um pouco esse preconceito, mostrar que nós não somos estrangeiros, que sempre estivemos aqui, que sempre transitamos e que foram os não indígenas que colocaram esses limites, essas fronteiras. Hoje em dia, a maioria dos velhos com quem eu converso não tem ideia do que é fronteira, ele não fala *eu vou na Argentina*, ele fala *eu vou cruzar do outro lado do rio*, e quando vão pro Paraguai falam *eu vou cruzar do outro lado do outro rio*. Isso é muito difícil dos não indígenas entenderem, principalmente o Estado, as autoridades políticas. Então sempre no Sul tem esse problema: "Ah, os Guarani vieram do Paraguai, ou da Argentina", mas a gente tenta mostrar que é uma grande aldeia, que a gente circula por todo aquele território. Nossos filmes tentam mostrar isso escutando também a forma que os velhos falam. Tem alguma dificuldade, mas é nossa tentativa de mostrar nosso olhar para essas questões.

O filme *Tava* é uma pesquisa mesmo com os mais velhos, mas tem outros filmes que a gente faz especificamente pelas crianças, de 4 a 8 anos. Tem um filme que nós chamamos de *Mbya Mirĩ*, que é uma versão curta e dublada de *Bicicletas de Nhanderu*. É para que as crianças *juruá* já tenham um pouco de contato com os indígenas antes de terem preconceito. Então temos também um objetivo educativo, de que esses vídeos possam ser usados nos colégios, que os professores possam discutir a questão indígena vendo os vídeos, e a gente tem tido um resultado positivo. Eu mostro o filme, depois converso com os alunos.

É também importante mostrar os filmes pra comunidade, os mais velhos ficam felizes quando veem o trabalho que a gente faz, e o registro de suas palavras. Hoje em dia, com a entrada da escola, com as novas tecnologias que a gente tem acesso, o vídeo é uma ferramenta muito importante. Por exemplo, hoje nós jovens já não sentamos com nossos avós pra escutar conversa, eles contando histórias pra gente poder contar de novo para os nossos netos. Então a câmera é uma ferramenta para pelo menos registrar isso. É uma outra forma de ficar escutando as histórias. Então a câmera é uma ferramenta de registro também. Hoje em dia os velhos também entendem que é importante que nós jovens estamos dominando essa nova ferramenta que não é da nossa cultura, mas que a gente pode adaptá-la ao jeito guarani. Os velhos já querem falar pela câmera, porque o cinema não é como o papel. Você vai escrever toda a historia do Guarani e fica chato, as pessoas não vão ler. O filme é ao mesmo tempo engraçado, as pessoas dão risada, e estão mais ligadas, mais interessadas, principalmente as crianças se conectam mais do que com um livro. Por isso fazer filmes é importante tanto para a comunidade nas aldeias como para os brancos que não conhecem nossa realidade.

A mediação entre diferentes mundos pela arte é poderosa. Os valores da maioria dos brasileiros não são os dos ruralistas. A gente tem que achar esse caminho da tradução, e o caminho da arte é um caminho que convence, transforma. Ele tem sido percorrido com os Guarani, e pelos próprios Guarani. O caminho das imagens digitais vem se ampliando cada vez mais, já que a técnica está cada vez mais acessível a todos.

BRUNO SCHULTZE

Trilhando histórias em imagens

PAPA MIRĨ POTY (CARLOS FERNANDES)*

Eu acho que fui o primeiro a trilhar esse caminho de cineasta guarani, em meio à dificuldade dessa trajetória ouvi muitos *não pode*. Houve um estranhamento ao me olhar como cineasta, inclusive por meu próprio povo, pela desconfiança de que eu poderia estar enganando ou por não parecer com os profissionais de fora das aldeias.

A criança começa a engatinhar e perceber as coisas, vai escolhendo o caminho... e desde então não é o pai, não é a mãe que escolhe o caminho pro filho. Meu interesse pela tecnologia vem desde pequeno. Eu vendia maracujá e vendia garrafas que eu achava pela estrada para ferro-velho só pra comprar ficha de telefone e poder falar no orelhão, o telefone público. Na época eu me sentia maravilhado... *como que se pode falar com pessoas de outro lugar?*... Eu fiquei com vontade de saber mais como funciona isso. Foi assim que começou esse interesse pela tecnologia. Eu levantava cedo e colocava a ficha no telefone pra falar com a Irmã Luizinha, e na época eu também ligava pra Maria Inês Ladeira e perguntava quando ela poderia vir pra ver o meu desenho.

Quando eu vim pra São Paulo, eu tentei apresentar o meu interesse por usar a câmera para várias pessoas, mas não me deram ouvidos. Em 1998, voltei para a aldeia para apresentar minha proposta de um filme, mas fui considerado louco. Então me lembrei que quando fui pra escola pela primeira vez meu avô e até mesmo minha mãe me diziam assim: "Filho, vai estudar, mas vai aprender só a escrever, assinar seu nome. Mais do que isso não pode." E eu perguntava: "Mas por quê?". "É porque não quero que você fique louco". Então essa loucura vem mesmo na medida em que a gente vai crescendo, quando a gente tenta entender esse sistema, o sistema capitalista, e ao mesmo tempo fica preso, não sai do lugar, fica meio doentio, ou seja, até mesmo fora do mundo em que convive.

---

*. Cineasta Mbya na Terra Indígena Ribeirão Silveira, SP.

Foi então que eu fiz o primeiro teste, que é um ensaio chamado *Manoa*, o filme da lenda das queixadas, quando ganhei o Prêmio Estímulo do Estado de São Paulo em 2000. Na época nem a aldeia aceitava o trabalho, porque você dizia: "Olha, eu estou querendo fazer um filme sobre isso, sobre essa questão", e viravam assim pra mim: "Hummm, está querendo roubar, né?" ou "Hummm, eu acho que não vai dar porque é a nossa história que não pode ser contada", ou até mesmo: "Ah, mas vai ter beijo?".

É uma preocupação muito interessante porque não pode e ao mesmo tempo o povo adora ver televisão, inclusive eu gosto... Então como funciona isso? Por que a gente está tão fissurado com informações, querendo saber mais, e mesmo assim às vezes chega a criar um certo preconceito ou até mesmo *bullying* com o próprio povo? Por que a gente acaba aceitando o que as imagens e personagens da mídia falam em vez da gente falar? Esse foi o meu interesse quando quis fazer o filme.

Eu não sou um documentarista, não sou bom nisso. Eu vou falar a verdade: eu não sou muito bom nessa parte de paciência, de perguntar: "Ah, como é que é...?", eu não vou chegar assim: "Fala um pouquinho da sua cultura, como é que é lá... Você toma banho de chuveiro, me explica isso?". Eu não tenho essa vontade! A única coisa que eu tenho vontade é de criar, criar personagens, criar o que a personagem é capaz de passar, sem perguntar. As mensagens são assim passadas através da sua arte.

Eu não gosto, por exemplo, de pegar uma câmera e ficar filmando porque eu aprendi isso. Eu estou há treze anos nessa trilha, e os mais velhos não gostam de serem filmados. Quando eu chego numa aldeia e falo assim: "Olha, eu quero um depoimento seu". Aí dizem: "Não, não dá, eu estou sem tempo, deixa pra outra hora". Mas quando chega, por exemplo, Globo ou outras de mídia de peso, aí todo mundo quer estar lá falando. Então tem esse lado, que no mundo Guarani você não é considerado como o profissional. Isso me entristece muito, porque não é à toa que a gente está nesse mundo, trilhando esse caminho. O profissionalismo nasce da maneira como você compreende o próximo ou você vê as pessoas próximas. O Guarani tem essa coisa de ir devagar. Agora, os outros documentaristas chegam lá e vão atropelando tudo, falando durante a reza na *opy*, fazendo entrevista sem saber se o pajé está com dor de cabeça ou com trabalho espiritual, não tem a sensibilidade do Guarani. Agora o Guarani do mesmo povo compreende que não pode falar em qualquer momento. Por isso sofri muito de me dizerem que *não pode.*

Eu sou mais dessa parte de criar, por exemplo as histórias, captar as imagens do mito contado pra passar pros *kyrĩgue*, "as crianças", já que eu não posso passar, mas a imagem pode. O filme *Manoa* é livre, pode ser visto pela criança ou adulto, velho ou novinho. Eu falo que o *Manoa* é um ensaio porque eu queria fazer algo maior, porque minha cabeça acha que a gente está hoje no mito. Tudo o que acontece hoje, no mundo de hoje, também pode estar acontecendo no mito, e o mito apresenta muito a vida da gente hoje. O cineasta não é aquele que está apenas com uma câmera na mão. O cineasta é aquele que cria uma dimensão da vida com suas imagens.

O simples ato da tradução já é um ato político, como produzir um diálogo real entre nossa filosofia, que tem a Grécia antiga como referência, e o pensamento guarani como outra filosofia. E aqui a arte se destaca como um campo de tradução. O antropólogo e cineasta Jean Rouch falava que a verdadeira antropologia compartilhada se dá com o cinema. Mas existem também outras formas de traduções e experiências artísticas, como a dança e a palavra, a poética da linguagem.

RENATO SZTUTMAN

Formação e autonomia na produção de filmes

ALEXANDRE WERÁ[*]
LUCAS KEESE[†]

Preparamos este pequeno texto em conjunto a partir de nossas experiências na realização de filmes entre os Guarani-Mbya e da participação em oficinas de formação em vídeo, realizadas principalmente em aldeias no sudeste.

«AVYUKUAA TA'ANGA RUPI, ROMOMBE'U AGUÃ NHANDEREKO RÉGUA»[1]

As ferramentas usadas para produzir imagens são importantes, pois através delas também se transmitem os saberes e conhecimentos guarani. Isso vale para as exibições nas aldeias, que fortalecem o autoconhecimento, *mbaraete nhandereko*, e para mostrar a cultura guarani de uma maneira que os *juruá kuery*, "brancos", entendam e respeitem esse modo de ser.

Quando filmes são exibidos nas aldeias, as pessoas reagem afirmando o que está se passando na tela de modo parecido quando alguém fala no *opy*, "casa de reza", e os demais respondem *anhete*, "é verdade". Me lembro da fala de um *xeramõi*, "ancião", depois que ele viu um documentário: "quando vejo alguém que teve coragem de transmitir um conhecimento que eu também sei, fico muito feliz e emocionado. Não deixo de falar para vocês porque não acreditariam, mas quando vejo outros falando sobre esse saber eu sinto que isso faz com que ele se fortaleça e que não estou sozinho".

*. Cineasta Mbya no estado de São Paulo.
†. Mestre em antropologia pelo PPGAS-USP e membro do CTI.
1. "falar através das imagens, para contar sobre nosso modo de ser".

Já os *juruá kuery*, "brancos", passam a entender um pouco da cultura guarani quando assistem filmes produzidos pelos próprios *nhandekuery*, "nós, os Guarani". Isso porque todo mundo filma diferente. Essa diferença está relacionada ao modo de ser, de pensar e de sentir o mundo. Por isso, o *nhandereko*, "modo de ser guarani", aparece nas escolhas, nas formas e nas relações dentro do filme feito por um Guarani. Assim, podemos traduzir através da linguagem audiovisual algo sobre o *nhandereko* que os *juruá* possam sentir e entender. Acreditamos que o uso dessa linguagem é importante para conseguirmos mais respeito em relação a nossa cultura e aos nosso direitos.

Hoje em dia está mais fácil o acesso a tecnologias de comunicação. Nas aldeias, muitas pessoas adquirem ferramentas que produzem imagens, como telefone celular ou conseguem câmeras de vídeo através de alguns projetos de apoio. Mas como todos sabemos, apenas filmar não é fazer filme. Para fazer um documentário sobre a cultura guarani não basta só mostrar como *nhandekuery* vive. Temos que tentar traduzir um pouco do nosso conhecimento a partir das relações entre as imagens e os sons do vídeo. A maneira como relacionamos as imagens é onde começa a fazer sentido o filme, onde podemos expressar o que queremos transmitir. No filme *Desterro Guarani*, Ariel Ortega mostra uma imagem da plantação de soja, e essa imagem pode parecer boa para alguns *juruá*, porque é lucrativo, mas quando o guarani vê, com certeza vai falar: "olha quanta destruição!", porque vê a imagem de plantação onde antes era tudo mata. Nesse caso, a mata aparece para nós pela falta dela.

No filme que fiz, *Guairaka'i ja — O dono da lontra*,[2] a imagem da lontra ganha outro significado quando relacionada com as falas e situações registradas e organizadas no filme. A partir dessas relações é que vamos poder entender um pouco como *nhandekuery* se expressa quando caça e qual o significado desse ser na nossa cultura.

Todas essas relações são organizadas no processo de montagem, que é onde o filme começa a significar mais do que apenas o que as imagens mostram. A câmera é como se fosse uma criança que só ouve, guardando para si mesmo. A montagem, por sua vez, organiza as ideias para depois transmitir o conhecimento. Por isso que as crianças geralmente começam aprendendo a ouvir, para quando for adulto saber organizar as palavras e passar o conhecimento para os demais.

---

2. O filme está disponível no YouTube.

É importante que os cineastas guarani tenham conhecimento do processo de montagem para ter autonomia para fazer filmes.

LINGUAGEM E TECNOLOGIA

O que está implicado nessa busca por uma autonomia na produção audiovisual entre os Guarani? Podemos dizer que essa autonomia está associada a uma consolidação e aprofundamento do protagonismo indígena na realização de discursos audiovisuais. Ou seja, ir além de empunhar as câmeras e ter participação ativa nas gravações. É preciso também apropriar-se das técnicas de organização e montagem dos materiais gravados.

Isso significa uma apropriação de tecnologias, como computadores para edição e HDs de armazenamento, que são um tanto mais restritas comparadas ao fácil acesso às câmeras de vídeo. Mais restritas não apenas por questões econômicas, mas também pelas características das câmeras normalmente utilizadas nas aldeias, que possuem mecanismos para simplificar ao máximo as variáveis de intervenção no processo de captação: elas são cada vez mais automáticas. Já a montagem é justamente o contrário, é um processo que demanda intervenção constante, e seu aprendizado envolve um número maior de conhecimentos técnicos.

Contudo, o domínio da montagem está longe de limitar-se ao uso de computadores e softwares de edição. A montagem audiovisual é um processo de organização e criação de relações entre imagens e sons e, embora seus procedimentos estejam concentrados nas etapas de pós-produção, isto é, depois das gravações, seu princípio acompanha todo o fazer audiovisual. É muito comum entre os participantes de um processo de formação em vídeo, a percepção de que a prática da operação de câmera alcança outro patamar quando somada ao aprendizado da montagem. Não apenas pela antecipação que o operador de câmera faz de um possível corte e da relação entre duas imagens, mas porque o princípio relacional da montagem ocorre também no interior de uma imagem, na composição de um quadro, no tempo de um plano e em seu movimento.

A autonomia na produção de vídeos passa, portanto, não só por uma apropriação tecnológica, mas por uma apropriação e experimentação da linguagem possível desses dispositivos, das relações possíveis entre imagens e sons que eles propiciam. Se hoje ainda há uma dependência tecnológica no processo de montagem e finalização audiovisual, ao menos é o que verificamos entre os Guarani, é de se esperar que essa dependência ocorra também em termos de linguagem. Isso não implica postular que a autonomia na realização de filmes seja a busca por um isolamento, como se fosse possível aos Guarani produzir uma linguagem audiovisual pura, sem influências externas. Mas o contrário tampouco é verdadeiro: nem eles, os Guarani, nem nenhum outro povo indígena tem que ficar limitado aos procedimentos e formas audiovisuais já consolidados e recorrentes nas produções dos *juruá kuery*.

Retomando o argumento do Werá, essa apropriação da linguagem audiovisual é um *saber* falar a partir da articulação entre imagens e sons. Se há, como os Guarani dizem, diferenças na forma como cada pessoa fala, e mais ainda entre os diversos povos e sobretudo com os não indígenas, isso também ocorreria com os discursos audiovisuais. E da mesma forma que o idioma, o aprendizado e desenvolvimento dessa linguagem depende não só de ouvir, e ver, mas de aprender a falar aos demais: não apenas ter dentro de si essas palavras e imagens, mas ser o protagonista na elaboração dos discursos e de seus momentos de enunciação. O que se pode intuir dessa comparação é que a prática constante e autônoma desse processo, que vai da gravação até a finalização e exibição dos filmes, é o que pode proporcionar que as diferenças características na linguagem audiovisual praticada pelos guarani sejam organizadas e possam ser assim reconhecidas.

A partir dessas considerações, fica aqui uma autocrítica aos projetos que incluem a formação em vídeo mas que não alcançam uma autonomia efetiva e limitam-se a práticas mais centradas nos processos de captação. Em muitos casos, mesmo que as gravações produzam imagens marcadas pelo olhar guarani, as oficinas de formação permanecem distantes de consolidar aprendizados nas etapas de montagem e finalização. Etapas que constituem um momento criativo e político em que processos de organização, seleção e tradução de elementos da cultura são exercitados. Sem esses momentos, o "mostrar a cultura", *roexauka orereko*, através do vídeo fica incompleto e dependente da enunciação de um outro, uma limitação não só de linguagem, mas, inevitavelmente, uma limitação política. Como na comparação proposta por Werá, a fala na *opy*, "casa de reza", é um momento político fundamental, e ser capaz de se expressar ali é um critério de maturidade e autonomia.

Estamos com os Guarani nas mobilizações que vêm ocorrendo e temos aprendido muito com eles, tentando contribuir da melhor forma que podemos. Na rede que está sendo tecida, quais conhecimentos estão circulando, podem circular e devem circular entre juruá *e guarani? Em vez de encarar esses conhecimentos de forma separada, eu acho que podemos pensar como se dão essas trocas.*

GUILHERME MARTINS

Entre enxadas e tratores
Notas sobre um (des)encontro

TATIANE KLEIN*

> Eles não usam pratos, só cuias, como nossos antepassados. Nós é que mudamos depois de conhecer o homem branco. Eles são iguais àqueles do tempo do criador.
>
> WAI WAI, CHEFE WAJÃPI, *A arca dos Zo'é*

> Assim que vi as imagens dos Guarani-Kaiowá eu me interessei muito; quanto mais informações eu encontrava, mais me sentia determinada a trabalhar duro para analisar a questão.[1]
>
> RENÉE KAHUKURA[2]

Nos meses finais de 2012,[3] uma notícia se espalhou como fumaça pela rede mundial de computadores: "Índios Guarani Kaiowá anunciam suicídio coletivo no Mato Grosso do Sul". A manchete seria o motor de uma mobilização sem precedentes em favor dos direitos territoriais dos povos Kaiowá e Guarani — que pautou a imprensa nacional e internacional, mas nasceu na internet. Iniciada por cartas que os próprios indígenas fizeram circular pela rede, essa mobilização, no entanto, foi fruto de uma entre múltiplas práticas midiáticas levadas a cabo pelos Kaiowá e Guarani — iniciativas que estão relacionadas e que vão desde a produção de vídeos à manutenção de páginas na internet, entre outras.

*. Mestre e doutoranda em Antropologia Social pelo PPGAS-USP.

1. Tradução livre, a partir de entrevista realizada pela autora.

2. Repórter da Māori Television

3. Este texto é uma seção dos capítulos apresentados em minha dissertação de mestrado, *Práticas midiáticas e redes de relações entre os Kaiowá e Guarani em Mato Grosso do Sul.* Agradeço a Taiane Klein pela leitura e comentários.

Enquanto milhares de não indígenas tornavam-se ativistas em favor dos direitos territoriais dos povos Kaiowá e Guarani, os jovens realizadores da Associação Cultural de Realizadores Indígenas do Mato Grosso do Sul, Ascuri, e a Aty Guasu apresentaram pela internet o primeiro vídeo com a liderança do *tekoha* Pyelito Kue/ Mbarakay esclarecendo o caso do suicídio coletivo. Encomendado e realizado sob a orientação da Aty Guasu, o vídeo *Liderança de Pyelito Kue*[4] foi visualizado por mais de 3.000 pessoas no YouTube e é nele que Apykaa Rendy desmente que a comunidade teria a intenção de se suicidar coletivamente. Ele diz: “É por causa da terra que estamos aqui. Nós estamos prontos. Nós estamos unidos com o mesmo sentimento e com a mesma palavra para morrermos na nossa terra”.

Apresentando narrativa em torno do que deveria ser tomado como *realidade*, esse vídeo foi feito, conta-me um dos realizadores do vídeo e membro da Ascuri, na expectativa de esclarecer o caso e de chamar mais atenção ao conflito fundiário vivenciado por aquela comunidade — à época da gravação, isolada em uma área a que só se conseguia acesso seguro atravessando o rio Hovy — do que à imagem do suicídio coletivo, estopim para a comoção pública.

Após participar da quarta edição do Fórum de Inclusão Digital nas Aldeias (FIDA 4),[5] eu iria a campo no início de 2013, por dois motivos específicos. Primeiramente, observar a repercussão local das cibe-rações em prol dos Kaiowá e Guarani; em segundo lugar, promover um encontro, ou intercâmbio, entre uma equipe de televisão do povo indígena Māori e a Ascuri, além de etnografar e, em contrapartida, assessorar o trabalho de reportagem em comunidades kaiowá e guarani e em São Paulo. Analiso aqui essa experiência etnográfica para apresentar um pensamento acerca da forma como diferentes práticas conformam sujeitos e coletivos distintos.

A equipe da Māori Television havia tido notícia sobre o caso do suicídio coletivo e resolvido gravar um documentário para um de seus principais programas jornalísticos, o Native Affairs. Assim, acompanhei a equipe, composta por uma repórter, um cinegrafista e um produtor, em algumas das visitas que fizeram aos *tekoha*, e me dediquei a fazer com que a Ascuri — que estava muito interessada em saber sobre a experiência māori de ter uma televisão indígena

---

4. *Liderança de Pyelito Kue*, Ascuri e Aty Guasu (2012, 5’48’’). Disponível no YouTube.
5. Na última edição do Prêmio Culturas Indígenas (2012), do Ministério da Cultura, o projeto da Ascuri foi um dos premiados em Mato Grosso do Sul.

— pudesse encontrá-los e compartilhar com eles as suas próprias iniciativas.

Durante sua estadia no Brasil, ao longo de duas semanas, a equipe de jornalistas māori empenhou-se em capturar elementos dramáticos para produzir a reportagem intitulada *Silent Genocide*,[6] veiculada para os povos indígenas no Pacífico.[7] A iniciativa de falar sobre o caso em uma reportagem, com cores de denúncia, foi cumprimentada por muitos espectadores do programa Native Affairs nas redes sociais; a expressão de solidariedade do povo Māori aos Kaiowá e Guarani também foi comemorada por esses últimos.

Entre os materiais que haviam inspirado os Māori estava outro documentário jornalístico, *À sombra de um delírio verde* (2011, 29'), que denuncia a relação entre empresas do agronegócio sucroalcooleiro com a exploração de mão de obra kaiowá e guarani em situações análogas à escravidão e com o *lobby* contra a efetivação dos direitos territoriais desses povos em Mato Grosso do Sul. Mas o nobre objetivo de levar notícias dessas denúncias ao outro lado do mundo não foi ponto pacífico.

Ao me dispor a atuar como um tipo de produtora local da equipe, eu contava com o aval de dois realizadores da Ascuri, desejosos da interlocução com um povo indígena que havia conquistado o direito de ter um canal de televisão próprio. Assim, minha proposta à equipe era que a Ascuri ajudasse a definir um roteiro de comunidades com fontes jornalísticas para a reportagem e que a equipe dispusesse de pelo menos dois dias de sua agenda para conhecer as experiências de comunicação desenvolvidas nas Terras Indígenas Panambizinho, Te'ýikue, Amambay e Guyra Roká, além da Licenciatura Intercultural Teko Arandu e das atividades da Ascuri. A preocupação da Ascuri — reiterada por mim aos repórteres, com quem me correspondi por e-mail e telefone durante mais de um mês antes da vinda ao Brasil — era a de que os Māori levassem do Brasil não só as imagens do sofrimento dos povos em Mato Grosso do Sul, mas também das inúmeras respostas dadas pelos Kaiowá e Guarani à situação de privação de direitos a que estão submetidos, entre elas a aposta na educação escolar indígena e em práticas próprias de comunicação.

6. *Silent genocide*, Māori Television (2013, parte I e parte II, 12'10" e 13'58"). Disponível em *https://bit.ly/182KGuV* e *https://bit.ly/2r4bwhu*.

7. A televisão māori, que é uma TV pública, faz parte da World Indigenous Broadcasters Network (WITBN) e por isso a reportagem chegou também a outras emissoras de TV indígenas.

De certo essas respostas não foram ignoradas no documentário, cujo esforço foi o de mostrar perfis de lideranças políticas e xamãs que têm lutado por seus direitos territoriais, mas o objetivo principal de minha interlocução com a equipe — a realização do intercâmbio com a Ascuri — foi de certa forma frustrado. Comprimidos por uma agenda típica dos processos televisivos, os jornalistas puderam dispor de apenas algumas horas em duas manhãs de sua semana de trabalho para o encontro com a Ascuri e o Teko Arandu.

Cerca de uma semana antes da chegada da equipe de TV à cidade de Dourados, o telefone de um dos membros da Ascuri tocaria em Campo Grande: era o *pessoal* de Guyra Roká — uma retomada que passa por situação de privação de direitos muito forte — que, sabendo da vinda da equipe de TV, aguardavam uma atividade da Ascuri em sua terra. Os Māori por fim iriam a Guyra Roká, mas não haveria tempo ali para que conversassem sobre práticas midiáticas indígenas em Mato Grosso do Sul e na Nova Zelândia.

A ida dos Māori à Universidade Federal da Grande Dourados (UFGD), que abriga licenciatura intercultural dos Kaiowá e Guarani, para encontrar os interlocutores dessa pesquisa terminou colidindo com os horários de uma oficina de edição de vídeo de que alguns professores e jovens da Ascuri estavam participando, com o apoio de estudantes de Cinema de duas outras universidades federais. Assim, durante pouco mais de uma hora, os jornalistas apresentaram um vídeo institucional da Māori Television; falaram, entre outras coisas, sobre o que representa para seu povo ter uma televisão subsidiada por verbas públicas e expressaram sua solidariedade aos Kaiowá e Guarani, identificando-os como um *povo irmão*, além de performarem o *haka*, um conjunto de danças típicas māori e presentearem os membros da Ascuri com DVDs de sua produção.

A Ascuri, por sua vez, teve pouco tempo para se apresentar; após uma breve fala de apresentação, seguiria-se a projeção do vídeo terena *Itukotí kevetí*, fazendo abanico (5'); à noite, no alojamento dos professores da licenciatura intercultural, programaram um encontro mais pausado e outras projeções de vídeos. Os jornalistas māori desculparam-se, mas perderam a hora do encontro no alojamento e a apresentação da Ascuri, a qual, por fim, foi feita aos professores Kaiowá e Guarani da Licenciatura Intercultural.

Este foi um desencontro que deixou a todos nós — a mim e a meus amigos kaiowá — muito frustrados, mas a partir do qual pude sedimentar algumas análises iniciais, que apresento neste texto.

Debruçados sobre duas experiências de encontros interétnicos mediados pelo vídeo, Gallois e Carelli (1995, p. 213) notaram a importância de considerar as motivações variadas e os interesses divergentes de cada grupo nos encontros que aparecem em filmes como *A arca dos Zo'é.*[8] e *Eu já fui seu irmão.*[9] O primeiro deles, de onde extraio a epígrafe deste texto, tematiza o encontro entre os Wajãpi e os Zo'é, dois povos falantes de línguas tupi que vivem no Amapá e norte do Pará, respectivamente.

As descrições de Gallois e Carelli sobre esses encontros mostram que eles atendem "menos a uma política interna de 'resgate' cultural que às necessidades de abertura impostas pela política externa de cada grupo" (1995, p. 213). No caso que apresento aqui, os Māori decidiram entrar em contato com os Kaiowá e Guarani a partir de imagens e palavras que, circulando pela internet, chegaram até eles pelas redes sociais – tal qual a imagem dos Zo'é foi levada pelo Vídeo nas Aldeias aos Wajãpi, despertando seu interesse pelo encontro.

Se os Wajãpi, como vê-se em *A arca dos Zo'é,* enviaram emissários ao encontro dos Zo'é porque os identificavam com seus ancestrais, os emissários māori que vieram ao encontro dos Kaiowá e Guarani eram, além de indígenas, jornalistas, profissionais de comunicação trabalhando sobre um modo específico de fazer aparecer e conferir verdade a discursos – apoiado em uma ideia também específica de efetividade sobre o *real.*

Walter Benjamin, tanto no texto "O narrador", quanto no célebre ensaio "A obra de arte na era de sua reprodutibilidade técnica", aponta para a ideia de que a emergência de novas formas de expressão transformam os conteúdos que se expressam por meio delas. Benjamin sustenta que as formas, e não apenas os conteúdos, têm efeito sobre o que se considera tradicional (e sua perpetuação), e também que novas formas carregam consigo efetividades e estatutos diferentes daqueles das formas anteriores. A forma *informação,* para Benjamin, engendra o ocaso da *narrativa,* tendo em vista que ela radicaliza a quebra, iniciada pelo *romance,* no paradigma de autoridade tradicional:

> O saber, que vinha de longe – do longe espacial das terras estranhas, ou do longe temporal contido na tradição –, dispunha de uma autoridade que era válida mesmo que não fosse controlável pela experiência. Mas a informação aspira a uma verificação imediata. *Antes de mais nada, ela precisa ser compre-*

8. *A arca dos Zo'é,* Centro de Trabalho Indigenista, Vídeo nas Aldeias (1993, 21').
9. *Eu já fui seu irmão,* Centro de Trabalho Indigenista, Vídeo nas Aldeias (1993, 32').

ensível em si e para si. Muitas vezes ela não é mais exata que os relatos antigos. Porém, enquanto esses relatos recorriam frequentemente ao miraculoso, é indispensável que a informação seja plausível. *Nisso ela é incompatível com o espírito da narrativa.*[10]

No vídeo sobre o encontro com os Zo'é, o chefe Wai Wai é um narrador, no sentido benjaminiano; volta para os seus para falar, com a autoridade de que dispõe, sobre esses que aparecem aos Wajãpi como seus ancestrais. A repórter Renée Kahukura, ainda que tenha assumido em entrevista ter vivido uma espécie de viagem no tempo ao encontrar os Kaiowá e Guarani em uma situação de privação de direitos análoga à vivida pelos Māori há mais de cem anos, veio também para produzir informações sobre os Kaiowá e Guarani. Essa forma de relação não é menos ou mais legítima que a relação estabelecida pelo chefe Wai Wai com os Zo'é, contudo, como em Benjamin, funda-se em um paradigma de autoridade diferente, e, principalmente, carrega como elemento diferencial uma exigência de comunicação cujo formato inexiste na narrativa de Wai Wai aos Wajãpi, bem como nas práticas midiáticas da Ascuri.

Trabalhando sob diferentes *modos de* produzir informação, um coletivo indígena de produção midiática, como a Ascuri, e uma equipe de televisão almejam alcançar auditórios muito diferentes e por isso produzem, em forma e conteúdo, resultados muito diferentes. Fazem-se também como sujeitos diferentes. De forma que tais desencontros talvez sejam inevitáveis — ainda que, por meio dessa experiência, os jovens realizadores Kaiowá, Guarani e Terena tenham adensado relações com os jornalistas māori.

Uma liderança da Aty Guasu e membro da Ascuri, em uma conversa informal pouco antes de meu retorno a São Paulo, soube expressar em uma metáfora seu sentimento sobre o encontro: os Māori haviam chegado com um trator, enquanto os Kaiowá estavam trabalhando com a enxada. A frustração, fortalecida pela falta dos Māori ao encontro marcado no alojamento dos professores, fez com que outra liderança enunciasse que essa experiência só faz mais valorizar o trabalho da Ascuri. Constante, o trabalho dos Kaiowá e Guarani seria diferente de tudo que, como o trabalho de jornalistas e projetos de comunicação, vem e vai.

10. Benjamin, 1985, p. 203.

FAZER-SE PARA FAZER

Fundada em fevereiro de 2012, a Ascuri prioriza, como consta em seu estatuto, "possibilitar que os Povos Indígenas de Mato Grosso do Sul tenham acesso à ferramenta das novas mídias, assim como conteúdos relacionados ao audiovisual, e tenham acesso a equipamentos de produção audiovisual, radio-difusão e TV Comunitária". Mas ao desempenhar esse objetivo, na prática, a Ascuri, talvez à luz do exemplo da própria Aty Guasu, parece menos interessada em se produzir enquanto uma entidade do que em produzir espaços em que os coletivos formados por práticas midiáticas específicas possam se reunir, compartilhar experiências, discutir diretrizes de ação — como é o caso no Fórum de Inclusão Digital nas Aldeias (FIDA).

Organizar-se em torno de uma associação é uma resposta para as necessidades impostas pelo mundo dos *projetos*.[11] A adesão à ideia de criar uma associação emerge, pelo que pude observar, das relações que já vinham sendo estabelecidas por sujeitos, que depois de envolvidos em projetos de comunicação externos — como é o caso do Vídeo Índio Brasil — passaram a planejar práticas conjuntas ou harmonizadas e se constituir como um coletivo.

O FIDA que pude etnografar não me pareceu o espaço voltado eminentemente para a formação técnica em produção audiovisual. O foco do fórum esteve menos sobre o desenvolvimento de roteiros para vídeos — de fato, uma das atividades entre as inúmeras realizadas — ou a edição de materiais finalizados do que na reflexão sobre os processos de produção midiática, seja por meio estritamente do vídeo, da fotografia, do áudio ou de outras plataformas. Esse tom parece estar no centro das preocupações desse coletivo indígena, que ainda consolida relações com o movimento indígena no Mato Grosso do Sul.

Na apresentação da Ascuri feita no alojamento dos professores da Licenciatura Intercultural Teko Arandu, foi reiterada por vários dos participantes a ideia de que o papel de uma associação como esta é a de, além de produzir vídeos para divulgar assuntos de interesse das comunidades como têm feito, ser um coletivo que reflete permanente e cotidianamente sobre a presença de tecnologias de comunicação nas aldeias.

11. Este Fórum é organizado pelos jovens articulados pela Ascuri e nele reúnem-se produtores de audiovisual de uma série de diferentes terras indígenas do sul de Mato Grosso do Sul.

Os membros do coletivo que compõem a Ascuri autodenominam-se, como o próprio nome da associação diz, *realizadores indígenas*, categoria sistematicamente utilizada pelos projetos de formação para a produção audiovisual, mas problematizada por trabalhos como o de Dias (2011) — e que, avalio, está em consonância com as práticas e discursos levados a cabo pela Ascuri e projetos de comunicação indígena conectados a ela.

Uma das lacunas identificadas pelos membros da Ascuri está na formação técnica para a edição de vídeos[12] e na quase ausência de equipamentos para a edição de vídeos. De forma que, ao invés de apostar em formar jovens cinegrafistas indígenas que capturem cenas do cotidiano de suas aldeias a serem editadas por outros, indígenas ou não indígenas, de maior expertise, os jovens da Ascuri aspiram tomar as rédeas desses processos como um todo — ainda que em muitos contextos nem mesmo a captura de imagens seja possível.

Em sua dissertação sobre o uso do vídeo entre os Mebengokrê Kayapó, que vivem no Sudeste do Pará, Dias apresenta, logo de início, desconfianças com relação a termos como *realizador*, *filmmaker* ou *cineasta* indígena a partir do reconhecimento de que o uso dessas categorias se dá, no mor das vezes, como uma estratégia para o empoderamento ou valorização dos indígenas participantes. A constatação que pareceu ser determinante para os questionamentos impostos a essa terminologia por Dias é a de que: "Os índios não estavam tão interessados quanto esperávamos no desenvolvimento de um produto acabado ou no estabelecimento de uma narratividade que pudesse caracterizar o que chamamos de um 'filme'" (Dias, 2011, p. 13). De fato, o que a etnografia de Dias permite vislumbrar é que os Kayapó que participaram do projeto de formação em audiovisual avaliavam que importava mais registrar do que propriamente editar um produto final.

Durante meus períodos em campo entre os Kaiowá e Guarani não observei situações que permitem afirmar que não há interesse deles

12. Em janeiro de 2013 pude acompanhar, durante alguns dias, uma oficina de edição de vídeo realizada por acadêmicos de cursos de cinema no sudeste com um grupo da Ascuri e de professores da Licenciatura Intercultural Teko Arandu. A parceria, encabeçada por um estudante de cinema que vive em Dourados, foi concretizada por meio de um projeto de extensão da UFGD com a Universidade Federal Fluminense. Avaliada positivamente pelos jovens participantes, vindos principalmente de Panambizinho, e também pelos membros da *diretoria* da associação, a experiência de captura e edição de imagens para uso nas escolas indígenas não logrou finalizar a edição de todos os produtos naquele período.

pela produção de produtos acabados, em vídeo ou em outros formatos. Mas o exemplo desta outra etnografia permite problematizar a aplicação de categorias não indígenas para caracterizar os usos indígenas de tecnologias de comunicação, como é o vídeo. Esses jovens indígenas experimentam hoje o efeito de relações impostas aos povos indígenas pelo Estado ao longo de muitas gerações e que, de maneira análoga, são também postas por *projetos* de formação de *realizadores, cineastas, filmmakers*.

No caso da Ascuri, *realizador indígena* aqui parece conter um significado diferente ou mais estrito: remete mais à ideia de um fazedor do que propriamente a de um profissional de comunicação — seja ele cineasta, videasta ou jornalista. Ao mesmo tempo, ao utilizar essa terminologia a Ascuri responde às expectativas expressas pelos *projetos* de comunicação, de forma que *realizador indígena* — assim como os produtos de suas práticas midiáticas, como sugere Dias (2011, p. 73), aparecem como formas de produzir relações eficazes com os não indígenas, mas também entre si — formas de se fazer aparecer e se fazer circular.

GUARANIZAR O COMPUTADOR

A experiência etnográfica sobre a qual escolhi falar aqui reverbera a ideia de que o uso de tecnologias de comunicação e a produção de discursos midiáticos[13] entre os Kaiowá e Guarani, e outros tantos povos indígenas ao redor do globo — incluindo os Māori e sua televisão, na Nova Zelândia — estão em constante discussão e elaboração. Ao se apropriarem de nossas tecnologias de comunicação para falar à esfera pública, com outros povos indígenas ou com suas próprias comunidades, os povos indígenas estão produzindo formas novas de falar, mas também de aparecer e de agir — para múltiplos auditórios.

Nesse caso específico, no desencontro entre as expectativas dos meus amigos kaiowá, guarani e terena e dos jornalistas māori, é possível observar os equívocos entre formas de fazer diferentes — que conformam também sujeitos diferentes. As escolhas dos Māori que conheci — parte de uma população indígena que goza de políticas públicas de comunicação específicas e apostam em ter uma televisão

13. O que optei por totalizar sob o termo *práticas midiáticas*, como forma de contemplar tanto o caráter processual adotado como referência para a observação etnográfica quanto à multiplicidade de produtos e formatos verbais, visuais e audiovisuais que aparecem por meio desses processos.

indígena –, de certo são muitos diferentes das respostas que os meus amigos kaiowá e guarani têm construído por meio desse processo de apropriação. Operam, cada um a seu modo, formas diferentes de ver efetividade e autoridade em seus discursos midiáticos, principalmente.

Em um dos vídeos produzidos pelos realizadores indígenas da aldeia Te'ýikue, a TI Caarapó, durante o Vídeo Índio Brasil,[14] há uma passagem em que foi registrado o som do *guyrapa'i*, ou "arquinho", um instrumento musical tocado por apenas três *ñanderu* desta aldeia que emite um som parecido com o canto de um pássaro. Segundo um dos realizadores do vídeo e membro da Ascuri, o *som do arquinho não tem palavras* e, portanto, é impossível anotá-lo.

> Mas esse som é poderoso. Não é muito aconselhável para os alunos, principalmente para os jovens, para anotar. Porque tem o tocador e depois de tocar eles colocam uma reza para desencantar, porque ouvindo aquilo você fica encantado. O próprio som te encanta. Deixa tudo assim, o céu azul. É muito profundo. Se o rezador ou o tocador toca isso, os alunos ficam todos encantados, tudo doido, tudo maluco. Então isso não pode [anotar]. Por isso que a gente quer buscar ainda, mas com toda a segurança, com todos os rezadores. Para a gente ouvir, escutar, mas depois ter uma reza para desencantar tudo isso.

Qual não teria sido, assim, o efeito de tê-lo registrado em vídeo? O realizador responde que *o cinema é muito rápido* e, por estar descontextualizado, o som do arquinho não teria a mesma efetividade. Ele afirma que, no início das filmagens, os realizadores começaram a gravar sem perceber que a ação poderia ser vista perigosa, movidos pela vontade de *fazer o diferente.*

> O certo era não fazer isso. Esse é um dilema. Ao mesmo tempo que as coisas sagradas não podem ser muito abertas, muito vistas, ao mesmo tempo temos necessidade de registrar isso, porque isso aos poucos vai se perdendo com a morte dos velhos.

Segundo Marques Pereira (2004, p. 275–6), entre os xamãs kaiowá "a caneta é tomada como um elemento fundamental do sistema do branco, *karai reko*, em oposição ao sistema do Kaiowá, *ava reko*, pois, como costumam afirmar, 'o papel é tudo para branco'". Em um

---

14. Esse projeto foi desenvolvido no Mato Grosso do Sul por meio do Pontão de Cultura Guaicuru, em Campo Grande, no bojo do projeto *Ava Marandu* – Os Guarani convidam, e ajudou a conformar o coletivo de indígenas que hoje trabalha com produção audiovisual.

esforço comparativo da discussão sobre a educação escolar e o pentecostalismo kaiowá, o autor identifica nas reservas indígenas uma dificuldade na cooperação entre velhos e líderes jovens — situação forjada pelo próprio processo de confinamento territorial a que foram forçadas. Sem laços de parentesco com os jovens líderes, os velhos kaiowá:

> julgam completamente sem propósito o discurso dos líderes jovens de *preservação da cultura*, pois consideram que a prática social dos jovens se contrapõe frontalmente com o que expressam em seus discursos. *Poderíamos aqui falar que os xamãs se rebelam contra uma espécie de folclorização da cultura.*[15]

Para Pereira nesse artigo, a opinião dos xamãs é a de que os jovens não buscam a reprodução dos valores que caracterizam o tempo antigo, embora muitas vezes verbalizem esse conteúdo como discurso voltado à expectativa dos responsáveis pelos programas que incidem sobre a sociedade indígena. Assim, segundo o autor, "a prática dos jovens está orientada para o futuro, para o vir-a-ser, como ruptura com processos que caracterizam o tempo antigo". Daí a importância de se observar como os jovens têm construído o *teko pyahu*, "novo modo de ser", mesmo que essa construção se traduza em dilemas e desencontros de expectativas.

Tecnologias de comunicação há muito deixaram de ser um objeto apenas das reflexões ocidentais, como testemunham os participantes da Ascuri. Os interlocutores dessa pesquisa estão consolidando práticas de comunicação cujos vigor e capacidade de circulação não carecem de demonstração; a rede indígena de comunicação está constituída e, por meio dela, os indígenas falam por si. Essa fala quis mostrar elaborações indígenas sobre elas e os usos que têm sido feitos dessas tecnologias pelos Kaiowá e Guarani, na construção do *teko pyahu*. Trata-se, assim, de dar atenção às agências indígenas nesses processos e creio que os exemplos Kaiowá e Guarani apresentados aqui são inspirações singulares nesse sentido — especialmente por demandarem das tecnologias de comunicação que sirvam a interesses e necessidades de comunicação particulares.

Mas mais do que as expressões da tomada de lugares de fala, a importância das práticas midiáticas indígenas reside na potência de *falarem*, como disse, com múltiplos auditórios — com vistas a produzir relações eficazes: essas cartas, vídeos, CDs, *websites*, livros, animações,

15. Marques Pereira, 2004, p. 275.

programas de rádio falam ao mesmo tempo com esse mundo e com outros – uma forma inovadora de produzir significados para ideia de *guaranização* das tecnologias.

BIBLIOGRAFIA

BENJAMIN, Walter. *Magia e técnica, arte e política.* São Paulo: Ed. Brasiliense, 1985.

DIAS, Diego Madi. *"Mekaron Ipêx": cultura, corpo, comunicação e alteridade [usos do vídeo entre os Mênbêngôkre-Kayapó, PA].* Dissertação de Mestrado. Rio de Janeiro: IFCS-UFRJ, 2011.

GALLOIS, Dominique Tilkin & CARELLI, Vincent. "Índios eletrônicos: a rede indígena de comunicação". *Sexta Feira* 2, São Paulo: Pletora, 1998.

______. "'Vídeo nas Aldeias': A experiência Waiãpi". *Cadernos de Campo* 2, 1992.

______. "Diálogo entre Povos Indígenas: a Experiência de Dois Encontros Mediados pelo Vídeo". *Revista de Antropologia* 38(1), 1995.

PEREIRA, Levi Marques. "O pentecostalismo Kaiowá: uma aproximação dos aspectos sociocosmológicos e históricos". In: WRIGHT, Robin M. *Transformando os Deuses, vol. 2.* Campinas: Ed. Unicamp, 2004 [1999].

Quem trabalha com os Kaiowá viu o que foi a mobilização de 2012: manifestações na rua em mais de 50 cidades em favor deles, tudo isso a partir da difusão de cartas das comunidades na página da Aty Guasu no Facebook. A questão do suicídio coletivo — interpretada por muitos como a suposta intenção da comunidade do Pyelito diante de um despejo decretado pela Justiça —, acabou servindo para as pessoas entenderem muita coisa. A partir daí, há um batalhão de gente que adotou Guarani Kaiowá como sobrenome no perfil do Facebook, entre outros efeitos. Um ano antes, se você fosse perguntar para as pessoas quem são os Guarani Kaiowá, tem um bocado de gente que não tinha ideia. Nesse contexto, o trabalho de vídeo é promissor, principalmente com a formação de coletivos mistos, trocas de experiência e informação.

SPENSY K. PIMENTEL

Comunicação, convívio e permuta em *Yvy vai*

MARIA INÊS LADEIRA*

Com poucas palavras abordo alguns temas suscitados a partir de conversas que aconteceram desde o final da década de 1970 até os dias de hoje, em diferentes aldeias, que procurei recuperar por revelarem um pouco do pensamento e da cosmologia guarani no que se refere às formas de comunicação, convívio e permuta, exercidas por eles em *Yvy vai*.[1]

Terra das imperfeições, espaço de trânsito e de transitoriedade, *Yvy vai* é o mundo terreno das coisas efêmeras, em que continuidade e renovação se inserem nos processos de comunicação, convívio e permuta entre os seres que o povoam. A permeabilidade entre essas relações e as conexões entre pessoas e lugares serão aqui abordadas a partir de determinados contextos enunciados por alguns interlocutores guarani.

A penetração das novas mídias no cotidiano de várias comunidades indígenas é assunto que vem sendo estudado por meio de enfoques transversais que abrangem aspectos relativos à comunicabilidade entre as pessoas, à difusão de ideias e à sua inserção individual e coletiva nas redes sociais. Não é o caso de discutir aqui a variada gama de influências e as novas mediações provocadas pelos diversos aparatos tecnológicos, tampouco o modo como os meios de comunicação têm desempenhado seu papel de produção de notícias sobre os povos indígenas. O que motivou tracejar este enfoque foi perceber que, entre os Guarani, a circulação das notícias de parentes e das informações de um modo geral, incluindo as advindas de suas múltiplas

---

*. Doutora em Geografia Humana pela FFLCH/USP, mestre em Antropologia Social pela PUC/SP e coordenadora do Programa Guarani do Centro de Trabalho Indigenista.

1. *Yvy* é o termo genérico para designar o mundo terrestre, a Terra e o solo e, com frequência, vem acompanhado de outras qualificações. *Yvy vai*, Terra imperfeita, é o mundo terreno onde as coisas e as relações aqui criadas, não têm a marca da perenidade, da renovação (Ladeira, 1999).

relações com os *juruá*, "não indígenas", não abstraiu seus próprios mecanismos mesmo que, por vezes, eles apareçam interagindo com as novas tecnologias.

Em *Yvy vai*, o convívio e a permuta, incluindo os *juruá* em sua diversidade, acontecem por meio de diligências muito peculiares de comunicação, que variam de acordo com as características das mensagens, dos mensageiros e do tipo de interlocução. Sempre há que acessar, pedir, negociar, valendo-se de diferentes formas e maneiras de estabelecerem comunicação, e são essas, recriadas em diferentes contextos, que instigam e proporcionam novas reflexões.

O conceito de *Yvy vai*, que suscita incontáveis desdobramentos, remete, nesta abordagem, às coisas constitutivas do mundo, a partir das relações nele construídas e renovadas. Relações que acontecem em *Yvyrupa* – *Yvy*, "Terra"; *tupa*, "leito", "lugar de permanência" – ,[2] cuja tradução de suporte ou plataforma terrestre pode parecer, a primeira vista, abreviada, mas que pressupõe uma ordenação de ordem cosmológica da Terra, *Yvy*, indivisível em sua essência. Enfim, mais do que suporte, *rapyta*, é onde se assenta, descansa a Terra na qual se difundem as casas, *tata'ypy re*, "lugar onde se acendem os fogos", e onde, a partir dos seus elementos constitutivos, espécies povoadoras, são criados elos de comunicação e continuidade com *Nhanderu retã*, as moradas dos regentes divinos, *Nhe'ẽ ru ete*, "verdadeiros pais das almas". *Yvyrupa* é, portanto, esteio de *Yvy vai* que se transforma e atualiza produzindo novas relações. Superfície terrestre sem fronteiras nacionais ou político-administrativas que abriga toda a diversidade das espécies, de costumes, modelos e tradições.

Para os Guarani, *Yvyrupa* foi criado e colocado por *Nhanderu* para seus filhos, os Guarani, habitarem, como também foram enviados outros seres que vivem nas florestas. Já *os brancos vieram de outras ilhas.* Entretanto, por não ser exclusivo, o seu compartilhamento com os *juruá* é também admissível, uma vez que todas as relações entre os seres que o povoam, bem como suas inovações, são incluídas em *Yvyrupa.* A ressalva não é devida à presença do branco genérico e sim aos agravos cometidos contra a superfície terrestre, lamento proferido principalmente pelos mais velhos. No dizer recente de uma senhora guarani, que vive em Paso Yobai, Paraguai, "*Yvyrupa* era limpa, só mata... e o perigo é que os *etavaekuéry*, os *juruá*, perfuram a terra, estragando e enfraquecendo o solo colocado por *Nhanderu*".

2. Tradução que também corresponde a de Montoya (2011 [1639, 1876]).

Refere-se claramente à degradação provocada pelos empreendimentos econômicos e à exploração dos recursos naturais necessários para sustentar o modo de vida dos *juruá* no mundo terreno, *Yvy vai*, o que põe em risco o próprio equilíbrio das bases da terra, *Yvyrupa*.

Embora não sendo foco desta reflexão, é preciso reportar ao contexto crítico marcado por conflitos territoriais que se multiplicam nas terras ocupadas pelos Guarani em seu território tradicional, e que acarretam implicações nas esferas dos relacionamentos assumidos por eles.

Os procedimentos de regularização de cada uma das Terras Indígenas nas regiões sul, sudeste, centro-oeste e nordeste são marcados por conflitos de toda ordem, instituídos ou acirrados em função de interesses econômicos governamentais, empresariais, turísticos e da propriedade privada. Por seu caráter de violência e tragédia, mais da metade da população indígena do país que vive nessas regiões não possui espaços reconhecidos e regularizados no âmbito de seu território tradicional — mas vêm, cada vez mais, alcançando espaços na mídia.

Nas regiões sul e sudeste do Brasil, compreendendo as 6 unidades federativas, os Guarani, cujo território extrapola as fronteiras nacionais do Brasil, Paraguai, Argentina, Bolívia, Uruguai, ocupam atualmente cerca de 150 Terras Indígenas. Além dessas, foram levantadas, a partir de 1980, mais de uma centena de locais de aldeias que foram desocupadas em decorrência de pressões fundiárias, esbulhos, descaracterização ambiental, fissões de grupos locais, ou que ainda são utilizados e ocupados de modo intermitente.[3] Do total das Terras ocupadas pelos Guarani no sul e sudeste do Brasil, apenas 24 mil hectares aproximadamente estão completamente regularizados para seu uso exclusivo, isto é, homologados pela presidência da República. No Paraguai e na Argentina, os Guarani enfrentam situações similares em centenas de aldeias.

Apesar da crítica situação fundiária em que vivem em razão da exiguidade de terras que lhes estão disponíveis, pode-se dizer que os Guarani, especialmente os Mbya, possuem uma concepção singular de uso do espaço que prioriza a circulação por toda a extensão de um território geográfico, *Yvyrupa*, mantendo assim a amplidão e a totalidade de seu mundo terrestre para além dos limites das pequenas

3. Fonte: Terras Guarani no Sul e Sudeste do Brasil 2014. Disponível em: *www.trabalhoindigenista.org.br*.

áreas nas quais habitam. Sob esse prisma, continuam formando aldeias e realizando seus movimentos com a liberdade desejada.

PRINCÍPIOS E PROCESSOS DE COMUNICAÇÃO ENTRE AS PESSOAS E ACESSO ÀS DIVINDADES CRIADORAS

É, pois, sob a configuração de um território fracionado, contudo coeso, que os Guarani exercem sua territorialidade, transpondo fronteiras e interdições, mas mantendo contato com seus pares em *Yvy vai.* A conversa aqui transcrita é de muitos anos atrás, e no entanto permanece atual.

Ao ser indagado sobre como receber notícias dos parentes distantes, o homem, nem tão velho nem tão novo, pareceu estranhar a pergunta e logo mostrou o celular. Sempre foi assim? Perguntei. Ele pensou um pouco e, apontando dois jovens, um filho e a filha de sua irmã, foi dizendo: "eles enxergam também na máquina de fazer tempo". Desta vez, fui eu que estranhei a resposta e ele explicou que no telefone celular, eles, os jovens, podiam ver e mostrar, conversar e se encontrar com as pessoas, na mesma hora. Sem a demora de ir e vir. Simples assim. Não contente com resposta tão lacônica, ainda indaguei se era só desse jeito, se não havia outras formas de se comunicar, e falei com interesse do sonho, contado por uma senhora bem idosa, sobre o chamado de uma de suas filhas que vivia numa aldeia distante. O homem coçou a cabeça e, meio que pensando como explicar, disse não ser bem assim, que as coisas feitas pelo *juruá* cada vez se estragam mais e mais, e contou das dificuldades que tinha para consertar os rádios quando era mais moço, que não sobrou nenhum, e que agora tem que trocar mais vezes as coisas compradas — a televisão, o computador, o celular, e por aí vai. Disse ainda que não é por morarem numa aldeia em que a cidade está perto e que as coisas do *juruá* entram demais na aldeia, que eles não escutam mais *Nhanderu* e não recebem mais suas palavras. Para este meu interlocutor, conforme explicou, os que querem escutar, *endu*, prestar atenção, podem ganhar sabedoria e sonhar, *exarau*, pressentir os acontecimentos, *exaã*, e enxergar dentro das coisas, *ema'ẽ kuaapota.*[4] E que em *Nhanderu retã*, os aparelhos, as máquinas, não se acabam, pois são *marãey.*

4. *Japyxaka*: deixar entrar no centro, pelo início da cabeça e sentindo no coração, no interior, o calor de *Nhamandu* para ser possível adquirir a capacidade de entender os *códigos* que ele envia, conforme explicação de outro interlocutor guarani.

Esse momento da conversa me relembrou outra, ocorrida no início dos anos 1990, numa aldeia do litoral sul de São Paulo, em que um pai contava a seus filhos como eram as coisas em *Nhanderu retã, Yvy marãey*: a luz elétrica que nunca termina, os carros que rodam sem combustível, a televisão que não se quebra, entre outras máquinas e aparelhos que nunca se estragam nem acabam...

Para além da qualidade intrínseca de perenidade das coisas em *Nhanderu retã*, mas talvez por conta delas, o senhor, que não se colocava num estágio superior de sabedoria, pois não tinha recebido ainda muitos cantos, me disse que o *jeito de saber* era um jeito que não podia se acabar como as coisas do *juruá*.

Essas explicações remetem a um dos princípios contidos em uma narrativa mítica, colhida em 1989–90, sobre a edificação de *Yvy pyau*, depois do dilúvio, a "Terra renovada"[5] e a orientação divina sobre a importância da manutenção da comunicação entre os vários núcleos familiares, a despeito das distâncias. Foi assim transcrita: "Nosso pai primeiro, *Nhanderu tenonde*, diz: 'onde meus filhos tiverem acento junto aos seus fogos, *tataypyre*, seus pensamentos devem estar voltados uns aos outros, em todos os lugares, *mbyarekoa*'".

Essa esfera de comunicação, ou comunhão das almas, *nhẽe*, se realiza através de mensagens e orientações veiculadas nos sonhos, em cantos, falas e danças rituais na *opy*, em visitas e lembranças, pressupondo também um diálogo com os antepassados, conforme inscrito nos mitos. Nesse sentido, o termo memória, enquanto conservação, síntese ou análise histórica, parece ter outro significado entre os Mbya, pois, tanto em termos temporais como espaciais, é revivida, partilhada e interpretada constantemente (Ladeira, 1992).

Esse princípio de interatividade pressupõe um outro, anterior, que é o da separação dos primeiros Guarani, *em casais*, para povoar, e assim sustentar a Terra a eles destinada por *Nhanderu Tenonde*. Entretanto, os princípios dessa separação não implicam na desarticulação da sociedade Guarani. Ao contrário, indica que estes movimentos são

5. *Yvy tenondegua*: é a primeira terra, ou o mundo antes da renovação pelo dilúvio, ainda povoado pelos seres originais. *Yvy pyau* é o mundo novo, depois do evento do dilúvio, o mundo socialmente reedificado. Cadogan (1997) refere-se ao dilúvio como destruidor da *Yvy tenonde*. Montoya, por sua vez, traduz como mundo novo, recriado pela aquisição do cristianismo, em oposição ao *Yvy yma*, terra das antigas crenças.

fundamentais para assegurar o mundo no qual os Guarani efetivam suas relações:[6]

> Quando *Nhanderu Tenonde* (nosso pai primeiro) construiu esse mundo, ele disse: "meus filhos que vão estar no mundo vão ter que se separar. O mundo é muito grande. Por isso vão ter que se separar e deverão caminhar (*oguata porã*)...". Eles andaram para o bem. E eles se separaram, cada um com suas companheiras, cada um com suas famílias.

Para os Guarani Mbya a separação em famílias segue o preceito mítico relacionado às origens da humanidade na Terra, *Yvy vai*, quando os primeiros povoadores, os antepassados de um tempo longínquo, se distribuíram na superfície terrestre do mundo, *Yvyrupa*,[7] para compor, enfeitar, reproduzir os seres criados por Nhanderu Tenonde, para viverem nesse mundo. É como, nas formas atuais, seguem fazendo o manejo do mundo. Reencontros e trocas que acontecem com as caminhadas seriam os efeitos dessa experiência, anunciadas nos dois princípios dessa narrativa.

Mais do que um centro geográfico de um território físico original *yvy mbyte*, "meio", "centro da terra", é qualificado pelos Guarani como local onde chegaram os primeiros povoadores enviados para formar a humanidade, distinguindo-se dos seres primigênios, e que deveriam se separar, "em mais ou menos três famílias", e "caminhar para o bem", *jaguata porã*, seguindo o mesmo caminho de *Kuaray* em busca de seu pai, *Nhamandu*.[8] O que em síntese significaria povoar em sentido amplo *Yvyrupa*, plantar suas sementes e cultivos,[9]

6. Reproduzo trecho do discurso do dirigente político da aldeia Pastoreo, em Itapua, Paraguai, em 1997, proferido para recepcionar visitantes de aldeias situadas no litoral do Brasil: "Nós somos uma única família original — nosso corpo e o nosso jeito é o mesmo, a nossa língua e a nossa fala é a mesma. Estamos contentes com a visita de vocês. Os antigos foram para o Brasil e os parentes que vieram do Brasil são os que restaram e são os verdadeiros. Foi muito difícil para vocês chegarem até aqui. Da mesma forma, um dia podemos visitar a aldeia de vocês".

7. Em *Maino i reko ypykue, "las primitivas costumbres del Colibrí"* e em *Yvy Tenonde, "la primera Tierra"*, textos recolhidos por Cadogan entre 1940 e 1950, há referências a *yvyruparã* como a "futura morada terrenal" de *Nhanderu tenondegua*. Transcrevemos a tradução de trecho da segunda narrativa: "El verdadero Padre Ñamandu, el primero, habiendo concebido su futura morada terrenal, *oyvy ruparã*, y en virtud de su sabiduria creadora, hizo que en la extremidad de su vara fuera engendrándose la tierra. Creó una palmera eterna en el futuro centro de la tierra; creó otra en la morada de Karaí, Oriente, [...]" (Cadogan, 1997 [1959], p. 24 e 49.

8. Essa narrativa, cujos desdobramentos são infindáveis, já propõe várias formas de *permuta* para tornar possíveis as realizações dos irmãos *Kuaray* e *Jaxy* na Terra.

9. Após narrar versão do mito dos irmãos *Kuaray* e *Jaxy*, "*Kuaray* veio neste mundo", meu interlocutor guarani Davi Rataendy comenta: "aqueles que percorrem o caminho

nomear lugares, formar seus *tekoa* — em todos os cantos da terra já edificada. Especialmente nos lugares em que foram colocados seus suportes por *Nhanderu Tenondegua*, compreendendo *yvyapy*, "a borda da terra", situada à beira do oceano onde identificam formações rochosas e montanhosas[10] e de cuja conservação depende a própria 'permanência da terra', segundo as palavras de Maria Tataxĩ. Esta *kunhã karai* confere aos Guarani a responsabilidade de manter o equilíbrio da Terra, o seu não desmoronamento, pois para eles esse mundo, assim conformado, foi criado. Nesse sentido é que muitos dentre eles dizem que se os Guarani acabarem, esse mundo deixará de existir.

Todas as divisas, obstáculos e sanções impostas por um modelo de gestão e ordenamento territorial alheios à cosmologia guarani sobrepuseram-se a uma noção própria de continuidade, humano-divina, baseada na superação de tantas fronteiras: o *paraguassu*, "mar", *yvyty*, "montanhas", *kaguy poruey*, "matas intocáveis", os descaminhos provocados por *Anhã*, o *jepotá*, "transformação em seres primigênios", a própria morte física, os *etavaekuéry*, "os que são muitos em *Yvy vai*", os *juruá*. Nem mesmo esses obstáculos, apregoados por eles como provas, são barreiras definitivas para romper a continuidade entre *Yvy vai*, "terra imperfeita", e *yvy marãey*, "terra da perenidade", pois os seres, ou espécies, de origem, as divindades e as almas habitam e podem transitar nesse universo que compõe o mundo Guarani. Nesse sentido mais amplo de possibilidades, relativizadas, teorizadas e atualizadas, é que os Guarani dizem, não como um preceito individual e sim coletivo, não possuir fronteiras.

Retomando algumas ideias sobre os jeitos de saber, destacam-se as visitas que implicam em deslocamentos consideráveis, impulsionadas por motivações diversas, por meio das quais, nos seus caminhos e paradas, transitam também as notícias. Os movimentos e as articulações impulsionadas pelas relações entre parentelas implicam comunicação constante, renovação de experiências, reavivamento de lembranças, circulação de saberes, de práticas rituais, de cultivos e

deixado por *Nhamandu* deverão levar e plantar as sementes do milho verdadeiro, *avaxi etei*, espalhando-as pelos lugares que passarem. Assim, as sementes deixadas por *Nhamandu* aos que seriam seus 'filhos caçulas' devem ser levadas e plantadas em cada lugar" (Ladeira, 2007 [1992]).

10. Referência feita na versão de Davi Rataendy (Ladeira, 2007 [1992]), compartilhada por outros, às formas da terra após o terremoto que destruiu os pilares da primeira Terra, feita de caule de milho.

de espécies naturais em suas diferentes formas, tempos e contextos, demonstrando como os Guarani se reconhecem em toda a amplidão de seu território.[11]

Convém ressaltar que, atualmente, os encontros, reuniões e eventos agenciados pelas instituições das sociedades nacionais fazem parte desse esquema de trocas e de circulação de notícias e também foram apropriados como processos utilizados para se manterem conectados, seguindo os preceitos cosmológicos.

Já a transmissão de mensagens sobre acontecimentos previsíveis na terra, por meio das premonições e das revelações em sonhos, cuja veiculação é intrínseca a esses estados, é realizada pelas divindades, o que impõe que a comunicação seja feita, *a priori*, com essas divindades, sobretudo com o seu respectivo *Nheẽ ru ete*, "o pai do nome-alma", o guardião da alma e da pessoa. Porém, como dizem, nem todos conseguem o contato direto com *Nhanderu* para receber suas mensagens, nem decifrar seus *códigos*, daí o prestígio dos xamãs. O acesso às divindades acontece por meio dos cantos e danças rituais e do aparecimento de sinais e marcas. Também não se pode negar que as divindades tenham seus próprios e poderosos aparelhos e armas que possuem as qualidades intrínsecas de perenidade e de renovação, como todas as coisas que existem em *Nhanderu retã*, "moradas dos *Nhanderu*".

Poderia ser argumentado que os desígnios de comunicação são diferentes a depender dos meios e dos veículos utilizados. Por exemplo: a internet e o celular, conquistado da sociedade envolvente *versus* os sonhos, as visitas e premonições, meios concedidos originalmente por *Nhanderu*. Mas o que se observa nas conversas e nos discursos é que são domínios permeáveis[12] e não excludentes.

A forte imbricação entre relações cosmológicas e constituição da pessoa significa que, para os Guarani, não reconhecer a eficácia dos

---

11. Nestes termos, a ocupação dos Guarani se realiza por meio de dinâmicas próprias e seculares e da manutenção de redes de reciprocidade entre aldeias, famílias e pessoas que habitam, *permanentemente*, um mesmo espaço geográfico. Entretanto, pelo fato dos Guarani não deterem o uso exclusivo de seu território tradicional, este não permaneceu alheio à dinâmica e ao modelo da ocupação envolvente, tornando-se inviável, aos Guarani, manter suas aldeias, seus usos e práticas em lugares fixos (Ladeira, 2008 [2002]).

12. Para mim, foi no mínimo inovador o registro e a veiculação do fenômeno *jepotá* no *Youtube*: um corpo foi exumado por jovens que gravaram a transformação, em processo, do morto, e a sua destruição. Tive cautela e curiosidade em relação à opinião de outros Guarani, mas esse fato não teve a repercussão interna que imaginei. Talvez por falta de estratégia de divulgação, como outros atos mediados por parceiros.

meios divinos coloca a própria pessoa em situação difícil, pois implica em não ser Guarani, não ter essa humanidade fundada por seu *Nheẽ ru ete*.[13]

TODAS AS COISAS TÊM SEU DONO GUARDIÃO

Outra esfera de comunicação que implica necessariamente em relações de permuta são as estabelecidas com os "donos", *ja*, das coisas que existem no mundo. Este tema apresenta inúmeras implicações no modo de vida guarani e no seu modo de ser, *teko*, e será brevemente mencionado a seguir.

Os *Nhanderu*, a partir de seu trabalho, *Nhanderu rembiapo*, além das suas criações, cederam uma filosofia e uma ética aos Guarani. Deram-lhes almas, terra e lhes ensinaram como usar as suas criações. A cada um, podem dar palavras e cantos. Os Guarani reconhecem que as coisas que recebem de *Nhanderu* é para serem usadas, mas não podem ser vendidas, negociadas por eles, o que colocaria em risco a estrutura do sistema de relações entre os homens, e entre estes e as divindades.

A todas as suas criações, *kaaguy regua*, que existem nas matas, *Nhanderu* designou um guardião, um dono, *já*. Tudo tem dono: os caminhos, as pedras, as *yvyra*, as "árvores", *mbore*, "anta", *tatu*, *guyra*, "todos os pássaros"... Para entrar nas matas é preciso pedir licença para *Nhanderu*. E é preciso pedir ao dono de cada ser toda vez que for usar, e saber usar, isto é, tomando os cuidados relativos a cada um. *Nhanderu* intermedia com os donos guardiões das coisas, para que estes doem aos Guarani. *Nhanderu Mirim* é *koxija*, "o dono da queixada", e de pássaros como o *tingaxuxĩ* e o *uruvuxĩ*, "urubu branco", que vêm na terra, *Yvy vai*, em *ara pyau*. *Amba* é o lugar na *opy*, "casa de rituais", onde *Nhanderu Kuéry*, "todos os *Nhanderu*", se reúnem. Os *Amba* de *Nhanderu Mirim* e de algumas divindades guardiãs das espécies vegetais, minerais e animais podem ser "descobertas no meio da mata". E é este o lugar onde se dá a comunicação entre elas e os *Nhanderu*.[14]

---

13. Foi comentado por um professor guarani que, de tanto estudar as ciências do branco, em cursos de formação de professores, apesar de conhecer plenamente a riqueza da ciência e a cosmologia de seu povo, não conseguia mais nela acreditar plenamente. Da mesma forma que missionários e colonizadores não atribuíam humanidade aos não batizados, os que não têm um nome-alma prescindem de ser pessoa, humanidade guarani, daí sua preocupação em não acreditar.

14. O sistema que envolve as formas de comunicação e a articulação entre as diversas divindades e entre essas e as pessoas é extremamente sofisticado e não explorado com

Da mesma forma, os frutos e os cultivos (plantas) tradicionais devem ser ritualizadas para serem transformados em alimentos. Assim, as autênticas, *etei*, criações de *Nhanderu* têm seu uso especialmente controlado e ritualizado, pois de sua reprodução depende o sustento e a permanência da Terra e deles no lugar. Nas palavras de um *xeramoĩ*, "dirigente espiritual", de uma aldeia no Vale do Ribeira, São Paulo, os frutos pequenos dessas espécies privilegiadas não devem ser comidos porque vão produzir as sementes que vão brotar de novo. "Não podia comer *guembe etei*. Deixava madurar, caía semente e daí nascia de novo. Mas hoje, já não tem mais. Melancia pequenininha, *xanjau etei*, também não podia chupar. Deixava madurar, cair a semente e depois reproduzir" (Ladeira, 2007 [2002]).

«JURAKUÉRY, ETAVAEKUÉRY, YVYPOKUÉRY»[15]

Ao reconhecerem as criações que foram deixadas para eles, os Guarani Mbya jamais questionam seu direito de uso, desde que seja seguindo as orientações divinas. "A gente pode usar o que *Nhanderu* deixou para nós vivermos, para fazer casa, se alimentar e para fazer a roça... E a gente sempre pede licença para *Nhanderu*, para saber o dia certo de usar. Mas agora o *juruá* diz que tem que pedir licença pra ele, o IBAMA tem que saber, o DENIT[16] tem que saber, o pessoal do [Meio] Ambiente tem que saber..." (Ladeira, 2008 [2002]).

Yvyrupa pressupõe assim, também, a existência dos outros, com os quais é preciso construir relações em contextos nos quais, cada vez mais, se inferem os sistemas dos *juruá*. Os povos indígenas incorporam às suas próprias cosmologias o universo dos brancos, *juruá*, com suas conceituações e tecnologias. Assim, os aparatos tecnológicos construídos em *Yvyrupa*, como carros, televisão, computadores, celulares, são uma imitação deficiente e deteriorável daqueles que existem em *Nhanderu retã*, eternamente renovados.

---

profundidade. Sobre as relações com os *donos das coisas*, a etnologia indígena tem dedicado atenção. Entre os trabalhos que se aprofundam sobre o assunto, destaca-se o de Fausto (2008).

15. O termo mais comumente empregado para designar os *juruá*, "brancos", é *etavekuéry*. *Etavekuéry* significa aqueles que são muitos, que hoje são maioria neste mundo. *Yvypokuéry*, expressão mais utilizada em falas rituais, são os que foram gerados neste mundo em *Yvy vai* e não possuem uma alma enviada de *Nhanderu retã*. Essas designações são concebidas nos mitos que abordam a origem, a chegada, dos *brancos*.

16. DENIT – Departamento Nacional de Infraestrutura de Transportes.

As contradições, derivadas da proximidade dos brancos e do relacionamento com estes, são trabalhadas pelos Guarani na composição de sua identidade, tal como formulado por Ana Maria Gorosito Kramer (1982):

> el discurso del aborigen sobre su identidad y el conflicto latente que encierra la situación de convivencia cotidiana con la población blanca, no se organiza en un plano de distinción donde el elemento de contraste es el ocupante (blanco); en realidad, su núcleo más importante es el de una reflexión sobre sí mismo — ser o no ser Mbya — sobre el transfondo de la sociedad blanca como un todo.

Nas mediações com as agências de governo, como a FUNAI e o Ministério da Justiça, com as instituições de educação, saúde, assistência, ONGs, entre outras, os indígenas de um modo geral, já há algum tempo, e gradativamente, se valem das novas tecnologias, dentre as quais predominam as audiovisuais. Com esses recursos produzem seus próprios recortes documentais para servirem de instrumento para efetivarem as negociações e obterem o reconhecimento de seus direitos constitucionais.

Os Guarani também, cada vez mais, vêm conquistando espaços na internet, de modo a se valerem dos meios audiovisuais para divulgar imagens de si mesmos que sejam decifráveis pelos não indígenas, aos quais, pedagogicamente, procuram ensinar, conquistar ou somente cativar.

Da década de 1980 até os anos 2000, a máquina fotográfica e o gravador eram privilegiados na procura de uma linguagem própria em relação a tempo, recortes e focos. Desde então, cada vez mais o acesso aos recursos audiovisuais fílmicos digitais, ainda quando agenciados por parceiros *juruá*, têm se constituído num meio eficaz também para a circulação de notícias e informações entre aldeias, proporcionando alegrias e saudades e motivando encontros *de verdade*.

INOVAÇÕES DA COMISSÃO GUARANI YVYRUPA

No contexto atual de grandes embates fundiários surge uma nova categoria de representantes indígenas, não mais centrada nas figuras dos *xeramõĩ*, dos xamãs e dos caciques que até recentemente exerciam com exclusividade a interlocução com as agências da sociedade envolvente. Nos últimos anos, jovens se posicionam como representantes políticos das aldeias, integrados aos novos deveres de participação e execução das políticas públicas, vinham concentrando-se em intermináveis e variadas questões que incidem nas próprias aldeias onde vivem. Para terem as terras que ocupam legitimadas, vinham desempenhando funções e atribuições extenuantes e alienantes, como a participação em incontáveis reuniões de educação, saúde e projetos de múltiplas instituições. Ressentiam-se por não terem condições de promover e participar de ações políticas conjuntas. Além disso, a morosidade dos procedimentos de regularização fundiária, assim como da implantação dos sistemas de educação escolar e de saúde de forma eficaz, não corresponde aos ciclos de vida em que as pessoas, envelhecendo, possam representar os interesses coletivos no seio de um mesmo grupo local. Desse modo, os desgastes e os desapontamentos eram constantes.

Como uma reação inovadora contra a submissão às categorias vigentes de representatividade local, e ultrapassando as esferas das redes de parentesco, os Guarani formalizaram, em 2006, a Comissão de Terras Guarani Yvyrupa. O nome deste movimento de articulação define sua esfera de ação e pressupõe formas de atuação conjuntas e apoios aos enfrentamentos que ocorrem nas terras guarani nas diferentes regiões de seu território. Encabeçada por aqueles que desempenhavam papéis de *xondaro*, essas lideranças não abdicaram da orientação dos *xeramõĩ*, "avós", "velhos sábios", que os acompanham em cada encontro que fazem para atualizar informações sobre a situação jurídica de cada terra, encaminhar reivindicações de direitos territoriais e definir ações prioritárias. A comissão *Yvyrupa* vem sendo reconhecida na medida em que se configura como um movimento próprio com maior fluidez e penetração.[17]

SEM FRONTEIRAS

Partindo de uma das perspectivas guarani, a noção de mundo está associada à *Yvy vai*, terra imperfeita, no sentido de que as coisas constitutivas e as relações construídas não são estáveis, demandando constantes trabalhos, *mbaeapo*. É o lugar em que cultivam a vida em suas várias dimensões e no qual, apesar das impossibilidades, se empenham em reproduzir os ciclos vitais, conviver e usar as coisas como em *Nhanderu retã*, *Yvy marãey*, onde tudo é eterno e renovado ciclicamente. Assim, observa-se que *Nhanderu retã* e *Yvy vai* estão de

17. Conferir <*www.yvyrupa.org.br*> e <*www.facebook.com/yvyrupa*>.

tal forma vinculados que a existência de um designa a permanência e a continuidade do outro, de modo que o suposto antagonismo entre esses dois espaços os torna contínuos e complementares. No extremo, para se "alcançar *Yvy marãey*", é preciso encontrar o acesso em *Yvy vai*. Portanto, é preciso cuidar e assegurar, com os desafios que lhes são impostos em *Yvy vai*, a permanência dos lugares em que habitam, incluindo os locais das antigas aldeias, os seus caminhos e as matas, ainda que não estejam contíguos.

Nem mesmo os obstáculos anunciados pelos Guarani, como provas, são barreiras definitivas para romper o elo entre *Yvy vai* e *Yvy marãey*, pois os seres de origem, as divindades e as almas que as povoam transitam e se comunicam nos diversos universos que compõem o mundo em que vivem os Guarani. Nesse sentido mais amplo de possibilidades relativizadas, teorizadas e atualizadas, é que os Guarani dizem, não como um preceito individual, mas coletivo, não possuir fronteiras.

BIBLIOGRAFIA

CADOGAN, León. *Textos míticos de los Mbya-Guaraní del Guaíra*. Asunción: Ceaduc/ Cepag, 1997 [1959].

FAUSTO, Carlos. "Donos demais: maestria e domínio na Amazônia". *Mana*, 14(2), 2008.

GOROSITO KRAMER, Ana Maria. *Encuentros y desencuentros. Relaciones interétnicas y representaciones em Misiones (Argentina)*. Dissertação de Mestrado. UNB, 1982.

LADEIRA, Maria Inês. *O caminhar sob a luz: o território mbya à beira do oceano*. São Paulo: UNESP, 2007 [1992].

______. *Espaço geográfico guarani-mbya: significado, constituição e uso*. São Paulo: Edusp, 2008.

______. "Yvy marãey". *Suplemento Antropológico* 34(2), 1999.

MONTOYA, Antonio R. *Tesoro de la lengua guarani*. Asunción: Centro de Estudios Paraguayos Antonio Guasch, 2011 [1639, 1876].

Nas aldeias e entre aldeias

Formas organizacionais entre os Kaiowá e Guarani em Mato Grosso do Sul

Mobilidade, modalidades de assentamentos

LEVI MARQUES PEREIRA*

A mobilidade espacial sempre foi uma característica destacada na bibliografia dos povos de língua e cultura guarani. O presente artigo procura identificar e descrever algumas formas de mobilidade entre os Kaiowá e Guarani que vivem em Mato Grosso do Sul (MS), considerando as estratégias por eles desenvolvidas para, nas circunstâncias históricas atuais, produzirem seus assentamentos de modo compatível com seus módulos organizacionais e concepções sociocosmológicas. O artigo apresenta algumas características das modalidades de assentamento consideradas como tradicionais e outras de desenvolvimento recente. Estas últimas emergem como respostas adaptativas e criativas desses coletivos frente às profundas transformações históricas e econômicas por que passou o ambiente em que vivem, ao recolhimento compulsório da maior parte da população em reservas[1] e aos processos de degradação da paisagem natural, cada vez mais intensos.

---

*. Docente na Universidade Federal da Grande Dourados (UFGD), pesquisador da Fundação de Apoio ao Desenvolvimento do Ensino, Ciência e Tecnologia do Estado de Mato Grosso do Sul (FUNDECT) e bolsista do Conselho Nacional de Desenvolvimento Científico e Tecnológico (CNPq).

1. Entre 1915 e 1928 o SPI demarcou oito pequenas áreas. Naquele momento os documentos denominaram esses espaços de reservas, onde depois foram implantados postos indígenas, destinados ao recolhimento da população de inúmeras comunidades. Nas formulações correntes entre regionais e indígenas até hoje esses espaços são denominados como reserva, embora jurídica e administrativamente sejam reconhecidos como Terras Indígenas.

Viveiros de Castro, no texto de apresentação da edição brasileira do livro de Nimuendajú (1987, p. xxiii), afirma que os Guarani "continuam cheios de mistério, pela complexidade de sua cultura, sua espantosa capacidade de desterritorialização — que sugere um descolamento entre a sociedade e qualquer suporte morfológico estável, apontando talvez a língua como o *locus* da 'perseveração do ser' Guarani". Considero que essa suposta *espantosa capacidade de desterritorialização* tem recebido muita ênfase nos estudos sobre os Mbya cujas etnografias têm influenciado a maior parte das sínteses teóricas, em detrimento dos estudos sobre os Kaiowá e Guarani que vivem em MS.

Nas últimas décadas a etnografia dos Kaiowá e Guarani enfatiza com intensidade crescente os vínculos históricos entre determinados coletivos humanos e espaços específicos, por eles denominado de *tekoha*. Tal ênfase pode estar relacionada à impossibilidade histórica de seguir praticando seu modo próprio de deslocamento de famílias e coletividades, *oguata*, devido à ocupação das terras por propriedades particulares. O *oguata*, movimento orientado para o estabelecimento de assentamentos nos quais seria possível recomposição da harmonia nas relações intracomunitárias, intercomunitárias e entre humanos e as divindades, foi substituído por outro movimento, o *sarambipa*, que resulta da inquietação constante, produzida pela simultaneidade na necessidade de deslocamento e a impossibilidade de se dispor de espaços nos quais os coletivos possam se recompor com grau satisfatório de estabilidade e harmonia. Nesse sentido, considero que a etnografia sobre os Kaiowá e Guarani pode contribuir para a discussão do tema da mobilidade entre os povos guarani, sendo o presente texto uma contribuição para tal debate. Nosso objetivo aqui é demonstrar como os Kaiowá e Guarani produzem modalidades de assentamentos e formas de mobilidade espacial no movimento de reprodução de suas comunidades, processo que se realiza em ambiente extremamente adverso.

A diversidade e complexidade das formas de assentamento foi amplamente discutida na arqueologia e em estudos de ecologia cultural. O presente artigo se restringe a uma abordagem antropológica, com ênfase na organização social. Na arqueologia os assentamentos são entendidos como o espaço onde vivem os membros de um coletivo humano, incluindo aí as áreas necessárias à realização de funções produtivas, sociais e culturais que asseguram sua reprodução (Beber, 2004, p. 132–3; Cavalcante, 2013, p. 64ss). Essa definição arqueológica não é rigorosamente aplicada à presente descrição. Tento aqui evidenciar como as atuais formas de assentamento kaiowá e guarani são transformadas pela precariedade e escassez de recursos ambientais e outros, o que impõe a circulação fora do espaço de residência para desenvolverem uma série de atividades voltadas para a satisfação das necessidades cotidianas mais elementares.

De importância fundamental para a presente discussão é o conceito de *confinamento* em reservas, desenvolvido por Brand (1997). A esse conceito, proponho acrescentar a percepção das reservas enquanto *áreas de acomodação.*[2] As reservas estariam na base da geração de novas figurações sociais kaiowá e guarani, caracterizadas pelo desenvolvimento de novas formas de mobilidade e tipologias de assentamento. Nesse novo cenário, realiza-se uma série de práticas voltadas para a contingente acomodação ao entorno regional. Acomodação tem aqui o sentido de construção de um arranjo, sempre precário, assimétrico e transitório, entre as instituições e práticas sociais indígenas e as agências da sociedade nacional.

Paralelamente ao movimento de acomodação é possível identificar práticas que vão na direção oposta, da não acomodação, da recusa de assimetria e da busca de reposição da autonomia indígena. Nas últimas décadas surgiram formas de mobilidade e modalidades de assentamento que não estão diretamente associadas às reservas. Para discutir esse movimento, apresento a configuração histórica e sociológica das reservas, dos acampamentos mobilizados para a retomada de terras de ocupação tradicional e de grupos de famílias que vivem em periferias de cidades. Entretanto, seria possível identificar outras modalidades de assentamento e formas de mobilidade, que não serão tratadas aqui, dada a limitação do espaço.

ANTECEDENTES

Antes da ocupação agropecuária do sul de MS, o que se deu de modo gradual a partir da penúltima década do século XIX, os Kaiowá e Guarani ocupavam um território comum, *tetã*, onde se distribuíam as aldeias, *tekoha*, por sua vez, compostas por uma média de três a cinco parentelas, *te´yi*. Cada parentela dispunha de uma porção de terra de

2. A ideia de acomodação ganhou destaque na antropologia do contato produzida nos anos 60 e 70, com Cardoso de Oliveira (1972 [1964]), entre outros. No presente texto o uso é complementando, pois o esforço é destacar as próprias formulações dos Kaiowá e Guarani da experiência de recolhimento compulsório em pequenas porções de terras, demarcadas como reservas e atualmente denominadas de Terras Indígenas.

uso exclusivo para o desenvolvimento de suas atividades produtivas e rituais cotidianas. Os *tekoha* estavam inseridos em redes de alianças mais amplas, de caráter político e, principalmente, religioso (Meliá, Grünberg & Grünberg, 1976; Pereira, 2004), efetivadas em momentos especiais. Em termos gerais, a maior parte das comunidades logrou manter sua autonomia organizacional e a posse de suas terras até meados do século XX.

As oito reservas, demarcadas pelo SPI entre 1915 e 1928, perfazendo um total de menos de 19 mil hectares, foram projetadas para o recolhimento de um grande número de comunidades que viviam dispersas pelo território. Assim, a reserva deveria cumprir a função política de liberar as terras para a especulação imobiliária e posterior ocupação agropecuária.

Os Kaiowá e Guarani resistiram de diversas formas, procurando manter a posse das terras que ocupavam. Entretanto, a quase totalidade das comunidades gradativamente teve de ceder às pressões dos fazendeiros e dos funcionários do SPI e se recolher nas reservas. O deslocamento territorial implicou na dispersão das famílias e no enfraquecimento dos vínculos de sociabilidade que cimentavam as relações inter e extracomunitárias. Essa dispersão é denominada pelos indígenas de *sarambipa* ou *esparramo*, e pode ser percebida como uma categoria temporal que separa o tempo antigo, *yma guare*, quando as comunidades dispunham de autonomia, e o tempo atual, *ara pyahu*, caracterizado pela retomada de seus *tekoha* e autonomia organizacional. A expulsão das comunidades de seus espaços de ocupação tradicional durou décadas e está em curso até hoje. Resulta daí que atualmente as reservas apresentem grande densidade demográfica, fato agravado pelo significativo crescimento vegetativo da população.

Os próprios Kaiowá e Guarani reconhecem que a vida em reserva dificulta a realização das práticas socioculturais desenvolvidas nas figurações sociais de seus antigos assentamentos de ocupação tradicional. Por outro lado, seguem se reconhecendo como Kaiowá ou como Guarani, praticantes de formas de convivialidade particulares, diretamente relacionadas ao seu modo próprio de ser, *ava reko*. Em certo sentido, as novas modalidades de assentamento podem ser entendidas como respostas adaptativas a essa nova condição. Os líderes de parentela buscam dispor de novos instrumentos culturais e habilidades que lhes permitam orientar sua criatividade para efetivarem a existência de seus coletivos, ou como denominam, levantar a comunidade, *opu´ã che re´yi kuera*.

A RESERVA COMO ÁREA DE CONFINAMENTO E DE ACOMODAÇÃO E A GERAÇÃO DE NOVAS FORMAS DE MOBILIDADE E ASSENTAMENTOS

Já na publicação de *Aspectos fundamentais da cultura guarani*, datada de 1962, Schaden utiliza a idéia de confinamento, quando afirma que os Guarani "já não ocupam áreas extensas e concretas, mas estão *confinados a pequenas reservas* ou aldeias *sob proteção ou mesmo administração oficial*" (Schaden, 1974, p. 10). Mas foi Brand (1997) quem desenvolveu o conceito na forma como ele passou a ser usado pela maior parte dos pesquisadores.

A situação de reserva alterou profundamente o padrão tradicional de assentamento das parentelas e aldeias. Antes da ocupação colonial, os assentamentos se orientavam pelas seguintes características:

1. Disponibilidade de locais considerados apropriados, por comportarem recursos naturais para o estabelecimento de residência, pois, como disse um líder político, *antigamente o indígena sempre procurava o lugar bom para morar, onde tinha mato bom, água boa*, ou seja, fatores ecológicos influenciavam na escolha;

2. O local estar livre de ameaças sobrenaturais, como espíritos perigosos;

3. Proximidade de parentelas aliadas, necessárias para as práticas matrimoniais, festivas e rituais;

4. A capacidade do casal de *cabeças* de parentela de conduzir eficazmente a vida comunitária, ou seja, de demonstrar habilidade para unir os parentes e resolver problemas de convivência;

5. A não incidência de doenças ou de mortes repentinas provocadas por causas consideradas ruins, *paje vai*.

As características acima apontadas orientavam a mobilidade dos assentamentos dentro do território de ocupação tradicional, sendo os deslocamentos normalmente orientados pelo propósito de resolução de conflitos, recomposição de alianças e surgimento de nova parentela. Naquele cenário, a maior ou menor proximidade social e espacial entre as parentelas estava conectada a fatores ambientais, sociológicos e cosmológicos. A ocupação agropastoral interrompeu essa dinâmica de mobilidade, que poderíamos denominar de tradicional, *oguata porã*, e impôs um novo tipo de deslocamento, o *sarambipa* ou *esparramo*, que tem ainda o sentido de conflito e confusão. O recolhimento das comunidades nas reservas instituiu espaços de produção das novas relações sociais, interferindo em todos os campos da vida das pessoas aí reunidas. A reserva é um espaço ambíguo já que por um lado obriga a proximidade física entre parentelas (confinamento), mas, por outro lado, tais relações de vizinhanças são impostas e muitas vezes se é obrigado a conviver com desafetos, o que gera infindáveis tensões, conflitos, mal-estar social e fragmentação do tecido social, características associadas ao *sarambipa* e ao modo impróprio de se viver, *teko vai*.

A compreensão da complexa situação criada nas reservas desafia pesquisadores, inclusive indígenas. A contribuição mais significativa foi a de Brand (1997), com o desenvolvimento do conceito de *confinamento*, entendido como o processo de recolhimento forçado de inúmeras comunidades em reservas diminutas, o que leva a sobreposição de comunidades no mesmo espaço. O conceito de confinamento inspirou pesquisadores a tentarem abordagens alternativas. Do meu próprio ponto de vista, estou propenso a considerar a ideia de *área de acomodação* como bastante apropriada para expressar alguns aspectos das configurações sociais originadas a partir da imposição da reserva como modelo oficial de assentamento, diretamente imposto pelo Estado brasileiro.

Pensar a reserva como *área de acomodação* requer a descrição de aspectos de natureza política e sociológica presentes nos processos sociais vividos nessa nova experiência histórica. A situação de reserva deve ser pensada ainda como experiência criativa, pois nela os indígenas mobilizam os referenciais e recursos disponíveis, próprios ou introduzidos, para produzirem formas organizacionais capazes de tornar viável a sobrevivência física e a construção de figurações sociais que, de alguma maneira, assegurem a continuidade de sua formação social.

A experiência histórica de viver em pequenas terras se reflete em transformações profundas na vida social das comunidades que perderam suas terras. Tornou inviável a autonomia para gerir a maior parte do cotidiano de sua vida econômica, política e religiosa. As figurações sociais articuladas nas reservas passam a reunir comunidades que antes não interagiam em caráter permanente. Isto gera uma série de problemas organizacionais novos, para os quais o modelo de organização social até então praticado nem sempre dispõe de instrumentos apropriados para dar respostas imediatas. O cenário da reserva traz consigo a presença necessária das agências e outros sujeitos sociais pertencentes à sociedade nacional. A *área de acomodação* se transforma em um cenário interétnico de interação permanente.

Nas pequenas terras indígenas que lhes foram reconhecidas os Kaiowá e Guarani vivenciam limitações na operacionalização das técnicas de produção material, do sistema de cuidados com a saúde e das práticas festivas e rituais. No rastro dos novos problemas ocorre a presença permanente de instituições prestadoras de serviço, como a Missão Evangélica Caiuá, desde 1928, do SPI/ FUNAI, desde a década de 1920, e, a partir da década de 1970, de várias outras agências governamentais e da sociedade civil. Essas instituições passaram a exercer importância crescente no oferecimento de serviços e na definição da dinâmica de vida das populações reservadas.

Por conseguinte, a presença dessas instituições colocou à disposição dos Kaiowá e Guarani mecanismos de exercício da política até então inusitados. A interferência nas formas de composição de alianças entre as parentelas das diversas comunidades recolhidas nas reservas passa a ser direta e contínua. Em muitos casos os agentes externos assumem a atribuição de agir como dirigentes dos processos políticos internos. Essa atribuição é flagrante no caso do chefe de posto do SPI/ FUNAI, figura central nessa nova configuração até a década de 1980. As decisões sobre diversos assuntos referentes à vida política das comunidades reservadas passam a ser tomadas com relativa independência e *neutralidade* em relação às formas de exercício da política kaiowá e guarani. Os agentes indigenistas não orientam sua atuação pela lógica interna da organização social das comunidades, até porque, na maioria das vezes, não entendem como isso se dá, ou mesmo porque as práticas autóctones se chocam com os interesses de suas instituições. Percebendo esse novo cenário político, não foram raros os casos de lideranças que passaram a recorrer a esses agentes na busca do estabelecimento de estabelecimento de alianças estratégicas, por eles identificadas como benéficas à sua própria parentela ou comunidade.

Muitas lideranças que passaram a viver nas reservas nem sempre dispunham de referenciais apropriados para lidar com os novos problemas originados na *área de acomodação.* Recorrer ao missionário, ao administrador ou ao indigenista parecia a solução mais apropriada ou a única forma de administrar conflitos. Essas novas modalidades de exercício da política implicaram na perda de prestígio das lideranças identificadas como tradicionais, principalmente daquelas cujo reconhecimento estava baseado em práticas religiosas, sendo raros os casos dos grandes xamãs que não viram seu prestígio seriamente desgastado. Por esse motivo, muitos xamãs dizem que na reserva "ficamos encostados e esquecidos, ninguém lembra mais de nós", ou seja, sem função na configuração aí instituída.

O campo gerencial formado pelas agências indigenistas passa a fazer parte do cenário total de interação consolidado nas reservas. É buscando a capacitação para atuar nesse cenário que as lideranças procurarão construir as condições de viabilidade para seguirem reproduzindo suas comunidades. Isto porque a reserva apresenta novas características demográficas, econômicas, sociais e políticas. Os líderes das parentelas procurarão novos canais de legitimação e fortalecimento político, uma vez que as configurações das antigas redes se tornam, em muitos casos, inoperantes ou ineficientes para articular respostas aos novos problemas.

Qualquer chefe de posto da FUNAI, agente indigenista, missionário, ou mesmo dono de venda, contratante de mão de obra, taxista etc., que tenha convivido algum tempo com lideranças de uma reserva kaiowá e guarani, costuma relatar eventos nos quais foi solicitado a opinar ou atuar como mediador em conflitos internos. Na maioria das vezes, esses agentes não dispõem da mínima condição para compreender os fundamentos das demandas para as quais foram instigados a opinar ou atuar e, muito menos, dimensionar as apropriações internas a que a sua interferência estará sujeita. Isto demonstra a ânsia das lideranças em disporem de referenciais para lidar com o cenário da reserva e a dinâmica das relações aí instituídas, que dissolvem e tornam ineficiente o modo como tradicionalmente articularam suas comunidades.

Deslocar-se da reserva para escapar de conflitos políticos ficou cada vez mais difícil com a ocupação agropecuária de toda a região, limitando a realização do *oguata* em áreas de refúgio, movimento que foi muito presente até a década de 1960. Assim, a busca de entendimento com os agentes externos que controlam as reservas passa a ser, até certo ponto, a saída para viabilizar a convivência em grandes ajuntamentos de parentelas.

Na reserva, os líderes das parentelas não relutam em procurar as *autoridades* — como denominam o Capitão e o Chefe de Posto[3] e outros atores que os substituíram ou surgiram com a proliferação de agências indigenistas — para a resolução de conflitos internos, cobrando deles o exercício das atribuições institucionais das quais imaginam estarem investidas. A preocupação fundamental é assegurarem que atuem a favor de seus grupos políticos particulares. Nesse sentido, tende a existir uma disputa pelo *aprisionamento* das autoridades, numa espécie de manipulação recíproca e oscilante.

Os recursos disponibilizados em programas de saúde, escolarização, "desenvolvimento" agrícola e evangelização consolidaram e deram sustentação ao novo formato de relações econômicas, políticas e sociais nas reservas. Os Kaiowá e Guarani se apropriaram da presença de tais programas para criarem as condições de viabilidade de suas figurações sociais nas reservas, mesmo em caráter precário. Pode-se identificar um esforço das lideranças no sentido de transformar a reserva em "aldeia" ou *tekoha*, enquanto espaço de produção do modo próprio de ser. Com perdão pelo abuso linguístico, procuravam *tekoharizar* a reserva. Por um lado, esse movimento implica em concessões e esforços de adequação ao cenário da reserva, mas por outro comporta espaços de agência indígena (*agency*), de subversão, inovação, alteração e empenho em reorientar programas implantados pelas agências indigenistas, no esforço em assegurar o atendimento de pautas próprias aos coletivos indígenas que vivem na reserva.

Forçados a viverem em reservas e impossibilitados de seguirem vivendo em parentelas dispersas, segundo a configuração de redes de alianças com uma fisionomia histórica e flexível, os Kaiowá e Guarani se viram cada vez mais enredados na dependência dos recursos e serviços das agências indigenistas. Além do confinamento espacial, a reserva se constitui num ambiente de experimento de novas práticas culturais. Isto permite apreender esse espaço como área de acomodação dos indígenas ao sistema sociocultural nacional.

---

3. Chefe de Posto era o funcionário do órgão indigenista responsável por gerir a reserva e o Capitão era o indígena escolhido como líder político da reserva, cuja nomeação era realizada por representante do órgão indigenista oficial. Nos últimos anos a FUNAI destituiu a figura do chefe de posto, nas os indígenas seguem chamando os funcionários da FUNAI de chefe e nutrindo a expectativa de que atuem enquanto tal, mas costumam dizer que a FUNAI agora é mais "mansa", o que remete ao autoritarismo dos antigos chefes.

Na segunda e terceira década do século XX, período em que se demarcou pequenas áreas destinadas à ocupação indígena, as ações promovidas pelo SPI tinham o objetivo de manter o controle da população e conduzi-la ao que se imaginava ser a integração plena à sociedade nacional. Acontece que todo esse planejamento não surtiu o resultado esperado. A integração não se efetivou da maneira como foi idealizada pelas instituições indigenistas. Ao longo das décadas, as políticas voltadas para a população indígena passaram por revisões e adequações. A Constituição de 1988 pôs fim à orientação assimilacionista, definindo o respeito à diversidade cultural como o paradigma que deveria orientar todas as ações indigenistas do Estado e da sociedade civil.

A mudança no plano legal teve impacto no surgimento de novas modalidades de assentamentos, discutidas adiante. No plano da ação institucional, a mudança de paradigma não surtiu, até o momento, todos os efeitos e consequências esperadas. Prefeituras e secretarias de estado não conseguem implantar serviços diferenciados e adequados às características culturais dos indígenas. Ocorrem ainda constantes investidas contra os direitos indígenas, promovidas por setores da sociedade nacional que se consideram prejudicados pela legislação atual, o que põe em risco a continuidade desses direitos. Em MS, são frequentes os casos de órgãos governamentais e da sociedade civil que confrontam abertamente os direitos assegurados na Constituição.

Nas pequenas terras indígenas as parentelas menos influentes ficam obrigadas a se sujeitar à dominação dos líderes políticos das parentelas politicamente mais fortes, por serem originárias ou mais antigas na reserva, ou ainda por terem estabelecido alianças preferenciais com agências externas. Explicando os motivos que levaram sua comunidade a retornar para Guyra Roká em 2002, o líder dessa comunidade afirmou que "na terra [reserva] demarcada a gente entra sem direito a nada, se vai plantar tem que pedir autorização para o pessoal de lá, além disso, é sempre criticado". Assim, a comunidade deslocada de seu território vive sob uma completa sujeição política. Os recursos são sempre monopolizados pelos grupos politicamente mais fortes, articulados e antigos no local. Quanto mais a população se adensa, mais aparecem acusações e conflitos de toda ordem. Por esse motivo, o cotidiano das reservas mais populosas é marcado por relações conflituosas entre parentelas. Os estabelecidos estão sempre lembrando os *outsiders* de sua condição de *estrangeiros*.

Pelos padrões de organização social kaiowá e guarani, a convivência entre distintas parentelas é tradicionalmente marcada pela polarização entre aliança e rivalidade política. Historicamente, as parentelas aliadas residiam próximo umas das outras, numa distância aproximada entre cinco e vinte quilômetros, o que favorecia intercâmbio matrimonial e religioso. Essa proximidade expressava coesão social e solidariedade política, configurando o que a literatura denomina de *tekoha* e *tekoha guasu*. A convivência com as parentelas que estavam fora desse círculo era marcada, predominantemente, pela hostilidade. Caso ocorressem conflitos que não se encaminhassem para uma solução dentro de uma rede de aliados, a saída mais provável era a mudança de um dos grupos envolvidos no conflito.

Os problemas sociais enfrentados nas reservas têm sua origem na conformação artificial da população aí radicada, o que implica em muitas tensões devido à sobreposição de parentelas em espaço exíguo, disputas políticas e por recursos escassos. As reservas tornaram insuficientes os mecanismos de controle social, baseados em complexos sistemas ideológico-religiosos. Nessas circunstâncias, a insegurança e a violência interna atingem índices elevados, levando ao estresse social. Na reserva prosperam o consumo abusivo de bebidas alcoólicas e drogas, mortes violentas e altos índices de suicídios, fatos intensamente noticiados pela mídia.

As áreas demarcadas não suprem todas as necessidades tampouco as expectativas sociais e econômicas dos Kaiowá e Guarani, mas é principalmente nelas que interagem entre si enquanto coletivos distintos, fazendo incursões mais ou menos prolongadas no "mundo do branco", *karai reko*, para extrair os bens necessários à sua reprodução física e cultural. Mesmo na condição de reserva as parentelas procuram superar com criatividade a imposição de políticas assimilacionistas e seguem produzindo sua distintividade coletiva. É claro que num cenário tão complexo e francamente desfavorável, eles têm de conviver com dúvidas e incertezas em relação ao presente e ao futuro de seu modo próprio de ser.

A reserva idealizada como área de confinamento para promover a acomodação que permitirá a transição do sistema indígena para o não indígena acabou por gerar muita inquietação ou *incomodação* nos indígenas aí recolhidos. Tais dificuldades geram demandas intermináveis para as agências públicas e da sociedade civil que de alguma forma lhes prestam assistência. A descrição das novas modalidades de assentamentos demonstra a precariedade da acomodação em reserva e a falência do indigenismo assimilacionista. As ações foram insuficientes para demover os Kaiowá e Guarani de sua diferenciação interna, ao mesmo tempo em que não se conformaram com a expropriação de suas terras. Resulta daí o empenho das lideranças para reaver suas antigas paragens ou a busca de locais alternativos à reserva.

FAMÍLIAS KAIOWÁ E GUARANI REACOMODADAS EM PERIFERIAS DE CIDADES

Muitas famílias kaiowá e guarani passaram pela experiência das reservas, mas vivem atualmente na periferia de vilas e cidades. Tomarei como foco de análise algumas famílias situadas na confluência de linhas, as estradas vicinais, do município de Vicentina, MS, cujo levantamento em campo foi realizado durante os estudos de identificação da terra indígena Guyra Roka (Pereira, 2002). As linhas separam setores de lotes de terra demarcados com 30 hectares cada um. Originalmente, o assentamento foi ocupado por pequenos agricultores que vieram para a região a partir de 1943, motivados a ocupar a Colônia Agrícola Federal de Dourados, implantada no governo de Getúlio Vargas.

Em alguns desses entroncamentos, como é o caso do aqui descrito, se estabeleceram vendas, residências, escolas, igrejas, formando pequenos vilarejos rurais. Com a decadência das pequenas propriedades familiares, incorporadas a propriedades médias e grandes, a maior parte da população migrou para os centros urbanos, deixando para trás vilas quase fantasmas. A desvalorização dos lotes urbanos favoreceu o estabelecimento de famílias indígenas que perderam terras na região.

A Colônia Federal foi implantada sobre parte do território indígena, desarticulando várias comunidades, cuja população foi, em sua maioria, deslocada para as reservas. Alguns remanescentes dessas comunidades não se adaptaram às condições de vida nas reservas demarcadas e insistiram em permanecer nas proximidades das terras que historicamente ocupavam, trabalhando como mão de obra volante nas propriedades agrícolas que aí se instalaram. Relatos de vários indígenas apresentam a experiência de vida nas reservas como traumática. Não dispunham de parentes ou aliados ocupando posições de prestígio nos locais para onde foram transferidos, tendo sofrido violências e humilhações.

O grupo encontrado no município de Vicentina era liderado por Doraline e seus filhos, que nasceram na antiga aldeia de *Tororô*, nas proximidades do córrego Caarapó, comunidade vizinha a de Guyra Roka, município de Caarapó. Todos os filhos falam a língua guarani e identificam claramente os vínculos parentais com segmentos de população kaiowá que vivem nas reservas de Caarapó e Dourados. Doraline ficou muito feliz em receber notícias dos parentes, através do filho de seu primo que me acompanhava, demonstrando esperança em retornar o convívio com os parentes, caso a terra de Guyra Roká venha a ser assegurada como espaço indígena. Entretanto, não demonstrou nenhuma intenção em se recolher a alguma das atuais reservas, dada as experiências traumáticas aí vividas.

Esse grupo de famílias vivia à margem da assistência social governamental, em barracos de lona ou madeira reutilizada. Estavam submetidos à constrangedora situação periférica nesses vilarejos pobres, expostas ao preconceito e miséria, situação a que foram levadas pelo esbulho de suas terras.

O líder kaiowá Ambrósio Vilhalva, que me acompanhava na pesquisa de campo, desabafou:

> O que vamos fazer? São nossos parentes! Agora alguns estão um pouco misturados com branco, mas vamos aceitá-los assim mesmo, eles não têm culpa de todo esse sofrimento que pesa sobre eles, o que importa é reorganizar a nossa aldeia e retomar a nossa vida. Muita coisa os rezadores [xamãs] vão recuperar, mas teremos que conviver com muitas perdas, não há como recuperar tudo.

Nas periferias das cidades do sul de MS, grande número de famílias guarani e kaiowá vivem em completa condição de precariedade social, suspeitando de qualquer iniciativa envolvendo instituições públicas ou instâncias de poder.

ACAMPAMENTOS MOBILIZADOS PARA A REOCUPAÇÃO DA TERRA: «TEKORARÃ»

A terceira modalidade de assentamento aqui descrita se refere aos coletivos mobilizados para a reocupação de terras que consideram de ocupação tradicional. Geralmente, estão situados:

1. Margens de rodovias próximas à terra reivindicada;
2. Acampamentos no interior das reservas;
3. Ocupando pequenas porções da terra reivindicada.

No caso de estarem acampados fora da reserva, os parentes que aí permanecem costumam ajudar a manter os parentes no acampamento, onde sempre aparecem em visitas que podem durar alguns dias. Existe um constante fluxo de pessoas que chegam e que saem dos acampamentos, mantendo a troca de bens e informações. A maior parte das pessoas que compõem o acampamento é relacionada por laços de parentesco com seus principais líderes. Pode acontecer de parte significativa das pessoas que vivem no acampamento não estarem vivendo juntas antes de se reunirem para formar o acampamento. O que cimenta as relações entre as pessoas que passam a viver juntas no acampamento é o reconhecimento do vínculo com a antiga comunidade que ocupava a terra que está no foco da reivindicação. Esse vínculo se dá através de ancestrais, pais, avós, tios etc., que nasceram no local, e também por participarem de redes de alianças matrimoniais, festivas e rituais.

A dispersão das pessoas é resultado dos vários anos que se passaram entre a expulsão da terra e a decisão de acamparem. No intervalo da diáspora muitas pessoas nasceram, se casaram ou morreram. É comum que só as pessoas com mais de 40 anos tenham nascido no local e só os velhos com mais de 50 anos mantenham a lembrança das formas de sociabilidade desenvolvidas no local. A recomposição da história da comunidade no período anterior à expulsão é embasada na história contada pelos velhos, nas conversas nas rodas de tereré ou mate. No reencontro dos parentes atualiza-se a memória das alianças e da conformação social e política da comunidade no período anterior à expulsão. Tais memórias fornecem as referências para a recomposição dos laços societários que as pessoas que compõem o acampamento estão empenhadas em reativar.

Nos acampamentos predomina forte sentimento religioso. É comum instalarem objetos de proteção ritual, denominados de *yvyra'i* ou *mba'e marangatu*. Em certos casos armaram dois grandes arcos, do mesmo formato do que usam para atirar flecha, com a diferença de que, nesse caso, são bem maiores e cumprem apenas a função de proteção ritual. Acreditavam que esse tipo de arco baliza e delimita o espaço que ocupam, sendo identificado por suas divindades, que reconhecem e protegem o local, não permitindo que nenhum mal aconteça aos ocupantes do acampamento. Tais objetos rituais remetem a importantes fundamentos da cosmologia, que tem no arco e na flecha um dos principais elementos da sociogênesis dos coletivos humanos.[4]

A distribuição espacial dos barracos no acampamento é, aparentemente, aleatória. Entretanto, a observação mais atenta revela que ela segue o padrão de organização baseado no parentesco e na existência de configurações sociológicas típicas das sociedades kaiowá e guarani. Assim, quando se analisa a planta do acampamento, é possível identificar uma série de características próprias ao sistema de disposição das moradias cuja proximidade ou distância se dá de acordo com o grau de parentesco e a intensidade da interação social. Os barracos formam aglomerados, delineando o espaço ocupado pelo grupo de parentes próximos, que cooperavam entre si nas atividades e afazeres cotidianos, durante as ameaças constantes e os momentos de ócio e lazer. Na língua guarani são denominados de *jehuvy*, composto por certo número de fogos domésticos, aglomerados em torno da residência do casal principal (Pereira, 2004).

Para finalizar este tópico, é possível dizer que o acampamento pode ser caracterizado como espaço social marcado por forte sentimento de conexão com outros domínios do cosmos e alto grau de mobilização política. Nele, as famílias atualizam a memória das relações de aliança passadas, recompondo o sentimento de coletividade que, no passado, marcava a ocupação do espaço que agora buscam reaver. É uma experiência social de recomposição do sentimento de coletividade em vista da sua efetivação enquanto produção de formas de sociabilidade típicas desses coletivos. No acampamento se rearticula a comunidade política. A referência para essa atualização é buscada na memória de processos sociais vividos, daí a importância dos velhos e dos xamãs, que possuem maior fluência nessas memórias. A tensão gerada muitas vezes pela iminência do despejo do local e pelo medo da violência é amenizada pela alegria de novamente conviver ao lado dos parentes e de relembrar a história dos antigos. Os velhos, que na reserva normalmente são pouco notados, assumem destaque na vida social, demonstrando grande desenvoltura e capacidade de agência. A efervescência da vida social no acampamento

4. No mito dos gêmeos, o arco aparece como uma invenção do irmão mais velho *Pa'i Kuara*, que atua como herói cultural.

contrasta com o ambiente de tensão e constante ameaça por conta dos conflitos com os proprietários de terra e pelas péssimas condições de vida, com problemas de acesso à água, lenha e alimentos.

APROPRIAÇÃO DE ESPAÇOS E PRODUÇÃO DE FORMAS DE VIDA COMUNITÁRIA

O artigo procurou situar e discutir algumas características das principais modalidades de assentamento kaiowá e guarani, descrevendo ainda as formas organizacionais a elas associadas. Essas modalidades expressam ações criativas no sentido de buscar a construção de alternativas através das quais possam assegurar algum espaço de interação social, em caráter permanente ou temporário, que lhes permita seguir reproduzindo suas figurações sociais. Para isto, mobilizam seus conhecimentos sobre a geografia do território, as formas de manejo dos recursos ambientais e as agências da sociedade nacional.

Enfatizou-se que em pouco mais de meio século ocorreu violento processo de esbulho das terras indígenas. A perda dos territórios gerou sérios impasses para a continuidade da reprodução da sistemática de disposição espacial das comunidades, de acordo com o formato de sua organização social e das redes de alianças políticas e religiosas. Novas modalidades de assentamento se apresentam como respostas adaptativas e criativas à colonialidade imposta pela sociedade nacional. Entretanto, os Kaiowá e Guarani buscaram não apenas se adaptar a essa realidade, mas também transformá-la, construindo espaços para produzirem suas comunidades, seja nos acampamentos, ocupações e ou assentamentos urbanos.

As ações do SPI e depois da FUNAI no sentido de conformar os Kaiowá e Guarani às áreas de acomodação nunca se efetuaram em sua plenitude. Resulta daí que, atualmente, além da população que vive nas reservas, existem famílias de Kaiowá e Guarani em periferias de cidades do interior do MS, como também em acampamentos mobilizados para a reocupação da terra, dentro e fora das reservas.

O valor atribuído às práticas religiosas tem sido um importante elemento de coesão das famílias que buscam alternativas à reserva. No entanto, a situação de indígenas vivendo em periferias das cidades parece apresentar sérias limitações para o exercício das práticas religiosas e de outras formas de convivência social. Ao contrário, os acampamentos mobilizados para reaver terras de ocupação tradicional se constituem em espaços de ativação da memória das formas de sociabilidade desenvolvidas no período anterior à expulsão da comunidade. No acampamento e nas pequenas áreas de recuperação de posse, mais do que em qualquer outro espaço, predomina um forte sentimento de pertencimento a um coletivo humano específico, que se expressa principalmente na intensificação das atividades religiosas. Das modalidades descritas, os assentamentos urbanos parecem oferecer menos oportunidade para a reprodução do modo de ser kaiowá e guarani.

A abordagem comparativa dessas modalidades de assentamento permite notar que o modelo de reserva, adotado pelo indigenismo oficial até a promulgação da atual Constituição, se orientava pelo propósito de criar áreas de acomodação para o recolhimento de população de um grande número de comunidades, mas não conseguiu demover as comunidades da intenção de seguirem produzindo seu espaço social fora do espaço físico das reservas. Parte das comunidades recolhidas nas reservas desenvolveram estilos comportamentais condizentes com a forma organizacional instituída nessas áreas de acomodação, mas seguiram se reproduzindo como indígenas. Neste espaço, a vida social passa a ser articulada em torno da presença de uma série de agências indigenistas, representadas principalmente pelas atividades missionárias, de escolarização e programas de incremento à produção. Se não houve assimilação, como planejado pelo SPI, produziu-se um novo modo de ser kaiowá e guarani, *ava reko pyahu*, daí o reconhecimento de distinções entre os estilos vivenciados na reserva e nas outras formas de assentamentos. Quem adotou o estilo de vida proposto na reserva costuma condenar quem faz a opção pelas outras formas de assentamentos, constituindo um campo de acusações recíprocas, onde cada segmento defende a sua opção.

Por fim, a identificação das modalidades de assentamento é importante por dar visibilidade a segmentos da população kaiowá e guarani que vivem à margem de seus direitos sociais. Isto pode contribuir para a superação da tendência de centrar as ações e políticas governamentais unicamente na população *aldeada* nas reservas. A análise aqui apresentada está focada em um número limitado de casos, entretanto situações semelhantes e outras variações tipológicas são encontradas em diversos municípios de Mato Grosso do Sul. A recusa a viver nas reservas e o esforço em desenvolver outras modalidades de assentamento revelam a face nefasta do desenvolvimento agropecuário em Mato Grosso do Sul, que insiste em seguir excluindo os indígenas de seu planejamento.

BIBLIOGRAFIA

BEBER, Marcus Vinícius. *O sistema de assentamento dos grupos ceramistas do Planalto Sul-Brasileiro: o caso da tradição Taquara/Itararé.* Tese de Doutorado. São Leopoldo: Universidade do Vale do Rio dos Sinos, 2004.

BRAND, Antonio J. *O impacto da perda da terra sobre a tradição kaiowá/guarani: os difíceis caminhos da palavra.* Tese de Doutorado. Porto Alegre: PUC-RS, 1997.

CARDOSO DE OLIVEIRA, Roberto. *O índio e o mundo dos brancos.* São Paulo: Pioneira, 1972 [1964].

CAVALCANTE, Thiago Leandro Vieira. *Colonialismo, território e territorialidade: a luta pela terra dos Guarani e Kaiowá em Mato Grosso do Sul.* Tese de Doutorado. Assis: UNESP, 2013.

NIMUENDAJÚ, Curt Unkel. *As lendas da criação e destruição do mundo como fundamentos da religião dos Apapocúva-Guarani.* São Paulo, Hucitec/Edusp, 1987 [1914].

PEREIRA, Levi M. *Imagens kaiowá do sistema social e seu entorno.* Tese de Doutorado. São Paulo: PPGAS-USP, 2004.

______. *Relatório de identificação da Terra Indígena Guyra Roka, Município de Juti, Mato Grosso do Sul.* Brasília: FUNAI (mimeo), 2002.

SCHADEN, Egon. *Aspectos fundamentais da cultura guarani.* São Paulo: Epu/Edusp, 1974.

Eu gostaria de testar uma comparação entre as experiências dos Guarani Kaiowá e dos indígenas na região das Guianas em questões relacionadas à circulação, ocupação, redes e confinamento. Tanto as populações Tupi como Karib nas Guianas se organizam em muitos pequenos grupos com alta mobilidade, sendo todos avessos historicamente a uma totalização de seu coletivo e a um confinamento territorial. Como poderíamos compará-los ao modo de circular e às estruturas em redes dos Guarani Kaiowá? Por uma certa política do SPI *e mesmo mais antiga, o confinamento entre os Guarani Kaiowá forçou ao uso de formulações do tipo* tekoha *significando 'aldeia', que é diferente do modo dessencializado como os Wajãpi e Zo'e — povos Tupi na região das Guianas — entendem essa expressão. Ali, o conceito* koha *diz respeito a um lugar bom de viver para uma determinada gente, por isso também se fala em* tekoha *de macacos, caititus e outros. É tudo menos uma aldeia localizada. As terras começaram a ser demarcadas muito mais tarde e as terras demarcadas são muito maiores. De modo que a experiência do confinamento é muito diferente nessas duas regiões. Mesmo assim, como vocês apontam, para os Guarani há uma diferença entre terra (demarcada) e território, os espaços entrecortados por cidades, estradas e fazendas em que os Kaiowá e outras populações Guarani circulam. Entretanto, essa diferença de história entre esses povos não impede que os modos de pensar o território e a circulação sejam comparáveis.*

DOMINIQUE TILKIN GALLOIS

Articulações e transformações entre as parcialidades Guarani no sul do Brasil

DIOGO DE OLIVEIRA*

Ao pensar as articulações e as transformações entre agrupamentos que ficaram conhecidos como parcialidades Guarani no sul do Brasil, podemos estabelecer como ponto de referência histórico o fim da Guerra do Paraguai, em 1870, sem o intuito de esgotar o argumento de que possivelmente tais processos que culminaram nas configurações contemporâneas dessas parcialidades tenham iniciado ainda antes do século XIX. Podemos dizer que existe certa concordância entre autores de que as parcialidades Guarani atuais possuem um inegável vínculo de continuidade histórica com os chamados *kayngua* monteses, que no século XIX viviam aldeados ao longo dos afluentes agricultáveis das grandes bacias hidrográficas na porção meridional da América do Sul.[1] Em linha gerais, a proposta deste ensaio é mapear coletivos e redes guarani atuais a partir da conexão entre as narrativas de um casal de anciãos e a bibliografia etnológica.

PARCIALIDADES GUARANI

Durante meu trabalho de campo na TI Mbiguaçu/ SC, certo dia cheguei à casa do casal de anciãos, onde encontrei Alcindo confeccionando um pequeno balaio que lhe havia sido encomendado por uma vizinha. Na ocasião, ele fez questão de destacar que aquilo não se tratava de um *ajaka*, como se chamam as cestarias mbya, mas que era um *mbajo*, o cesto antigo dos Chiripa, fabricado com cipó. Chamou-me a atenção o destaque dado a tal diferenciação na cestaria, por ela também ter

*. Bacharel em Ciências Biológicas pela Universidade Federal de Santa Catarina (UFSC), mestre em Antropologia Social pelo Programa de Pós-Graduação em Antropologia Social (PPGAS-UFSC) e Indigenista Especializado na Fundação Nacional do Índio (FUNAI).

1. Melià (1986, 1990 e 1991); Garlet (1997); Ladeira (2002); Brighenti (2010); Barbosa & Mura (2013).

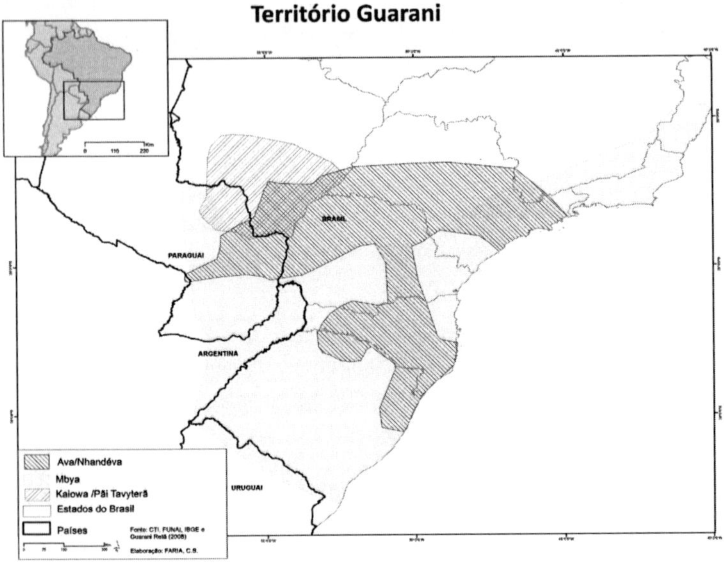

Figura 0.1: Distribuição territorial atual das parcialidades Guarani. Elaboração: Camila Salles de Faria.

sido utilizada, nos anos 1930, pelo padre Franz Müller (1989) como exemplo de diferenças linguísticas, ideológicas e simbólicas entre os três agrupamentos Guarani presentes na região do Alto Paraná, que ficaram conhecidos pelas designações Mbya, Nhandéva, ou Chiripa, e Kaiowá. A presença dessa grande diversidade na população guarani já havia sido apontada naquela região por Nimuendajú (1914) alguns anos antes.

Um investimento importante na caracterização das parcialidades Guarani na etnografia são os diversos estudos feitos por Cadogan (1997; 1960; 1971), que trouxeram à luz diversas especificidades dos grupos Mbya no Paraguai, além de apontamentos comparativos com os Ava-Chiripa (1959) no Alto Paraná. Menciono ainda duas referências que considero pontos-chave sobre especificidades dos grupos Guarani no Paraguai, que nos anos 1970 ampliam os apontamentos feitos por Cadogan, quais sejam as etnografias de Bartolomé (1977), sobre os Avá-Katu-Ete, e de Melià, George & Friedl Grünberg (1976), sobre os Paí-Tavyterã. Em linhas gerais, estes estudos vão caracterizar as parcialidades como sendo os Paĩ/ Kaiowá descendentes da redução Itatim, com influência mais explícita do missionamento jesuítico; os Ava-Chiripa como grupos derivados da redução de Tarumã, com relações mais intensas com os colonos; e os Mbya como um agrupamento mais hermético, que pode manter-se mais afastado dos não indígenas.

A obra de Egon Schaden (1962), em seus *aspectos fundamentais da cultura guarani*, delineia as especificidades das parcialidades no Brasil, tornando-se referência para as pesquisas posteriores que se dedicaram a compreender a dinâmica territorial dos Guarani e das relações entre as parcialidades. Apesar de sua inovadora modernidade, parece-me que a obra de Schaden peca por seu enfoque na *aculturação*, o que não ofusca a sua qualidade descritiva e analítica. Para compreender as articulações entre as parcialidades nos estados do sul do Brasil, o estudo se faz incipiente, estando restrito às aldeias Palmeirinha, no Paraná, e Limeira, no oeste de Santa Catarina. Mas tem o mérito de identificar, já nos anos 1940, a movimentação de grupos Mbya pelo Rio Grande do Sul, avançando pelo litoral catarinense em direção à região sudeste do país. Os grupos tomados como referência por Schaden para descrição dos Ava-Chiripa, aos quais ele chama de Nhandéva e *Mbüa*, são aqueles que à época habitavam o estado de São Paulo, deixando um lapso com relação à sua presença na região sul.

A presença dos coletivos Guarani no sul do Brasil passou a ser objeto de estudos mais detalhados somente nos últimos quinze anos e, embora ainda careça de uma síntese abrangente, estes trabalhos permitem uma análise dessas intrigantes articulações e transformações entre os grupos no nível regional.

Inicio a reflexão a partir da dissertação de Garlet (1997), que mapeia a mobilidade de grupos Guarani no Rio Grande do Sul, aos quais ele chama Mbya, trazendo uma importante reflexão sobre a continuidade entre estes e aqueles que se encontravam nas selvas do Alto Paraná, no Paraguai, e Misiones, na Argentina, no fim da Guerra do Paraguai, em 1870. Podemos considerar que estudos como os de Ciccarone (2001), Ladeira (2007; 2008), Rodrigues (1999), Litaiff (1996; 1999) e Vietta (1992), entre outros, são pioneiros em descrever com maior detalhamento diversos aspectos instigantes desta mobilidade mbya pelo interior do Rio Grande do Sul, bem como seu avanço pelo litoral atlântico até a região sudeste do país e sua articulação com outros grupos que já se encontravam naquela região. Entretanto, faço a ressalva de que, com algumas exceções, tais estudos pecam em não reconhecer apropriadamente a sobreposição e a coabitação entre tais grupos mbya com os Chiripa, que possuíam articulações relativamente estreitas, possivelmente anteriores a esta movimentação territorial.

Os primeiros estudos de fôlego que tentam abarcar estas articulações e transformações entre as parcialidades Mbya e Chiripa no sul do Brasil são as etnografias escritas por Mello (2001; 2006; 2007), que nos trazem um preciso delineamento das relações entre esses grupos no litoral catarinense e no interior do Rio Grande do Sul. A autora demonstra como estes grupos se organizaram pela sobreposição de sua mobilidade e coabitação, constituindo diversos tipos de alianças no decurso do processo histórico. Entretanto, nesta esteira podemos somar outros estudos que apontam para este convívio entre as parcialidades, como a tese de Darella (2004), a dissertação de Gobbi (2008) e outros, entre os quais incluo a minha própria dissertação (Oliveira, 2011).

Penso que tal lapso possa ter influenciado algumas outras etnografias posteriores que acabam por reificar uma totalidade mbya homogênea, sem dar conta de forma apropriada da diversidade desta composição. Podemos dizer que, devido a complexidade do tema, este tem sido um assunto evitado em diversas etnografias às quais tive acesso. Além disso, podemos pensar que essa unificação em torno de uma identidade mbya é uma questão incorporada pelos Guarani no sul do Brasil, o que possivelmente contribui em dificultar a percepção de diferenças sutis entre as parcialidades, imiscuídas em relações de aliança a parentesco.

CHIRIPA, PAĨ, TAMBEOPE

Desde o início de meu trabalho de campo na TI Mbiguaçu, SC, para realização de minha dissertação de mestrado (Oliveira, 2011), chamava-me atenção o fato de meu casal interlocutor, Alcindo Moreira e Rosa Mariani Cavalheiro, que em linhas gerais se autoidentifica aos não indígenas como mbya, apontar recorrentemente a sua diferença a outros grupos Guarani por serem do *costume chiripa*. Tal assertiva passou a fazer sentido a partir de sinais diacríticos que apontavam o casal como marcadores de sua diferenciação, que a todo momento faziam referência aos aldeamentos em que o casal de anciãos havia vivido sua infância, no Paraná. Optei por sistematizar quatro elementos os quais inúmeras vezes ouvi serem referenciados pelo casal como marcadores de diferenciação entre grupos Guarani Chiripa, que ficaram mais conhecidos como Nhandéva, Paĩ, que ficaram mais conhecidos como Kaiowá, e Tambeope, que vieram a ser conhecidos como Mbya, quais sejam: a constância nos assentamentos, a indumentária, os hábitos alimentares e a língua.

A constância nos assentamentos é um dos elementos apontados pelo casal como diacrítico entre seus grupos Chiripa e Paĩ em relação aos Tambeope. Segundo relatam, os primeiros reuniam grande número de famílias em seus aldeamentos, estabelecendo-se por longos períodos de tempo em um mesmo lugar. Por vezes as aldeias Chiripa e Paĩ abrigavam temporariamente famílias tambeope errantes, que eram acolhidas como mão de obra em suas lavouras e na criação de animais. Por diversas vezes ouvi alusões de que os demais grupos *educavam* os Tambeope sobre os costumes da agricultura e a religião dos Guarani. Obviamente a constância nos assentamentos está imbricada a diversos outros aspectos do modo de vida, como as atividades agrícolas e a sua mobilidade no território.

Outro elemento bastante evidente sobre a forma de se reconhecerem mutuamente as parcialidades era a indumentária. As vestimentas eram marcadores nítidos da diferença e da própria denominação das parcialidades, sendo fabricadas com fios de algodão cru ou com fibras de pyno, o urtigão. Neste sentido, os Chiripa usavam calças compridas chamadas de chiripas; os Paĩ utilizavam ponchos longos que cobriam todo o corpo; e os Tambeope vestiam somente pequenas batas atadas na cintura, chamadas de tambeo, motivo pelo qual foram por vezes denominados na bibliografia como batícolas.

O terceiro elemento apontado como fator de diferenciação era a alimentação, notavelmente associada à construção do corpo para a atividade xamânica. Segundo os relatos de Rosa e Alcindo, de forma geral os grupos Chiripa e Paĩ praticavam restrições alimentares mais rígidas. Os primeiros comiam somente rãs, peixes e eventualmente lagartos, animais de sangue frio, centrando sua dieta no consumo de bebida fermentada de milho, o *kauĩ*; enquanto os segundos criavam *uru'ũ*, "corvos", que eram a principal fonte proteica, consumida junto aos produtos das roças e frutas coletadas nas matas. As carnes de caça eram utilizadas sobretudo para o tratamento de doenças, com o uso da gordura de animais silvestres na preparação de remédios. Sobre os hábitos alimentares dos Tambeope, Alcindo e Rosa afirmam que estes caçavam prioritariamente com o uso de armadilhas, sem seguirem rígidas prescrições alimentares. Chamam a atenção para o fato de que os grupos Tambeope estavam em intensa mobilidade, viajando longos meses em jornadas em direção ao litoral atlântico.

O quarto elemento que aponto é a língua. Podemos dizer que os dialetos nhandéva e kaiowá são mais próximos entre si do que o mbya. O casal marca que tal fator aumentava a articulação entre os Chiripa e os Paĩ, ao passo em que os distanciava dos Tambeope, com quem tinham maior dificuldade para conversar. Alcindo e Rosa fazem menção aos dialetos nhandéva e kaiowá como sendo a *língua antiga*, chamando à atenção o fato de atualmente terem adotado o dialeto mbya em sua fala cotidiana. Esse é um aspecto importante para pensarmos as transformações ocorridas no grupo Chiripa/ Paĩ a partir de suas articulações com os grupos Mbya ao longo de sua mobilidade no território.

A CONFIGURAÇÃO MBYA

Em suas narrativas, Alcindo e Rosa costumam usar como marco de sua história de vida o *tempo em que não existia* juruá, a mobilidade decorrente da invasão de suas terras por colonizadores alemães e o processo de demarcação do território no litoral de Santa Catarina. Segundo o casal, sua idade é medida de fato pela *taquara seca*, que diz respeito ao período de florescimento do *takua ete'i*, "taquara-mansa", que acontece em média a cada 30 anos; como eles dizem que teriam assistido tal fenômeno por três vezes, proponho considerarmos que tais eventos tenham ocorrido a partir dos anos 1920.

A sua história de vida tem início na região compreendida entre os rios Iguaçu e Paraná, onde viviam em dois aldeamentos chamados Pari e Piracanju, separados em um grupo familiar Paĩ e outro Chiripa, que possuíam vários tipos de alianças entre si. O casal marca com precisão a articulação entre os grupos familiares dessas duas aldeias, que permaneceram por diversos anos em assentamento constante, em relação aos Tambeope, que eventualmente permaneciam por curtos períodos abrigados em seus aldeamentos. Estas aldeias se desfazem a partir do loteamento das terras no interior do Paraná, quando o grupo familiar inicia um processo de mobilidade no território em busca de espaços onde pudessem se reassentar e consolidar novos *tekoha*. O casal Rosa e Alcindo passa a viver em peregrinação junto de seus pais, oferecendo mão de obra em fazendas e circulando por diversas cidades dos estados de Santa Catarina e Rio Grande do Sul. Neste movimento, o casal participa da fundação de aldeamentos que atualmente ainda se encontram consolidados nesses estados, como Mato Preto, Araçá'i, Campo Molhado, Granja Vargas, Cacique Doble, Estiva, Cantagalo, Morro dos Cavalos, Mbiguaçu, entre outros.[2]

Existem cerca de trinta áreas de coabitação entre grupos Mbya e Chiripa no sul do Brasil, que somam aproximadamente 5.500 indígenas (SESAI, 2013). As articulações entre esses grupos, ocorridas ao longo deste processo de intensificação da coabitação, promoveram além de laços matrimoniais e alianças políticas e econômicas, uma aproximação em outros campos, como o religioso e principalmente o linguístico, com a total incorporação do dialeto mbya. Esta aproximação entre as duas parcialidades, que passaram a se identificar com a designação Mbya, teve efeito tanto em relações internas, com o estabelecimento de laços matrimoniais e alianças políticas e econômicas, como na relação externa na negociação por reconhecimento pelo Estado brasileiro.

OS NHANDÉVA CONTEMPORÂNEOS

O centro territorial dos Nhandéva é a região do Alto Paraná, onde estavam intensamente concentrados no final do século XIX, servindo de mão de obra na logística da erva-mate no Brasil e no Paraguai. Com o avanço dos colonos paulistas e sulistas sobre o Paraná e o Mato Grosso do Sul, no começo do século XX, os Nhandéva sofrem uma drástica perda de território e acabam por ser subjugados ao serviço braçal nas fazendas ou removidos para as Reservas Indígenas no Mato Grosso do Sul, no interior de São Paulo e do Paraná, ou ainda levados para o Paraguai. É neste período histórico que acontecem os movimentos migratórios registrados por Nimuendajú (1987), marcando a etnologia Guarani ao discorrer sobre a busca da *Terra sem mal*. Os Nhandéva fizeram a migração para o litoral por duas rotas distintas, uma pelo interior do Rio Grande do Sul e outra pelo interior

2. Veja Vietta (1992); Garlet (1997); Gobbi (2008); Mello (2001; 2006; 2007); Darella (2004); Tommasino (2001); Ladeira (2007; 2008).

do Paraná até São Paulo, em parte delas estabelecendo coabitação com grupos Mbya, que vinham da região de Misiones, Argentina, e do sul do Paraguai.

Como mencionado, os Nhandéva que na transição para o século XX migraram para o Rio Grande do Sul e Santa Catarina, bem como para o interior de São Paulo, eram chamados pelos outros grupos de Chiripa. Podemos delinear duas levas migratórias distintas de grupos Nhandéva para o litoral e o interior de São Paulo, uma no começo do século XX, relatada por Nimuendajú (1987), e outra a partir nos anos 1960, com a expropriação do território no oeste do Paraná, no Paraguai e no Mato Grosso do Sul. Atualmente existem doze áreas de coabitação entre famílias Nhandéva e Mbya que somam um contingente de cerca de 3.500 pessoas.

Embora estas movimentações sejam ininterruptas, com idas e vindas constantes de grupos familiares, elas se situam em momentos coloniais específicos, uma no início da titulação das terras e a exploração da mão de obra na madeira e na erva-mate; outra no avanço da ocupação efetiva do território por colonos (Myskyw, 2002; Cardoso & Westphalen, 1986; Ribeiro, 2002; Conradi, 2007). Nos anos 1970, com o avanço da agricultura mecanizada e a construção da usina de Itaipu, diversos grupos Nhandéva do Alto Paraná rumaram ao estado de São Paulo por fugas e migrações voluntárias, articulando-se com grupos Mbya que faziam o mesmo percurso. A dissertação de Pierri (2013) descreve alguns desses grupos na região do Vale do Ribeira, falantes do dialeto mbya.

Os grupos assentados em reservas mais antigas, como as RIs Araribá e Serra do Itatins, mantiveram-se resistentes à presença de grupos Mbya, não incorporando costumes religiosos e tampouco o dialeto, autoidentificando-se normalmente como Nhandéva. Alguns desses grupos constituíram novos etnônimos de diferenciação, recusando também o termo *chiripa*, considerado pejorativo, e passando a se autoidentificarem com Tupi-Guarani. Desta forma, percebe-se que de fato existe um contraste entre os Tupi-Guarani e Nhandéva de São Paulo com os Chiripa do sul do Brasil.

Os Nhandéva no Mato Grosso do Sul estavam concentrados sobretudo na bacia mais ao sul do estado, na divisa com o Paraguai, sendo recolhidos compulsoriamente para as reservas para a instalação das grandes fazendas na região. Nas Reservas Indígenas foram colocados em convívio forçado com grupos Kaiowá, estabelecendo relações de conflito e aliança. Este período de desterritorialização

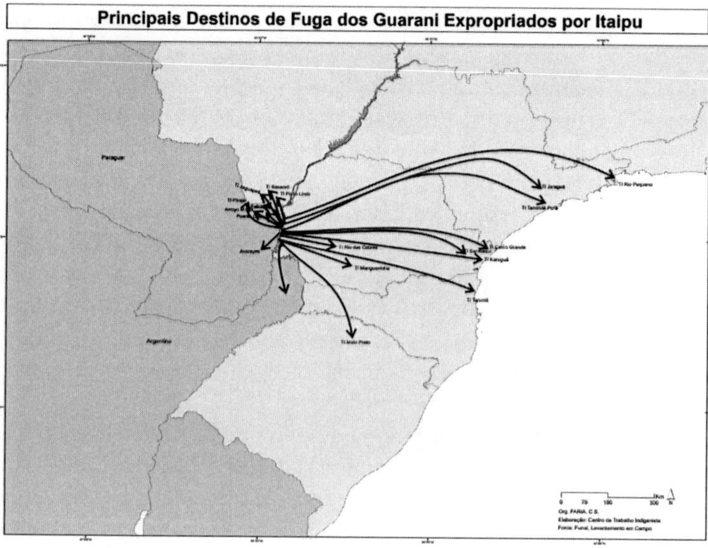

Figura 0.2: Rotas de migração dos Nhandéva a partir dos anos 1970. Elaboração: Camila Salles de Faria.

dos Guarani no Mato Grosso do Sul é chamado por eles de *sarambi* – espalhamento –, ao qual se referem em português como "o tempo do corre-corre", um deslocamento desordenado em função da violência da colonização. Ocupam atualmente nove Terras Indígenas, em sua maioria compartilhadas com outros grupos, além de mais de 20 acampamentos que aguardam providências para regularização fundiária, somando um contingente de mais de 20 mil indígenas (SESAI, 2013). De forma geral, autoidentificam-se simplesmente como Guarani, como um diferenciador em relação aos Kaiowá, com quem mantém um estreito vínculo político em função da luta pela demarcação de terras (Pereira, 1999; Pimentel, 2012), sendo praticamente nula qualquer presença Mbya entre esses grupos.

Há ainda outro contraste importante nas transformações nos Nhandéva contemporâneos, que são aqueles que não empreenderam grandes movimentos migratórios em direção ao atlântico, mas permaneceram nas margens brasileira e paraguaia do Rio Paraná e na bacia do Iguatemi e na Serra do Maracaju, no Mato Grosso do

Sul. Os Nhandéva paranaenses se autoidentificam como Ava-Guarani, mesma nomenclatura utilizada no Paraguai e historicamente atribuída ao grupo, sendo muito próximos os Guarani sul-mato-grossenses. O grupo teve maior visibilidade nos anos 1970 e 1980 em função da construção da usina de Itaipu que, associada ao processo de esbulho praticado pelos colonos, pode ter removido cerca de seis mil indígenas, que ocupavam mais de 40 aldeias (Carvalho, 2013; Peralta, 1995; Guaska, 2012), no oeste do Paraná. Estes indígenas da Tríplice Fronteira trabalharam nos ciclos econômicos da região e permaneceram sujeitos a diversos tipos de violência para expropriação de suas terras. Atualmente, estão organizados em cerca de 20 aldeias, que somam aproximadamente três mil indígenas (SESAI, 2013), sendo que somente três delas estão regularizadas.

A Tríplice Fronteira é uma zona de micromobilidade Guarani que por sua posição geográfica proporciona a influência dos grupos Mbya de Missiones, na Argentina, e de grupos Ava dos departamentos de Alto Paraná e Canindeyu, no Paraguai, como bem demonstra a tese de Evaldo Mendes da Silva (2007). É importante pontuar ainda que a presença de pessoas Mbya e Kaiowá entre os Ava-Guarani é comum, porém bastante discreta, uma vez que muitos Ava foram removidos para as reservas Kaingang no interior do Paraná, como Mangueirinha, Rio das Cobras e Marrecas, coabitando com grupos *mbya*, sendo que outros foram deslocados para as reservas Kaiowá, como Dourados, Amambai e Caarapó. Seus vínculos se estendem ainda às reservas Nhandéva no Mato Grosso do Sul, como Porto Lindo, Pirajui, Sombrerito, Jaguapiré, o que lhes permitiu articulação com o movimento indígena *Aty Guasu*. Além disso, diversas famílias Ava-Guarani migraram ainda nos anos 1960 e 1970 para áreas mais distantes, como São Paulo, Rio de Janeiro e o litoral do Paraná, em função da construção da usina de Itaipu. Desta forma, seus vínculos de aliança alcançam ainda algumas aldeias próximas ao litoral, com grupos que tem identificação com a etnogênese do Povo Mbya, aproximando-se de sua principal organização etnopolítica, a Comissão Guarani Yvyrupa.

Percebemos que a parcialidade tradicionalmente classificada como Nhandéva compõe atualmente uma gama de grupos indígenas brasileiros e transfronteiriços, cujas especificidades estão associadas com as suas particularidades históricas. A etnologia guarani ainda carece de uma obra de síntese abrangente sobre a diversidade dos Nhandéva contemporâneos no Brasil. Esta seria uma contribuição substancial para o conhecimento sobre o povo Guarani em sua pluralidade atual.

BIBLIOGRAFIA

BARABAS, Alicia M. "Los derechos indígenas, la antropología jurídica y los movimientos etnopolíticos". *Ilha*, v. 10, n. 1, 2008.

BARBOSA, Pablo Antunha & MURA, Fabio. "Construindo e reconstruindo territórios Guarani: dinâmica territorial na fronteira entre Brasil e Paraguai (sec. XIX-XX)". *Journal de la société des américanistes*, v. 97, n. 2, 2011.

BARTOLOMÉ, Miguel. *Orekuera Royhendu (Lo que escuchamos en sueños): Shamanismo y religión entre los Ava-Katu-Ete del Paraguay.* México: Instituto Indigenista Interamericano, 1977.

______. *Procesos interculturales: antropología política del pluralismo cultural en América Latina.* México: Siglo XXI Editores, 2006.

______. "Oguerojera (desplegarse) - la etnogenesis del pueblo mbya-guarani". *Ilha*, 10(1), 2008.

BASINI RODRIGUES, José E. *Estratégias econômicas, políticas e religiosas na mito-práxis mbyá-guarani.* Dissertação de Mestrado. UFRGS, 1999.

BRASIL. SESAI (Secretaria especial de Saúde Indígena). *SIASI – Sistema de Informação de Atenção à Saúde Indígena.* Brasília: Ministério da Saúde/ SESAI, 2013.

BRIGHENTI, Clóvis. *Estrangeiros na própria terra: presença Guarani e Estados Nacionais.* Chapecó: ARGOS/ Ed. da UFSC, 2010.

CADOGAN, León. *Ayvu rapyta: textos míticos de los Mbyá-Guaraní del Guairá.* Asunción: Ceaduc-Cepag, 1997 [1959].

______. "Como interpretan los Chiripá (Avá Guaraní) la danza ritual". *Revista de Antropologia*, v. 7, n. 1–2, 1959.

______. "En torno de la aculturación de los Mbya-Guaraní del Guairá". *América Indígena*, v. 20, n. 2, 1960.

______. *Ywyra Ñe'ery: fluye del árbol la palabra. Sugestiones para el estudio de la cultura guaraní.* Asunción: CEPAG, 1971.

CARDOSO, Jayme & WESTPHALEN, Cecília. *Atlas Histórico do Paraná.* Curitiba: Livraria do Chaim, 1986.

CICCARONE, Celeste. *Drama e sensibilidade: migração, xamanismo e mulheres mbya guarani.* Tese de Doutorado. PUC-SP, 2001.

CONRADI, Carla. *As ações do Estado Nacional e a trajetória política dos Guarani Ñandeva no Oeste do Paraná (1977–1997).* Dissertação de Mestrado. UFGD, 2007.

DARELLA, Maria Dorothea. *Ore Roipota Yvy Porã, Nós queremos terra boa. territorialização guarani no litoral de Santa Catarina, Brasil.* Tese de Doutorado. PUC-SP, 2004.

GARLET, Ivori. *Mobilidade mbyá: história e significação.* Dissertação de Mestrado. PUC-RS, 1997.

GOBBI, Flávio S. *Entre parentes, lugares e outros: traços na sociocosmologia guarani no sul.* Dissertação de Mestrado. UFRGS, 2008.

GUASKA, Enrique. "Del canto al llanto. Situación de las comunidades indígenas afectadas por la represa de Itaipú". *Acción*, v. 157, 2012.

LADEIRA, Maria Inês. *O caminhar sob a luz. Território mbya à beira do oceano.* São Paulo: UNESP, 2007.

______. *Espaço geográfico guarani-mbya: Significado, constituição e uso.* São Paulo: Edusp, 2008.

LITAIFF, Aldo. *As divinas palavras: identidade étnica dos Guarani-Mbyá.* Florianópolis: UFSC, 1996.

______. *Les fils du soleil: mythes et pratiques dês indiens mbya-guarani du littoral du Brésil.* Tese de Doutorado. Université de Montréal, 1999.

MELIÀ, Bartolomeu; GRÜNBERG, Friedl; GRÜNBERG Georg. *Los Pai-Tavyterã. Etnografía guaraní del Paraguay contemporáneo.* Asunción: Centro de Estudios Antropológicos de la Universidad Católica, 1976.

MELIÀ, Bartomoleu. *El Guarani conquistado y reducido: ensayos de etnohistoria.* Asunción: Biblioteca Paraguaya de Antropología, 1986.

______. "A terra sem mal dos Guarani: economia e profecia". *Revista de Antropologia,* vol. 33, 1990.

______. *El Guarani: experiencia religiosa.* Asunción: Ceaduc-Cepag, 1991.

MELLO, Flávia. *Aata tapé rupy, seguindo pela estrada: uma investigação dos deslocamentos territoriais de famílias mbyá-guarani no sul do Brasil.* Dissertação de Mestrado. UFSC, 2001.

______. *Aetchá Nhanderukuery Karai Retarã. Entre Deuses e Animais: Xamanismo, Parentesco e transformação entre os Chiripá e Mbyá.* Tese de Doutorado. UFSC, 2006.

______. "Mbyá e Chiripá: identidades étnicas, etnônimos e autodenominações entre os Guarani do sul do Brasil". *Tellus,* v. 7, n. 12, 2007.

MÜLLER, Pe. Franz. *Etnografía de los Guarani del Alto Parana.* Buenos Aires: CAEA, 1989.

MYSKIW, Antonio. *Colonos, posseiros e grileiros: conflitos de terras no Oeste Paranaense (1961/66).* Dissertação de Mestrado. UFF-UNIOESTE, 2002.

NIMUENDAJÚ, Curt. *As lendas de criação e destruição do mundo como fundamentos da religião dos Apapocúva-Guarani.* São Paulo: Hucitec/ USP, 1987 [1914].

OLIVEIRA, Diogo. *Arandu Nhembo'ea: Cosmologia, Agricultura e Xamanismo entre os Guarani-Chiripá no litoral de Santa Catarina.* Dissertação de Mestrado. UFSC, 2011.

PERALTA, Raquel. *Los impactos de la Itaipú y las respuestas a los mismos, de los Avá Chiripá, de acuerdo a su filosofía sobre la tierra.* Monografía, 1995.

PEREIRA, Levi Marques. *Parentesco e organização social kaiowá. Dissertação de Mestrado.* UNICAMP, 1999.

PIMENTEL, Spensy K. *Elementos para uma teoria política kaiowá e guarani.* Tese de Doutorado. PPGAS-USP, 2012.

RIBEIRO, Sara. *O horizonte é a terra: manipulação da identidade e construção do ser entre os guarani no Oeste do Paraná (1977–1997).* Tese de Doutorado. PUC-RS, 2002.

SCHADEN, Egon. *Aspectos fundamentais da cultura guarani.* São Paulo: Difusão Europeia do Livro, 1962.

SILVA, Evaldo Mendes da. *Folhas ao vento: a micromobilidade de grupos Mbya e Nhandéva (Guarani) na Tríplice Fronteira.* Tese de Doutorado. PPGAS-Museu Nacional, 2007.

VIETTA, Katya. *Mbya: guarani de verdade.* Dissertação de Mestrado. UFRGS, 1992.

Os pesquisadores que trabalham com os Guarani têm enfrentado questões em que a bibliografia clássica deixou uma lacuna, como do que se fala quando se menciona coletivos, e do que se fala quando se menciona redes. O culturalismo que guiou o trabalho de missionários e etnólogos na virada do século XIX *para o* XX *buscava recuperar a diversidade na cultura material e em outros aspectos para a construção das etnias, como se fossem totalidades fechadas. Mas se pode reconhecer na documentação histórica desde o século* XVII *a organização em redes. O critério de totalidades étnicas como construção da diferença aparece como resultante do contato com os agentes coloniais.*

MARTA AMOROSO

Um nome que faz diferença

Reflexões com famílias tupi-guarani

LÍGIA R. ALMEIDA*
AMANDA C. DANAGA†
CAMILA MAINARDI‡

Existem famílias tupi-guarani em diferentes locais no estado de São Paulo: no litoral e sudoeste do estado, em áreas demarcadas ou não e, ainda, em bairros de cidades como Mongaguá e Itanhaém.[1] Neste texto privilegiamos as experiências de campo em três contextos etnográficos: aldeia Yvy Pyhaú, aldeia Ywyty Guaçu, ou aldeia Renascer, e nas aldeias da TI Piaçaguera, localizadas respectivamente nos municípios de Barão Antonina, no sudoeste do estado de São Paulo, Ubatuba, no litoral norte do estado de São Paulo, e Peruíbe, no litoral sul do mesmo estado. Veremos que a noção de *mistura*,[2] evidenciada pelos usos e exegeses sobre a autodenominação Tupi-Guarani, perpassa os três contextos, relacionando-se com iniciativas de valorização cultural e de retomada de terras tradicionais. A autodesignação Tupi-Guarani expressa a *mistura* que, segundo nossos interlocutores, é resultante de uma história comum de intercasamentos entre diferentes povos, indígenas e não indígenas.

---

*. Doutora em antropologia social pelo PPGAS-USP.
†. Doutora em antropologia social pelo PPGAS-UFSCar.
‡. Doutora em antropologia social pelo PPGAS-USP.

1. Segundo o site da Comissão Pró-índio de São Paulo, as TI habitadas pelos Tupi Guarani e seus municípios são: Araribá, em Avaí; Bananal, em Peruíbe; Guarani do Aguapeú, em Mongaguá; Serra de Itatins, em Itariri; Jaraguá, em São Paulo; Ribeirão Silveira, em São Sebastião; Itaoca, em Mongaguá; Piaçaguera, em Peruíbe; Renascer, em Ubatuba; Barão de Antonina, em Barão de Antonina; Guarani de Itaporanga, em Itaporanga; Tekoa Jaikoaty, em Miracatu; Paranapuã, em São Vicente; Aldeinha, em Itanhaem; e Paraíso, em Iguape. Em algumas dessas aldeias há corresidência entre os Tupi Guarani, Guarani Mbya e Terena. Fonte: *http://www.cpisp.org.br/indios/html/uf.aspx?ID=SP*, informações de 2012.

2. Falas e conceitos de nossos interlocutores tupi-guarani serão grafados em itálico no corpo do texto.

O uso de termos e categorias classificatórias se apresenta como algo problemático, na medida em que pode reificar fronteiras étnicas e essencializar a configuração de grupos, ao ocultar as dinâmicas relacionais entre eles e sua constante atualização. As denominações étnicas fazem parte dessas dinâmicas relacionais que inventariam as alianças que os grupos mantêm com os outros, sejam eles indígenas ou não indígenas, de maneiras muito diversas. Sendo as relações entre estes atores contextuais e baseadas em diferentes experiências, há a necessidade de apreender os contextos de enunciação das denominações étnicas. As famílias com quem fizemos pesquisa compartilham a autodenominação Tupi-Guarani, embora possam ser identificados por outras, como por exemplo, a designação Guarani Nhandeva.

Em razão de especificidades históricas, linguísticas e culturais, uma divisão em subgrupos foi estabelecida por Egon Schaden (1954) constituindo os Nhandeva, Mbya e Kaiowá.

Pesquisas de Ladeira e Azanha (1987) já mencionavam o uso da autodenominação Tupi-Guarani por algumas famílias do litoral paulista, as quais também são chamadas pelos Guarani Mbya de Xiripá. Tal designação é vista como pejorativa pelos Tupi-Guarani. Schaden (1954), a despeito de ter nomeado um subgrupo como Nhandeva, reconhece *essa* expressão como a autodenominação de todos os Guarani, significando "os que são dos nossos".

A respeito da definição desse termo, Nimuendajú (1987, p. 7) comentou: "Os Guarani, ao falarem de si na sua língua, para designar nação ou horda, empregam o termo Ñandeva, quando a pessoa com quem se fala pertence ao grupo, e Oréva, quando pertence a uma outra tribo".

Nos três contextos etnográficos abordados aqui, percebemos o uso do termo *nhandeva* para se referirem aos parentes e a outros indígenas. Fazem uso de nhandeva não como um etnônimo, uma categoria fixa que remeteria a uma etnia, mas como forma de identificar-se enquanto indígenas. Empregam o termo, em especial, em oposição aos não indígenas.[3] O que implica considerar *Nhandeva* como uma noção relacional, sujeita aos contextos e aos atores em jogo.

As denominações étnicas são, em geral, construídas na interface com os não indígenas, na relação com o Estado — mas não só — e são imputadas de maneira arbitrária, como no caso do etnônimo

3. No caso da Ywyty Guaçu, o termo é bastante acionado para identificar uma oposição em relação às famílias guarani mbya, com quem mantêm co-residência.

Nhandeva. Para o caso das famílias tupi-guarani, apontamos que estas não aceitaram um nome imposto pelos não indígenas, mas trataram de lhes ensinar que são Tupi Guarani. A autodesignação expressa a *mistura*, os casamentos entre Tupi e Guarani, e também com outros indígenas e não indígenas como constituintes da pessoa Tupi-Guarani, sendo aquilo que a singulariza e não o que a descaracteriza, como pensam alguns.

Apesar de compartilharem o uso da autodenominação Tupi-Guarani, os contextos que abordamos aqui possuem especificidades e autonomia. Nesse texto temos como objetivo mostrar que ser Tupi-Guarani inclui uma diversidade de possibilidades e que, no limite, uma aldeia pode trazer à tona questões sobre as outras. Assim, apostamos que o conjunto diverso de experiências vivenciadas em campo[4] exprime aspectos do que é ser Tupi-Guarani — condição jamais dada, e sim constituída por relações em constante reconfiguração. Seguimos, então, com os contextos mencionados para tratar de questões que interessam aos nossos interlocutores de modos e intensidades diferentes: a *mistura* e os casamentos, as iniciativas de valorização cultural,[5] as disputas territoriais e os processos de demarcação da terra.

ALDEIA YWY PYHAÚ: DA LUTA PELA TERRA AO FORTALECIMENTO DA CULTURA

A aldeia Ywy Pyhaú está localizada no município de Barão de Antonina, sudoeste do estado de São Paulo. Até o ano de 2014 era formada por cinco famílias, somando um total de 30 pessoas.[6] A terra onde está localizada passa atualmente por um processo de regularização fundiária que se iniciou no ano de 2007, a partir de uma palestra ministrada na Universidade Estadual Paulista (UNESP) de Araraquara

4. Importante pontuar que as autoras do texto não realizaram suas pesquisas de campo conjuntamente. Lígia R. de Almeida pesquisa as famílias tupi guarani da aldeia Ywy Pyhaú, Amanda C. Danaga na aldeia Renascer e Camila Mainardi, na Terra Indígena Piaçaguera.

5. Cultura aqui em seu sentido aspeado, como sugere Manuela Carneiro da Cunha para enfatizar o uso local que se faz da categoria cultura, lembrando que "a cultura de que falam os antropólogos não é a mesma da que falam os povos indígenas" e que cultura e "cultura" não pertencem ao mesmo universo do discurso (2009, p. 313).

6. Vale lembrar que esses números são variáveis, pois dependem da chegada e partida de pessoas e famílias.

pelo então cacique Marcílio Marcolino.[7] Junto a antropólogos e membros do Ministério Público, o cacique discursou sobre a importância da terra para sua família tupi-guarani, fazendo críticas ferrenhas ao tratamento conferido aos povos indígenas no estado de São Paulo, baseado em paradigmas aculturativos e de perda cultural. Em suas palavras, "nos tratam como povos extintos". O mesmo problema foi apontado em outro contexto por D. Juraci, a pessoa mais velha da aldeia Ywy Pyhaú, em junho de 2010:

> Mas como nós desaparecemos se nós estamos aqui, nossa língua está aqui, nossa cultura está aqui? Nós falamos no verdadeiro Tupi antigo, nós sempre fomos Tupi-Guarani, o branco que quis mudar isso.

Dessa palestra surgiu uma carta reivindicando a constituição de um grupo técnico para realização dos estudos da terra. Na mesma ocasião, Marcílio fez questão de enfatizar que além de terra era preciso garantir o direito de sua família *viver na cultura*, de *ser Tupi Guarani*. E foi assim, junto às reivindicações pela terra e à busca de garantia de que poderiam, tal qual *os antigos*,[8] viver em uma *terra boa* e próximos a *Nhanderu*, que iniciaram, em 2010, um movimento pelo reconhecimento enquanto um grupo indígena diferenciado. Diferença esta marcada pela autodenominação Tupi-Guarani, visto que eram conhecidos até então como Guarani Nhandeva. Segundo D. Juraci, quando os não indígenas encontraram os Tupi-Guarani e os ouviram chamarem-se entre si de *nhandeva*, que traduzem como *todos nós índios*, os denominaram dessa maneira, o que resultou na crença de que os Tupi haviam desaparecido. "Mas agora temos voz, agora vamos falar, nós Tupi-Guarani estamos aqui e vamos fortalecer nossa cultura!" (Marcílio Marcolino, Aldeia Ywy Pyhaú, 2010).

As famílias tupi-guarani de Ywy Pyhaú afirmam que são *índios misturados*, em razão dos casamentos realizados entre os Tupinambá e Tupiniquim da costa litorânea e povos Guarani oriundos do Paraguai. Mas a *mistura* e os casamentos que nela resultam, como apontado

---

7. Esta Mesa Redonda foi idealizada pelo Centro de Estudos Miguel Ángel Menéndez (CEIMAM) no evento "Ameríndia", que ocorreu em 2007.

8. "Viver como os antigos", segundo moradores de Ywy Pyhaú, pressupõe uma "terra boa", isto é, com mata, caça e rios. Também uma alimentação composta menos de produtos industrializados e mais de seus próprios cultivos, contando com milho e mandioca para acompanhar a carne assada. Pressupõe ainda que tenham força, *mbareté*, e concentração suficientes para dançar e cantar, tornando-se leves para "subir para *Nhanderu*" e ouvir o que ele tem a lhes contar. O cuidado entre parentes é enfatizado como fundamental para a aquisição de tais qualidades.

anteriormente, remetem ainda aos casamentos com outros povos indígenas e com os não indígenas. Esses, em sua maioria, vão morar na aldeia e *vivem mesmo como índio.*

Nós somos misturados, nós somos parentes dos Tupi que moravam no litoral, em Santos, e que casaram aqui no meio do caminho com os Guarani do Paraguai. Tem também Xetá, Xokleng, Kaingang, mas tudo índio puro, mas os principais mesmo foram esses dois.[9]

A *mistura* é fundamental na constituição da pessoa e das famílias Tupi Guarani e é constantemente acionada por essas famílias de Ywy Pyhaú para explicar o que consideram *ser Tupi-Guarani.* Entretanto, ela não é contrária ao que consideram ser um *índio puro,* aquele que fala a língua e vive segundo os costumes ensinados por *Nhanderu.* Ser *índio puro* inclui *ser índio misturado,* mas exclui a categoria *mestiço* que, para essas famílias, pressupõem a não *vivência na cultura.*

Viver na cultura consiste em respeitar o que lhes ensina *Nhanderu,* bem como o que lhes ensinam os mais velhos. É falar a língua ou respeitá-la, alimentar-se com o que cultivam, ficar junto aos parentes, cuidando e sendo cuidado. No entanto, no contexto atual em que a terra que possibilita a vivência como no *tempo dos antigos* se torna escassa e que o respeito aos povos e direitos indígenas vêm sendo ameaçados, é preciso ainda que constituam alianças com parceiros variados, em busca do que denominam *fortalecimento cultural.*

O índio só é respeitado como índio quando usa um cocar. Se está vestido como um branco, as pessoas acham que deixou de ser índio. Precisamos sempre mostrar nossa cultura![10]

Como forma de mostrar a *cultura tupi-guarani,* as famílias de Ywy Pyhaú planejam fazer um almanaque contando sua história. Buscam, também, espaço para o ensino da língua, incluindo nas apostilas indígenas o ensino do *tupi antigo,* pois ressentem da predominância da língua guarani nos materiais didáticos.[11] Além de projetos que visam o ensino da língua, outra forma encontrada de divulgar seu universo cultural e os projetos de Ywy Pyhaú foi a gravação autônoma de um DVD, em que se pode conhecer um pouco mais sobre essas

9. Marcílio Marcolino, aldeia Ywy Pyhaú, 2010.

10. Marcílio Marcolino, Aldeia Ywy Pyháu, 2010.

11. Relatam que, nos materiais didáticos enviados à escola, a língua guarani ou mbya tem mais espaço do que o Tupi-Guarani, o *tupi antigo.* As crianças aprendem a língua nas *aulas de cultura* ministradas na escola da aldeia e também no convívio diário com seus parentes, sobretudo, com D. Juraci.

famílias e sua aldeia. O financiamento para a confecção deste DVD foi captado através do envio de projetos ao PROAC, concurso promovido pela Secretaria de Cultura do Estado de São Paulo. O intuito do PROAC é oferecer a essas comunidades apoio cultural aos projetos que visam o fortalecimento das culturas indígenas.

Tais iniciativas demonstram a importância da constituição de alianças com parceiros outros, indígenas de aldeias próximas e não indígenas engajados na elaboração e execução de projetos culturais que visam a conquista e manutenção de direitos. O *fortalecimento cultural* dessas famílias, através da demarcação de sua terra e dos projetos mencionados são uma forma de *continuar existindo*, como costuma enfatizar o cacique Marcílio Marcolino.

INICIATIVAS DE VALORIZAÇÃO CULTURAL NA TI PIAÇAGUERA

A TI Piaçaguera está localizada no município de Peruíbe, litoral sul do estado de São Paulo. Ao final de 2014, possuía cinco aldeias — Piaçaguera, Nhamandu Mirim, Tabaçu Rekoypy, Tanyguá e Kuara'y-Mirim — número variante tanto porque a reconfiguração de aldeias é constante, como porque o estabelecimento e manutenção destas depende do prestígio de uma liderança em manter os parentes reunidos, além da legitimação dos demais parentes e de não indígenas. Um novo coletivo vai se conformando na medida em que é reconhecido e nomeado pelos demais parentes, *aldeia* X ou *aldeia de fulano*, em comentários como: "Agora aqui [na TI] tem cinco aldeias!", ou em outros que questionam a nova configuração: "Como podem se considerar uma aldeia?". Trata-se de um processo que não se conclui — já que o esforço em fazer ou refazer coletivo é constante — e do qual participam atores não indígenas, tanto colaboradores em projetos e políticas — que podem possibilitar a abertura de salas de aula, o atendimento médico, atividades de valorização cultural — como não indígenas contrários ao estabelecimento de novos coletivos, em especial em casos de formação de aldeias em áreas não demarcadas.

Em Piaçaguera, TI homologada no ano de 2011 (FUNAI: BSB/305/02), iniciativas de promoção cultural são um modo de se relacionar com alguns não indígenas, assim como mobilizam relações entre pessoas e famílias na TI. Iniciativa comum nas aldeias são as apresentações de grupos musicais,[12] além da recepção de turistas para vivências e palestras. A aldeia Nhamandu Mirim, por exemplo, tem um *blog* com fotos, notícias sobre a demarcação territorial e a seguinte mensagem do cacique:

A todos que apreciam a cultura indígena, primeiramente sejam bem-vindos ao nosso blog, em segundo, meu nome é Cacique Domingos, sou responsável pela aldeia Nhamandu Mirim, estamos em constante mudanças para interagir com a população e ensinarmos a nossa cultura, estamos expandindo nossos horizontes dentro da aldeia, para viabilizar uma forma adequada de turismo ecológico, onde os visitantes terão um dia de aprendizado sobre a arte de viver na mata, caminhando por trilhas, assistindo a cantos e danças e peças de teatros sobre a nossa cultura, vivendo da caça e da pesca e dos artesanatos, esperamos muito em breve estar recebendo um grande número de visitantes que têm o desejo de entender como vivemos em harmonia com a natureza, para maiores informações entre em contato pelo telefone celular [número].[13]

A mensagem do cacique Domingos, assim como as apresentações para não indígenas dentro e fora das aldeias que compõem a TI, são justificadas pela necessidade de ensinar os brancos. No vídeo-documentário produzido durante a gravação do CD *Kangwaá: cantando para Nhanderu*, Itamirim disse que muitas pessoas pensam que o indígena é incapaz, eles acham que o indígena tem que viver no mato pelado e não evolui. O pensamento mais ou menos hegemônico entre os brancos, apontado por Itamirim, é o do atraso e não desenvolvimento dos coletivos indígenas.[14] Pensamento equivocado, sabemos, já que a cultura não se constitui como unidade fixa, muito menos deve ter como modelo de desenvolvimento os brancos. Para fazer frente a esse pensamento, as famílias de Piaçaguera julgam importante divulgar suas músicas e se tornarem visíveis em sua diferença aos olhos dos brancos.

No vídeo-documentário mencionado, Catarina e Dora explicaram a conformação do etnônimo Tupi-Guarani. Catarina disse:

Eu sou Tupi-Guarani porque meus pais por parte de mae eram Tupi que morava nessa região, faziam parte dos Tupinambá. E os Guarani vieram

12. Vale lembrar, contudo, que os integrantes dos grupos musicais variam. A própria manutenção do grupo e maior ou menor atuação deste depende do prestígio de quem o encabeça, na maioria dos casos o cacique. O mesmo ocorre com as iniciativas de receber turistas nas aldeias que dependem do apoio e participação dos parentes.
13. Cacique Domingos, aldeia Nhamandu Mirim.
14. O que também aparece na fala do cacique Marcílio da aldeia Pyhaú, como comentado no tópico anterior deste ensaio.

do Mato Grosso do Sul e outros do Rio Grande do Sul. E a minha família misturou o Tupi com o Guarani.

O mesmo foi reiterado por Dora: "Meus pais eram indígenas, minha mãe Guarani Mbya e meu pai Tupinambá, e aí se misturou e eu sou Tupi Guarani".

Na época dos estudos complementares sobre a TI, que objetivava dar continuidade ao processo de demarcação territorial, várias narrativas trataram da mesma questão. Citamos aqui a fala de Amâncio, irmão de Catarina:

> Nós somos Tupi-Guarani... Mas, enfim, porque hoje os Tupi já estão casados com Guarani também. Não só com Guarani, mas com pessoas brancas também, tem já várias misturas, nós já viemos de mistura. [...] Então, nós temos várias misturas, nós temos o Tupi, o Guarani, Kaingang, Kaiowá, até a mistura de negros, porque meu vô e minha vó, da parte do meu pai, eles eram negros. Mas, assim, é índio.

Nessas falas, a *mistura* é positivada em detrimento da ideia de *pureza* — e, portanto, de qualquer unidade com fronteiras definidas — que, em geral, está vinculada aos etnônimos.[15] As falas sobre a conformação étnica lançam luz às preocupações caras às famílias Tupi-Guarani na TI Piaçaguera: os casamentos e a geração de crianças, destacando a mistura como dinâmica inerente à construção do parentesco.

Os casamentos estão envoltos em intenso debate. No limite, tais discussões têm em vista aqueles com quem desejam compartilhar o dia a dia e aqueles *indesejados*, o que, em geral, independe de serem indígenas ou brancos. O ponto é que os casamentos são assuntos importantes e lançam luz às narrativas sobre a *mistura* e o etnônimo Tupi-Guarani.

Vale lembrar que os brancos são múltiplos. Alguns podem ser ensinados a respeitar essa diferença nos projetos e eventos de enunciação cultural; outros podem ser tornados parentes por meio de casamentos. Mas há aqueles cuja aproximação é indesejada ou inviável. Há não indígenas que moram nos limites da TI cuja relação é de evitação,[16] porém com outros compartilham festas, jogos de futebol e o trabalho fora das aldeias — nos quiosques da praia ou na construção civil, por

15. Segundo Taylor (1985) a unidade pressuposta pelo etnônimo mascara a diferenciação explicitada por outros mecanismos. Apesar dos esforços e problematizações dos antropólogos, em geral, nas relações com o Estado e políticas de valorização da "cultura", cada povo indígena possui um nome, uma cultura, uma língua.

16. Há casas de banhistas com piscina e bonitos jardins, que ficam sob o cuidado de caseiros, mas de quem dificilmente se ouve qualquer comentário.

exemplo. Com os últimos o casamento é possível. Morar junto, ou perto, compartilhar o cotidiano, os eventos mencionados, as refeições, colocam a possibilidade de casamentos, constrói parentesco.

ENTRE OUTROS: AGENCIAMENTOS DAS RELAÇÕES NA ALDEIA YWYTY GUAÇU

As relações com outros — famílias guarani mbya e não indígenas — são marcadas por proximidades e distanciamentos que perpassam a trajetória e o cotidiano das famílias tupi-guarani que vivem na aldeia Ywyty Guaçu, "Morro Grande", em referência ao Morro do Corcovado que circunda a aldeia, também conhecida como aldeia Renascer. Tais relações caracterizam a própria noção de pessoa tupi-guarani, calcada na ideia de *mistura*. Caracterizam, inclusive, o processo de constituição da aldeia, formada a partir das gravações do longa-metragem do diretor Luis Alberto Pereira, intitulado *Hans Staden*.[17] O local onde hoje é a aldeia foi o cenário utilizado para a produção do filme e alguns indígenas foram convidados para participarem das gravações. Para a filmagem foram feitas grandes ocas cenográficas semelhantes às moradias dos antigos Tupinambás que habitavam a costa litorânea brasileira em meados do século XVI. Antônio da Silva Awá, atual cacique da aldeia, participou do filme em um curto papel figurativo. Com o término das gravações, a aldeia cenográfica permaneceu abandonada e as famílias tupi-guarani passaram a frequentar as grandes ocas. Sob a liderança de Awá e sua afirmação de que *onde tem oca tem índio*, essas famílias fixaram-se na área, dando origem à aldeia.

O contexto no qual a Ywyty Guaçu se formou aponta para uma questão interessante: o surgimento de uma aldeia real a partir de uma aldeia cenográfica e a influência do filme neste processo, visto que o mesmo trabalhou com imagens que rememoravam a um possível passado dos Tupi Guarani.[18] Contudo, o filme aparece como um fator coadjuvante no processo de constituição da área. Os moradores da aldeia não deixam de mencioná-lo enquanto um elemento que facilitou a aglutinação de algumas famílias. Segundo dizem, o filme

17. As gravações de *Hans Staden* iniciaram-se em agosto de 1997. O lançamento do filme ocorreu em dezembro de 1999.

18. Conforme citado em momento anterior, os Tupi-Guarani afirmam sua origem como resultante de um processo de *mistura* entre duas matrizes distintos, os Tupinambá e os Guarani. Sendo que os Tupi Guarani da aldeia Ywyty Guaçu não excluem os não indígenas desse processo.

possibilitou o encontro entre as famílias para realização de um desejo que lhes era comum: o engajamento com projetos de preservação da tradição na reocupação de territórios reconhecidos pelos indígenas como tradicionais. Assim, o filme foi apenas o cenário que favoreceu a realização de suas intenções, que estavam diretamente conectadas à relação que sua falecida mãe marcava com a região de Ubatuba.[19]

> Minha mãe tinha alguma coisa com esse lugar, ela nunca tinha vindo pra cá, mas falava sempre daqui. Ela deve ter visto em sonho [...]. O sonho da minha mãe era essa região, não aqui, a Ywyty Guaçu, mas essa região. [...] Eu estou seguindo o caminho dela e ela vai estar comigo, trabalhando junto.[20]

Segundo Awá, sua mãe sempre comentava sobre a região de Ubatuba, local onde desejava residir um dia. Quando surgiu a oportunidade de participar do filme foi que ele conheceu o lugar no qual fundaria a Ywyty Guaçu. Houve uma grande identificação entre o local conhecido e o local apontado por sua mãe. Em virtude disso, juntamente com outras famílias, Awá optou por permanecer na área, habitando inicialmente a aldeia cenográfica. Com o passar do tempo, após instalarem-se nas ocas cenográficas, as famílias saíram delas e construíram suas casas, mesmo porque as ocas utilizadas como cenário foram sucumbindo no transcorrer dos anos.

Apesar do contexto característico de formação da aldeia não definir uma relação de causalidade com o processo das filmagens, o uso das câmeras e o registro de imagens na Ywyty Guaçu é intenso. Durante a estadia do Grupo Técnico[21] que realizava os estudos antropológicos da área, Awá procurava registrar todos os acontecimentos do trabalho, pois isso era uma maneira de transmitir para as gerações futuras como aconteceu o processo de definição da área, além de promover o reconhecimento em diversos outros aspectos, por parte dos outros grupos que vivem na região e dos não indígenas. "Se Awá morre e não passa nada? Se eu morro e meus filhos crescem sem passar sua cultura, não é culpa deles, é culpa do velho, ele que não ensinou nada aos jovens".

---

19. Ao assistirem uma cópia do filme não legendada – a língua falada pelos atores no filme é predominante o tupi – alguns adultos *comentaram sobre a linguagem usada e ressaltaram a diferença entre a fala do filme e a fala deles: Parece que eles estão lendo* [...] As reações mais cômicas, ao verem o filme, partiam das crianças, quando viam os atores nus, inclusive Awá.

20. Antonio Awá, Aldeia Renascer, 2009.

21. Importante ressaltar que o contexto deste campo em 2009 foi marcado pelo processo de reivindicação e reconhecimento territorial, no qual um Grupo Técnico realizou o relatório de fundamentação antropológica da área.

O anseio pelo registro, produção, veiculação e armazenamento das imagens e vídeos que falavam sobre as histórias da aldeia era constante.[22] No primeiro dia e no último dia em que a equipe do GT esteve na aldeia, a liderança pediu para que fosse feita uma fala que delineasse um pouco sobre as expectativas e impressões acerca do trabalho desenvolvido, para que isso ficasse registrado em vídeo. O cuidado com as imagens e com as gravações aparecia em várias ocasiões, como, por exemplo, quando pediam para ligar ou desligar o gravador de acordo com o que queriam dizer ou quando enfatizavam questão da autoria das imagens ao disponibilizarem suas fotografias.

Por diversas vezes, inclusive em períodos posteriores à pesquisa para a regularização da terra, Awá requisitava o registro das reuniões e dos encontros que aconteciam dentro e fora da TI. Em algumas ocasiões, requisitou a gravação das crianças cantando para que ele pudesse ouvir e analisar se estava bom e se elas haviam evoluído com os ensaios. Quando turistas chegavam a fim de conhecer a área, Awá era sempre comunicado, caso contrário, não poderiam tirar fotos. Além disso, as pessoas pediam as fotos tiradas na aldeia, dizendo que gostariam de "por em um quadro". Em todas as casas, especificamente nas dos Tupi Guarani,[23] e na escola há muitas fotografias emolduradas.

Nos mais variados contextos, a invocação de uma singularidade cultural visa garantir direitos e reconhecimento em muitos aspectos, como no caso da autodenominação Tupi-Guarani. Mas também mobiliza reflexões do grupo sobre sua própria origem e singularidade. Nesse sentido, a produção e veiculação de imagens sinaliza um diálogo com aqueles que vivem fora que é, ao mesmo tempo, indissociável do diálogo entre aqueles que vivem dentro da aldeia. Como salientou Marcela Coelho de Souza (2010), os enunciados da cultura seriam *efeitos do encontro* com o não indígena.[24]

---

22. Há um arquivo de fotos e reportagens sobre a aldeia, desde sua formação até os dias atuais, e um *blog* disponível na internet, que conta um pouco sobre a história e o dia a dia da aldeia, além de uma página no Facebook. Para consultar o blog, acesse: *www.aldeiarenascer.blogspot.com.*

23. Na Ywyty Guaçu há coexistência de famílias tupi guarani e famílias guarani mbya. As distinções entre essas famílias são constantemente assinaladas nas relações entre elas.

24. "Quando usam nossa palavra — ou alguma tradução engenhosa dela — eles estão produzindo um objeto que significa *sua relação conosco*, mas trata-se ainda da produção *deles*: o que eles devem estar fazendo — eles não tem alternativa — não é objetificar *sua* cultura (sem aspas) por meio do *nosso* conceito, mas sua relação conosco por meio dos

Por fim, produzir fotografias, registrar imagens, criar vídeos, envolver-se em projetos e fazer festas são formas de dar visibilidade à cultura acionadas pelas famílias da Ywyty Guaçu. Vale lembrar que são múltiplos os enunciados e as relações por meios culturais e que essa multiplicidade também se reflete na acepção da "cultura" como uma ferramenta de diálogo, ampliando suas possibilidades de conexões sociais e de sentido.

SER TUPI-GUARANI É FUGIR DE ESSENCIALISMOS

"Qualquer essencialismo é enganoso", advertiu Carneiro da Cunha ao mostrar que *etnicidade*, entendida como linguagem em que o repertório cultural é acionado para produzir distinções entre segmentos sociais, é antes um processo do que algo fixo e estabilizado. Contudo, a autora assinala que a questão indígena sempre esteve permeada de reificações. Entre *bons e maus selvagens do século XVI* até *ecólogos por natureza e inimigos do progresso nos dias atuais*, as populações indígenas sempre tiveram de se ver frente aos estereótipos que lhes são construídos (Carneiro da Cunha, 2012, p. 120–4). No caso das famílias tupi guarani que vivem no estado de São Paulo, elas não acolheram um nome imposto pelos não indígenas — tal como a classificação Guarani Nhandeva — e lutaram, e ainda lutam, pela desconstrução de um estereótipo de *indianidade*, afirmando aos não indígenas sua condição Tupi-Guarani, resultante de uma história comum de intercasamentos entre diferentes povos.

Este texto buscou, por meio de diferentes contextos etnográficos, apresentar as explicações sobre a conformação do etnônimo Tupi-Guarani, que expressam a *mistura*, os casamentos entre famílias Guarani e Tupi, mas de modo particular em cada contexto. Assim, abordamos também as relações que constituem e são constituídas pelas famílias Tupi-Guarani, em especial no que diz respeito aos não indígenas. A estes são dirigidas as enunciações que relatam a *mistura* como constituinte da pessoa tupi guarani. Ademais, os não indígenas podem ser colaboradores em projetos e políticas de valorização cultural, ou contrários ao estabelecimento de aldeias em áreas não demarcadas, dificultando o deslocamento das famílias tupi-guarani. Ensejamos sublinhar que os não indígenas e as formas de se relacio-

conceitos *deles* — quero dizer, por meio de sua própria compreensão do que constitui criatividade, agência, subjetividade" (Coelho de Souza, 2010, p. 112).

narem com eles são múltiplas. Em algumas situações, eles são espectadores ou parceiros em projetos e eventos de enunciação cultural e podem até serem tomados como parentes a partir dos casamentos, do aprendizado das regras e do compartilhamento dos cuidados cotidianos. Há aqueles com quem as relações devem ser de evitação ou mesmo confronto.

Diante disso, aproximamos nossas pesquisas realizadas com famílias tupi guarani em diferentes aldeias no estado de São Paulo, tendo em vista a especificidade e a multiplicidade das questões que interessam aos nossos interlocutores, bem como a maneira como agenciam e constituem suas redes de relações. Em resumo, procuramos mostrar que ser Tupi Guarani é também fugir de essencialismos.

BIBLIOGRAFIA

ALBERT, Bruce & RAMOS, Alcida. *Pacificando o branco. Cosmologias do contato no Norte amazônico.* São Paulo: UNESP, 2000.

ALMEIDA, Lígia R. *Os Tupi-Guarani de Barão de Antonina (SP): migração, território e identidade.* Dissertação de Mestrado. São Carlos: UFSCar, 2011.

CARNEIRO DA CUNHA, Manuela. "'Cultura' e cultura: conhecimentos tradicionais e direitos intelectuais". In: ______. *Cultura com aspas e outros ensaios.* São Paulo: Cosac & Naify, 2009.

______. "O futuro da questão indígena". In: ______. *Índios no Brasil: história, direitos e cidadania.* São Paulo: Claro Enigma, 2012.

COELHO DE SOUZA, Marcela S. "A vida material das coisas intangíveis". In: ______; COFFACI DE LIMA, Edilene (orgs.). *Conhecimento e cultura: práticas de transformação no mundo indígena.* Brasília: Athalaia, 2010.

DANAGA, Amanda C. *Os Tupi, os Mbya e os outros: um estudo etnográfico da aldeia Renascer - Ywyty Guaçu.* Dissertação de Mestrado. São Carlos: UFSCar, 2012.

LADEIRA, Maria Inês. "Aldeias livres Guarani do litoral de São Paulo e da periferia da capital". In: MONTEIRO, John Manuel et al. (orgs.). *Índios no Estado de São Paulo: resistência e transfiguração.* São Paulo: Yankatu/ CPI, 1984.

LADEIRA, Maria Inês & AZANHA, Gilberto. *Os índios da Serra do Mar. A presença Mbyá-Guarani em São Paulo.* São Paulo: CTI, Nova Stella, 1988.

MACEDO, Valéria. *Nexos da diferença. Cultura e afecção em uma aldeia Guarani na Serra do Mar.* Tese de Doutorado. São Paulo: PPGAS-USP, 2009.

MAINARDI, Camila. *Construindo proximidades e distanciamentos. Etnografia da Terra Indígena Tupi-Guarani Piaçaguera, SP.* Dissertação de Mestrado. São Carlos: UFSCar, 2010.

NIMUENDAJÚ. Curt. "Apontamentos sobre os Guarani". *Revista do Museu Paulista*, v. 8, 1954.

______. *As lendas de criação e destruição do mundo como fundamentos da religião dos Apapocuva-Guarani.* São Paulo: Hucitec/ Edusp, 1987.

PISSOLATO, Elizabeth de Paula. *A duração da pessoa: mobilidade, parentesco e xamanismo mbya (guarani).* São Paulo: Unesp, ISA; Rio de Janeiro: NuTi, 2007.

SCHADEN, Egon. "Aspectos fundamentais da cultura guarani". *Revista de Antropologia* vol. 4, 1954.

TAYLOR, Anne-Christine. "La invención del Jívaro: notas etnográficas sobre un fantasma occidental". In: *Antropología del Ecuador.* Quito: Ed. Abaya-Ala, 1985.

É interessante que vocês se esforcem tanto para identificar os Mbya, Xiripa, Nhandeva, Kaiowá... A classificação Mbya foi criada, não sei quem teve essa ideia. Entre os que são chamados Mbya, tem os que a gente chama de Tambeope, Irari.... *Meu pai era Irari e minha mãe Tambeope. Como eles se separaram, um Tupi, que a gente também chama de Xiripa, se interessou por minha mãe e ficaram juntos até a morte dele. Então eu tive oportunidade de conhecer um pouco a vida como Irari e ter um conhecimento do Xiripa. Eu falava as duas línguas ao mesmo tempo. Na minha aldeia tem Mbya e Xiripa, mas antes não se dizia Mbya. O que existe é* py'a, *o centro, o coração, onde as pessoas estão protegidas. Os que vivem fora, os* tembiguai, *têm comunicação dentro e fora, e tem outros que protegem, que são os* xondaro. *Eles protegem o centro,* py'a. *Ali existe um líder espiritual forte, que enxerga e consegue ter uma comunicação maior com o mundo não imperfeito. É a mesma coisa dos estudiosos, que vão além, mas quando chegam lá estão cansados, talvez com cajado até. O líder espiritual, quanto mais desenvoltura e experiência, pode encontrar a imortalidade. Isso depende muito da alimentação. Alguns têm dietas especiais, outros, não. Hoje existe muito transgênico, por isso é difícil encontrar a Terra sem Mal.*

PAPA MIRĨ POTY (CARLOS FERNANDES)

Os Mbya desceram o Araguaia

Parentesco e dispersão

RAFAEL FERNANDES MENDES JÚNIOR*

Este artigo é o resultado de seis meses de trabalho de campo junto aos Mbya Guarani na Terra Indígena (TI) Nova Jacundá, localizada a cerca de 100 quilômetros ao norte de Marabá, no estado do Pará.[1] A população das duas aldeias que compõem a TI não ultrapassa 80 pessoas, sendo 36 somente em Nova Jacundá.[2] A preocupação deste trabalho é compreender como os Mbya[3] nessas aldeias continuaram a se reproduzir socialmente, não sendo subsumidos por outros povos indígenas, *te'yi*,[4] ou pelos brancos, *juruá*, em um contexto em que as possibilidades matrimoniais são escassas devido às relações de parentesco e a impropriedade do casamento interétnico.

*. Doutor pelo PPGAS-Museu Nacional/ UFRJ.

1. Os trabalhos de campo para realização dessa pesquisa foram conduzidos ao longo dos meses de março a julho de 2012 e entre os meses de junho a agosto de 2013. Em 2012, realizei uma breve visita de quinze dias a terra indígena Guarani-Karajá Xambioá, localizada a cerca de cento e cinquenta quilômetros da cidade de Araguaína, no estado de Tocantins.

2. O número de casamentos interétnicos em Xambioá desde 1973 torna difícil precisar a quantidade de pessoas Mbya, pois os descendentes desses casamentos se definem tanto Guarani quanto Karajá. Dezessete pessoas compreendem a língua guarani.

3. Para a economia deste trabalho, quando precisar contrapor as aldeias localizadas na região norte àquelas localizadas nas regiões sul e sudeste utilizarei os adjetivos setentrionais e meridionais, respectivamente.

4. *Nhandeagua* é o termo com o qual os Guarani no sul e sudeste do Brasil referem-se aos demais povos indígenas. *Te'yi* significa, entre os Ava-Katu-Ete e os Kaiova, "família extensa" (Meliá, 1991; Schaden, 1962; Pereira, 1999); porém, entre os Mbya setentrionais, tem o mesmo significado que *nhandeagua*. Aos não indígenas denominam *juruá*.

Esta reprodução social se coloca como questão após a morte do último xamã, Manoel Rodrigues, nas proximidades de Mozarlândia, no noroeste de Goiás, na década de 1960, quando quatro grupos de irmãos (*siblings*) em ondas sucessivas desceram desde o alto curso do rio Araguaia até os estados de Tocantins, Maranhão e Pará. Até então tratava-se de um grupo, que como muitos outros conhecidos na literatura, partira do Paraguai em busca da terra sem mal (Nimuendajú, 1987 [1914]).

A despeito de figurarem entre os povos indígenas mais estudados na etnologia das terras baixas sul americanas, os Guarani continuam a despertar o fascínio dos pesquisadores. Um dos motivos para tanto reside, certamente, numa lacuna destacada por Viveiros de Castro em meados da década de 1980. Segundo esse autor, "[a] etnologia dos povos Guarani do sul do Brasil e Paraguai [constituía] quase uma província separada, dentro do campo Tupi-Guarani" (1986, p. 99). Isso porque o autor fez notar que "a etnologia Guarani [havia] se concentrado na compilação e exegese de textos — mitos, cantos sagrados —, deixando até certo ponto de lado a descrição de aspectos da morfologia e estrutura social" (1986, p. 100).

À época em que o autor destacou esse descompasso no seio da etnografia Tupi-Guarani, os estudos sobre povos amazônicos estavam em sua fase inicial e ganhariam impulso ainda no decorrer dos anos 1980. No entanto, em terras meridionais manteve-se a tendência do período anterior e a etnologia sobre os Guarani seguiu privilegiando os temas da relação divino-humana (Chamorro, 1998; Ladeira, 1992, 2001). No despertar do século XXI alguns etnólogos têm empreendido uma guinada teórica (Albernaz, 2009; Macedo, 2009, 2013; Mello, 2006; Mendes Júnior, 2009; Heurich, 2011; Pereira, 2014; Pierri, 2013; Pissolato, 2007; Silva, 2009) a favor da necessidade de ultrapassar esse isolamento etnológico, tomando como referência os modelos analíticos oferecidos pelas demais sociedades amazônicas. Este artigo, ao mesmo tempo que alude ao tema da terra sem mal, chama atenção para alguns problemas de organização social.

PARTIDAS E CHEGADAS

Não é possível determinar exatamente onde nem quando partiu um grupo mbya guarani que, numa trajetória inédita, atravessou os estados de Mato Grosso do Sul e Goiás, alcançando, mais tarde, o Tocantins, Maranhão e Pará. As lembranças dos mais velhos, quando remexidas, nos levam com precisão à região de Coxim, às margens do rio homônimo, e a Campo Grande, capital do Mato Grosso do Sul. Essas pessoas, hoje entre 70 e 80 anos, carregam na memória algumas lembranças de seu único xamã, falecido em 1965 nas proximidades de Mozarlândia, em Goiás, e dos eventos desde então decorrentes. Apenas um homem, Albino Karai Ataa, com cerca de 90 anos, contava-me histórias de sua infância e adolescência em um local que ele chamava de *margem do Paraguai*.[5]

É tentador situar geográfica e historicamente esse local de partida numa pequena faixa de terra banhada pelo rio Paraguai, no Mato Grosso do Sul, durante a década de 1930. Dois motivos, um mítico e um histórico, seriam os motores dessa caminhada. Iniciemos pelo segundo: a Guerra do Chaco entre o Paraguai e a Bolívia no período de 1932 a 1935. Alguns fatos tornam essa hipótese plausível: em suas histórias, Albino descreve a paisagem de sua infância da seguinte forma: "havia um rio, do outro lado era o Paraguai, pra cá o Mato Grosso"; as histórias contadas por uma senhora, Benedita Kerexu Ataxï, de quando seu pai foi capturado pelos soldados paraguaios, sob acusação de ser *revoltoso*, e levado para as trincheiras, onde carregava água para os combatentes. A guerra do Chaco mobilizou grande parcela da população indígena no Paraguai e na Bolívia, dentre elas os Guarani que viviam na região demandada pelos dois países: o Chaco Boreal (Capdevila, 2010). Atualmente muitas pessoas remanescentes daquele período se referem a ela como *Guerra do Paraguai*, onde seus pais, mobilizados pelas campanhas bélicas paraguaias, perderam a vida.[6]

Malgrado tais histórias, é notável que em Nova Jacundá as pessoas não associem a partida do Paraguai à guerra. Esse era o motivo fraco da migração. O desejo de alcançar a perfeição físico-espiritual e chegar à *terra onde não mais se morre*, o motivo mítico foi a tônica da migração, inúmeras vezes afirmado por Albino e outros. "*Paraguai rovai kue'i tuja kue ou. Ha'e gui roju; orecacique orereraata yvy apy py kova'e apy py akaty yvyju py oreraata oreraa xe*". O que traduzo da seguinte forma: "Do outro lado do Paraguai os mais velhos vieram.

5. Paraguairembe. Este senhor citou duas aldeias nas quais ele teria vivido, ambas no Paraguai: Morumbi e Ka'a Guaxu. De uma terceira não recordava o nome.

6. Em Parati-Mirim, ao contar sua história, Miguel disse que não conheceu o seu pai, pois morreu na Guerra do Paraguai quando ele era bem pequeno. Perguntei com quem o Paraguai estava em guerra e Miguel respondeu: "com a Bolívia".

Então nós viemos, nosso cacique nos levaria por essa terra à terra áurea, ele queria nos levar" (Albino Karai Ataa, TI Xambioá, 30 de maio de 2012).

Em agosto de 2014, ouvi de Joaquim Karai, neto do *nhanderu*[7] que iniciou essa migração, outra história a respeito da busca da terra sem mal. Joaquim, em guarani, disse que seus avós vieram do Paraguai, que passaram no Mato Grosso e chegaram em Goiás, onde ele nasceu. O destino do grupo era chegar ao Maranhão, "*yy guaxu rembere nhanembaraete vy ma nhanderete ijavi roaxa inÿ yy guaxu rovai yvy marã e'ÿ py*", "à beira da grande água, quando nos fortalecêssemos, passaríamos com nosso corpo todo para o outro lado do mar, para a terra sem mal" (Joaquim Karai, Terra Indígena Jaraguá, 22 de agosto de 2014).

Os grupos que vivem na região norte são parcelas deste grupo maior. Para os objetivos deste trabalho, a melhor forma de analisá-los não será em um bloco homogêneo, embora todas as pessoas sejam classificadas como parentes e possam ser relacionadas. Pode-se dividir essa migração setentrional dos Mbya Guarani em quatro momentos: o primeiro refere-se à migração que finda com a morte de seu xamã em maio de 1965, nas proximidades de Mozarlândia. A partir daí, nota-se um segundo momento em que unidades familiares maiores ou menores deslocam-se, separadamente, em direção ao norte. O terceiro corresponde às viagens em direção às regiões sul e sudeste, e o último momento é a fixação dessas famílias nos contextos em que se encontram hoje. A despeito de não ser objeto de análise neste texto, o primeiro momento estabelece a condição genésica para os deslocamentos em busca de parentes.

Em meados da década de 1960, os Mbya estavam acampados entre a cidade de Mozarlândia e o rio Araguaia, quando o primeiro grupo, formado por cerca de 15 pessoas, decidiu seguir o curso do rio. Afirma-se que o objetivo era encontrar a Terra sem Mal. Observando a figura 1, o grupo era composto por uma mulher, Lourença, com dois filhos solteiros e duas filhas casadas, além de outras pessoas (tracejado 5). Orlando, o mais velho de seus genros, era quem conduzia

7. Entre os Guarani setentrionais e os Kaiowá (Montardo, 2002), o termo *nhanderu* designa a categoria dos xamãs. Outra designação para tais pessoas, entre os setentrionais, é cacique. Diferentemente dos Guarani meridionais que empregam o termo pajé nas relações com os não indígenas, entre os setentrionais ela é rejeitada por estar associada à feitiçaria. Os setentrionais desconhecem o termo *opitai va'e*, que entre os meridionais designa o xamã. *Nhandejara* é uma tradução possível para a noção cristã de Deus.

o grupo. Após um tempo na Ilha do Bananal, o grupo seguiu até a cidade de Porto Nacional e, de lá, o curso do rio Tocantins. Posteriormente chegaram à cidade de Estreito, no Maranhão, onde faleceu Lourença e, em 1974, as famílias chegaram à região de Imperatriz, onde trabalharam numa fazenda sob os cuidados de um homem não indígena. Em 1975, o irmão desse homem se casaria com Mariquinha, que recentemente ficara viúva. O casal recém formado passaria a viver na cidade de Imperatriz e mais tarde na Terra Indígena Xambioá.

O segundo agrupamento a deixar a região de Mozarlândia era composto por outro filho de Lourença, Júlio, a esposa deste, grávida, e os quatro filhos do casal (o sombreado 6 na figura 1). Decidido a ir atrás do primeiro grupo, ou à procura da Terra sem Mal, conforme o relato,[8] essa família também chegou à Ilha do Bananal. Lá, no princípio da década de 1970, a única filha deste casal, Maria, deixou a sua família e, em companhia de um homem karajá seguiu para a Terra Indígena Xambioá, onde esse homem a daria em casamento ao seu irmão. Decidido a alcançar o grupo que seguia à frente, o segundo grupo seguiu até as proximidades de Conceição do Araguaia, no sul do Pará. Diante da dificuldade de obter notícias da passagem do grupo que lhe antecedera, resolveu voltar, não conseguindo, no entanto, atingir o seu objetivo. Júlio faleceu entre as cidades de Conceição do Araguaia, no Pará, e Guaraí, em Tocantins. A sua mulher e os três filhos pequenos foram levados por funcionários da FUNAI para a recém ocupada Terra Indígena Gavião Mãe Maria, localizada nas proximidades da cidade de Marabá, no Pará.

Ainda em meados da década de 1960, as pessoas que estavam em Mozarlândia dispersaram-se pelas proximidades da cidade de Cocalinho, no Mato Grosso, e São Miguel do Araguaia, em Goiás (as famílias representadas pelo pontilhado 7 e sombreado 8, respectivamente, na figura 1). Posteriormente, uma parcela das famílias que estava em Cocalinho (tracejado 7a na figura 1) juntou-se às pessoas que estavam em São Miguel do Araguaia e desceram em canoas até a Ilha do Bananal, onde chegaram no final dessa mesma década. A parcela que permaneceu nos arredores de Cocalinho (pontilhado 7 na figura 1), aos poucos foi se casando com pessoas não índias.

8. A morte do xamã, que teve como consequência a falta de alguém que soubesse guiar o grupo foi, muitas das vezes, apontada como motivo para abandonarem o propósito da busca da terra sem mal, *yvy marã eÿ*. A falta de alguém que soubesse guiá-los inúmeras vezes foi ressaltada.

Ao obter notícias da passagem de seus parentes, o último grupo a chegar à Ilha do Bananal dividiu-se e adotou estratégias diferentes. Uma parte permaneceu na Ilha do Bananal até 1978 (sombreado 8 na figura 1); outra parte (tracejado 7a na figura 1) seguiu o mesmo itinerário percorrido pelo grupo de Orlando, com o qual se encontrou em fins da década de 1970.

O reencontro ocorreu em Imperatriz e juntos viajaram até Itinga do Maranhão. De lá foram para Castanhal, no Pará, aonde por cinco anos trabalharam em fazendas. Nesse período, um dos filhos de Raimundo, João, casou-se com sua prima de segundo grau (FZDD), Ana, com quem tem duas filhas.

No princípio da década de 1980 os dois grupos retornaram ao Maranhão, para a Terra Indígena Guajajara Pindaré. No diagrama 2, o sombreado representa os grupos de Orlando e de Raimundo, no Maranhão, entre as décadas de 1970 e 1980. Os dois grupos aumentaram consideravelmente seu contingente populacional, no entanto, permanecia o problema da disponibilidade de cônjuges.

O convívio com os Guajajara, a despeito de haver alguns intercasamentos, não se constituiu de forma amistosa. À essa animosidade acrescenta-se a influência de pessoas não índias agindo em proveito próprio junto desses grupos e o não reconhecimento, por parte da FUNAI, dos Guarani como povo indígena. “Eles diziam que nós não podíamos ficar lá, porque éramos paraguaios” (João Werá).

Em meados da década de 1980, um padre chamado Carlo Bialli tomou conhecimento da situação vivida pelos Mbya no Maranhão e gravou em uma fita cassete a fala de um cacique da aldeia Itariri, conhecido como Antônio Branco — em que ele contava sobre os Guarani no Sudeste — e apresentou a gravação a Orlando e Raimundo, na tentativa de convencê-los a irem para o Sudeste. Nesta época, o divórcio entre João e Ana foi um dos motivos para que José, avô da jovem divorciada, resolvesse aceitar a proposta do padre. Acompanhado das duas filhas, de um tio materno, de uma irmã de Raimundo e do filho desta, o grupo chegou ao litoral sul de São Paulo em 1987. O filho do cacique também aceitou a oferta do padre, indo até São Paulo e, de lá, para o Rio Grande do Sul, de onde meses mais tarde retornou para a Terra Indígena Mãe Maria, para onde a família de seu pai se mudou no final da década de 1980 (ver diagrama 3).

Os contextos vividos por Albino e seu grupo apresentam uma configuração diferente. Após nove anos na Ilha do Bananal, vivendo em duas aldeias karajá, Santa Isabel e Canoanã, no início da década de

1980 Albino se estabeleceu com a sua família em Araguaína, onde trabalhava em fazendas. Nesta ocasião, Maria — que desde o início da década de 1970 vivia na Terra Indígena Xambioá — tomou conhecimento de que seu tio paterno estava naquela cidade e pediu ao marido que fosse buscá-lo. Em 1982, Albino e sua família chegaram a Xambioá (figura 4).

A convivência na aldeia dos Karajá teve duas consequências: a primeira foram os intercasamentos. A segunda foi a repressão por parte dos Karajá, principalmente as crianças, em forma de zombarias e agressões contra as crianças Mbya para que não falassem em seu próprio idioma, mas em português, majoritariamente falado pelos Karajá naquela Terra indígena. O trecho abaixo é um excerto de uma conversa mais longa junto a Leonardo e seu tio paterno, Abílio.

> Abílio: Meus meninos ainda falavam na linguagem[9] um com o outro, assim. Aí os outros [Karajá] ficavam rindo... É, eles mangavam deles aí. Então com isso aí perdeu, ficou com vergonha de falar também.
>
> Leonardo: Foi desse jeito mesmo lá no Xambioá. Quando a gente falava na linguagem eles jogavam pedra na gente. Jogavam pedra, mangavam, riam, é assim mesmo.
>
> Abílio: Pois é, por isso que os meninos perderam, perderam não, não querem mais falar.
>
> Leonardo: Chegamos lá, nós conversávamos tudo na linguagem. Aí lá mesmo, quando eu estava parando de falar na linguagem, que nós chegávamos junto, todo mundo assim — velho Albino, velha Geralda, tio Arlindo — aí eu ia conversar na linguagem e eu mesmo sorria de mim.[10]

À exceção da partida do primeiro grupo, liderado por Orlando, a busca pelos parentes dispersos e o desejo de viverem juntos parecem ter sido os principais orientadores dos deslocamentos pela região norte. Nos relatos anteriores, esse teria sido um dos motivos que lançaram Júlio e Raimundo no encalço do primeiro grupo. Albino, durante anos, enviou um de seus filhos à procura do paradeiro de seus irmãos. No entanto, foi Eurípedes, filho de Júlio, que desde o início da década de 1970 vivia na Terra Indígena Mãe Maria, que foi ao Maranhão levar a notícia de que Albino estava na Terra Indígena Xambioá.

Nesta ocasião, Sebastiana manifestou o desejo de reencontrar seus pais. Acompanhada do marido e dos filhos, no final da década de 1980 chegaram a Xambioá, onde viveram até 1996. Como é possível

9. É como os setentrionais se referem às falas no idioma guarani.
10. Abílio Karai e Leonardo Guarany, Nova Jacundá, 24 de junho de 2013.

observar na figura 3, entre meados e final da década de 1980 as famílias que estavam no Maranhão percorreram itinerários bem distintos: uma parcela (sombreado 2) casou com os Guajajara, e mais tarde outros parentes uniram-se a ela; outra, sombreado 3, se mudou para o estado de São Paulo; a família marcada com o sombreado 4 foi para Xambioá; o sombreado 1 mostra Orlando, que acompanhou a família de Raimundo até a TI Gavião Mãe Maria, nas proximidades de Marabá; e o sombreado 6, uma pessoa que foi para o sul do país.

As unidades familiares, nessa ocasião bem reduzidas, se veem diante da dificuldade de se perpetuarem de maneira endógena. Aos Mbya, que até a chegada ao Maranhão se recusavam a contrair matrimônios com pessoas não índias ou de outras etnias, impõe-se a necessidade de abertura ao exterior. Uma das filhas de Raimundo se casou com um homem Akewara; outra, com um homem Gavião, e o filho mais velho foi para o Rio Grande do Sul.

A convivência com os Gavião foi marcada por altos e baixos. Inicialmente esses últimos acolheram os Mbya, interessados nas possibilidades matrimoniais com as mulheres recém-chegadas. Mas se tornaram hostis diante da não efetivação plena da afinidade, seguida de um acidente que culminou na morte de um homem Gavião durante o trabalho de abertura de uma roça para os Mbya.

Decorrido certo tempo, as relações voltaram a se estreitar por iniciativa dos Gavião, novamente interessados nas mulheres Mbya. A não celebração de alianças entre os dois grupos resultou em saques, pelos Gavião, às roças Mbya. Diante da grave situação de conflito, Raimundo, com ajuda da ONG Centro de Trabalho Indigenista, adquiriu uma área de fazenda, na qual fundaram a Terra Indígena Nova Jacundá, em 1996. O final do período em que viveram entre os Gavião e o início da ocupação de Nova Jacundá foi marcado por intenso estreitamento das relações entre as pessoas que habitavam Xambioá e a família de Raimundo, após um período de dispersão de cerca de 30 anos.

No entanto, o tempo permanecido em aldeias de outras etnias tiveram consequências sobre os grupos futuros: a primeira foi a fixação de cônjuges mbya nas terras indígenas Xambioá e Mãe Maria devido aos casamentos interétnicos com os Karajá e com os Gavião. A segunda foi o abandono e a consequente perda do idioma. Vivendo entre grupos que apenas algumas pessoas falavam a língua materna, as gerações mbya mais novas se viram cerceadas de falar, no domínio público, o seu idioma. A língua portuguesa se tornou o idioma falado majoritariamente, e o guarani se limitou ao espaço doméstico, das gerações mais velhas entre si e destas às mais novas. No entanto, os filhos de casamentos interétnicos compreendem e falam apenas o idioma português. Contudo, o reencontro das famílias em Nova Jacundá ampliou as possibilidades matrimoniais internas e criou um núcleo mbya, que, no que se refere ao idioma, vem alterando essas consequências.

Em 2004, poucos anos após a morte de Raimundo, alguns conflitos internos forçaram o grupo de Albino a retornar à sua antiga sede, a Terra Indígena Xambioá. Todavia, essa ruptura não foi absoluta e o fluxo de pessoas mbya entre as duas aldeias continuou frequente, inclusive com fins matrimoniais.

POTENCIALMENTE AFINS

A seção anterior tratou dos deslocamentos empreendidos desde o noroeste de Goiás até os contextos em que vivem atualmente os Mbya, por isso sua característica mais descritiva. Nesta seção será dispensada atenção ao problema colocado pelo reduzido número de pessoas que compunham cada unidade em deslocamento, ampliado pelo fato de essas pessoas serem parentes entre si.

Para os Mbya não existe uma categoria de pessoas para a qual o casamento seja prescrito. Entre os meridionais afirma-se que uma pessoa deve casar com alguém que não seja classificado como parente, categoria que inclui os tios e tias maternos e paternos, os primos cruzados e paralelos e os filhos e filhas de irmãos e irmãs reais de ego. Indiretamente, a categoria parente pode incluir qualquer pessoa que esteja relacionada por cognação a uma das categorias anteriores, mas esses são classificados como parentes distantes e o casamento entre tais pessoas, embora criticado, não é raro.[11]

"Aqui nós casamos com primos de segundo grau", afirmou-me uma mulher com quem eu conversava em Nova Jacundá. Este tipo de casamento, oblíquo, revela, para o contexto Mbya, uma característica comum a outros contextos amazônicos, como entre os Parakanã, por

11. É necessário destacar aqui uma distinção entre parentes, de um lado, e consanguíneos e afins, de outro. As categorias nativas que traduzimos por parente — *xeretarã* ou *xeregua'i* — possuem, para os Mbya, um campo semântico vasto, podendo ser aplicadas desde pessoas com vínculos cognáticos até os demais concidadãos, fenômeno recorrente entre os ameríndios (Riviére, 2001; Vilaça, 1992; Pissolato, 2007; Mello, 2006; Silva, 2009).

exemplo (Fausto, 1991; 2001). Porém, diferentemente destes últimos, os casamentos não são entre irmão da mãe e filha da irmã (MB/ ZD), modelo clássico do avunculato amazônico. Entre os Mbya, não é o irmão da mãe que é convertido em genro de sua própria irmã, mas o primo ou primos cruzados ou paralelos que, classificado como irmão ou irmã, é transformado em genro ou nora. Diferentemente do caso Parakanã, não é uma relação entre tios e sobrinhas (Fausto, 1995), mas entre pessoas que são classificadas como avôs e netas. Os Mbya setentrionais classificam os filhos de irmãos classificatórios não necessariamente como sobrinhos, mas como netos.

Dos oito casamentos atuais em Nova Jacundá, quatro se deram entre pessoas relacionadas segundo as classes acima. Em Xambioá são dois casos, e se retrocedermos um pouco mais no tempo, encontraremos este modelo de casamento. Tudo se passa como se os Mbya incluíssem no polo da afinidade virtual todas as pessoas que não pertençam às categorias acima.

Entre os Mbya meridionais, não é raro encontrarmos esse tipo de casamento, porém tal como em Xambioá, onde o menu é mais variado, os arranjos conjugais também podem sê-lo. O que se conclui é que para os Mbya são interditas as categorias pai, mãe, irmão, irmã, tio, tia maternos e paternos, e primos e primas de primeiro grau. Esse ponto foi explicitamente enunciado, em português, pelo cacique quando manifestava preocupação por não haver cônjuges disponíveis em Nova Jacundá. As mulheres citadas no trecho abaixo são as suas irmãs reais.

> Eu fico preocupado porque daqui a pouco nós vamos acabar, porque vai ter que casar com *juruá* ou com outros índios; então é melhor casar com outros índios, porque aqui não tem com quem casar. Vê os meus filhos, com quem eles vão se casar? Com as filhas da Maria? Da Divina? E elas com quem vão casar? Não pode! Nós somos índios, mas não somos bichos não, a gente sabe que é errado![12]

Em sua tese de doutorado, Mello (2006, p. 75) havia chamado a atenção para esse ponto: o incesto "considerado como uma conduta animalesca, é tratado com certo constrangimento". No trecho acima, a conduta incestuosa é o casamento entre os primos de primeiro grau. Destaco que os Mbya, formalmente, não distinguem entre primos paralelos e primos cruzados; isso não significa que as noções de consanguinidade e de afinidade não constituam modelos relacionais no

12. João Werá, Nova Jacundá, 11 de junho de 2012.

socius mbya, elas serão acionadas ou negadas conforme o campo relacional em jogo: as afinidades amazônicas, citando Viveiros de Castro, "não só determinam outros referentes que os nossos, como envolvem outros componentes" (2002, p. 406). Na sequência reitera: "a afinidade pode se aplicar a relações com estranhos, mesmo se nenhum casamento acontece; e mais, ela se aplica sobretudo àqueles casamentos com os quais o casamento não é uma possibilidade pertinente" (2002, p. 408).

Esse problema da pertinência ou não de certos casamentos é fundamental. É conhecido na literatura antropológica histórias de pessoas que, seduzidas por membros de outras espécies, terminam por irem residir no mundo dessas pessoas como afins (Vilaça, 1992, 2005; Lima, 1996). Esse tipo de transformação não é estranha aos Guarani, que a denominam *jepotá*. Como em outros contextos ameríndios, ocorre quando uma pessoa, em determinadas fases da vida, é seduzida por um membro de uma espécie animal e passa a tomá-lo como parceiro sexual (Clastres, 1978; Macedo, 2013; Mendes Júnior, 2009; Pissolato, 2007; Schaden, 1962 [1954]).

Outro modelo de casamento impertinente é aquele que se estabelece entre pessoas Mbya e não Mbya, *juruá* ou *te'yi*. Este tipo de casamento é denominado, entre os setentrionais, *jejavy*.[13] No entanto, *jejavy* não se restringe apenas ao casamento, mas a qualquer tipo de relação sexual entre essas pessoas. O motivo de sua impertinência é o enfraquecimento do espírito, *nhe'ë*, dos pais causado pela mistura de sangue através da relação sexual. Os filhos desses casamentos, entre os setentrionais, não eram nominados[14] pelo xamã, restando-lhes apenas o nome brasileiro. Esse enfraquecimento, no limite, ocasiona a morte da pessoa.

Jejavy e *jepotá* são, portanto, dois modos indesejados de relação com o exterior e pela mesma razão: a perda da verdadeira condição humana. A vítima de *jepotá* deixa o convívio de seus parentes e termina por viver entre os animais. A vítima de *jejavy* também deixa

13. *Javy* tem o significado de pecar, errar, ou equivocar (Cadogan, 1992). *Jejavy*, entre os setentrionais, possui este significado preciso: casar-se com pessoas não mbya. Migliora (2014) e Pereira (2014) abordam os casamentos entre Mbya e *juruá* de uma forma positiva a partir de suas experiências de campo na aldeia das Sementes, *tekoa* Mbo'y ty, em Niterói.

14. Durante a construção das genealogias, apontaram-me três pessoas que não possuíam nomes mbya. O motivo era claro: *juruá ra'y ou juruá rajy*, "filho ou filha de pai *juruá*".

o convívio de seus parentes, não ensina o seu idioma aos seus filhos e termina por viver como *juruá* ou *te'yi*, entre brancos ou indígenas.

NOVOS ENCONTROS, NOVOS CONTEXTOS

O objetivo dessa seção é percorrer os fios que conectam as aldeias setentrionais às meridionais, em especial Parati-Mirim e Araponga, localizadas no município de Parati, no estado do Rio de Janeiro. Vimos no diagrama 3 que as pessoas no sombreado 3 seguiram para os estados da região sudeste. O que motivou essas pessoas a deixar o convívio junto de seus parentes para seguir em direção a terras e pessoas que, embora guarani, eram estranhas?

Como mostrei na segunda seção, os Mbya enfrentavam uma convivência difícil entre os Guajajara. Neste mesmo período, uma mulher havia se separado recentemente de seu marido e, segundo relatos, não havia com quem se casar que não fosse guajajara ou *juruá*. Essa época coincidiu com a oferta do padre Bialli para que as pessoas aceitassem a proposta de se mudarem para São Paulo. Acompanhada de seu tio materno, Ana, suas duas filhas, e mais duas pessoas (cf. figura 3) aceitaram a oferta e entre meados e o final da década de 1980 chegaram ao Itariri.

Lá encontraram um grupo que recentemente deixara o oeste do Paraná e seguia em direção ao litoral. A convivência conjunta teve como resultado o casamento entre Ana e um dos rapazes do grupo. Certo tempo se passou até que o novo grupo seguiu para o Espírito Santo. As demais pessoas que vieram do Pará permaneceram por um tempo no Itariri e, mais tarde, o tio materno de Ana foi para a aldeia Krukutu, onde reencontraria seu pai. Do Espírito Santo o primeiro grupo se mudou para duas aldeias no estado do Rio de Janeiro e posteriormente fundaram a aldeia Parati-Mirim, em meados da década de 1990.

O que afirmou Pissolato para os Mbya meridionais não é menos plausível para os setentrionais: "[...] a movimentação de pessoas é em si o modo de realização do parentesco [...] e a expressão da atitude mais fundamental da busca pessoal de satisfação" (2007, p. 59); "se não se fica alegre entre parentes, deve-se deixá-los para buscar parentes outros" (2007, p. 59).

Paralelamente à partida do primeiro grupo, João, o ex-marido da jovem, deixou a sua família e seguiu em direção ao Sudeste. Num primeiro momento seguiu de Angra dos Reis até o Rio Grande do Sul, de onde retornou a Marabá. Mais tarde, acompanhado de José, o avô de sua ex-esposa, e de um primo seu chegou a São Paulo, onde os deixou e seguiu novamente para o Rio Grande do Sul. Em Porto Alegre conheceu algumas pessoas da aldeia Pacheca, localizada no extremo sul do estado, que o convidaram para ir até lá. Pouco após sua chegada a essa aldeia, casou-se com uma jovem e, em seguida, convenceu a família de sua esposa a acompanhá-lo até o Rio de Janeiro, onde se encontravam alguns parentes de seu sogro.

No princípio da década de 1990, chegaram a Angra dos Reis, e mais tarde a Ubatuba. Nesta última aldeia deixou sua mulher grávida e partiu para a aldeia Rio Branco, no estado de São Paulo, onde se casaria novamente e teria outro filho. O grupo que deixara em Ubatuba se estabeleceu, em meados da década de 1990, na aldeia Araponga, no sul do Rio de Janeiro. Após cinco anos na aldeia Rio Branco, este homem decidiu retornar ao Pará, indo para a terra que finalmente pertencia aos seus parentes.

A análise de Pissolato atinge aqui sua importância comparativa. Do ponto de vista das pessoas envolvidas, a permanência na região norte representava um quadro desfavorável ao estabelecimento de novas alianças de parentesco, visto que as oportunidades eram restritas. A busca de outros contextos que possibilitassem a realização do parentesco despontava como objetivo pessoal de satisfação. A recusa em incorrer em *jejavy*, casamentos cujas possibilidades não são pertinentes, motivou esses núcleos a caminhar; ou como colocou a autora, a buscar parentes outros.

A fixação de famílias em Parati-Mirim, bem como o nascimento de filhos em Araponga e Rio Branco, conecta as aldeias setentrionais e meridionais. O fluxo de pessoas entre elas não é tão intenso quanto é entre as aldeias meridionais, porém existe. Mais intenso é a circulação de notícias e o desejo de fazer com que os de um lado saibam o que ocorre do outro lado. A distância entre as duas regiões talvez seja, na atualidade, a maior dificuldade para essa circulação de pessoas. Aquele que se desloca, ao mesmo tempo que deseja buscar a satisfação de novas possibilidades de parentesco, lamenta-se por deixar os parentes.

Ter ou não parentes em um lugar é sempre posto em evidência durante as situações de conflito. Em 2007, o cacique de Nova Jacundá foi até Parati-Mirim com o objetivo de levar pessoas para a sua aldeia. Acompanharam-no uma família cujo marido era primo do cacique, e a sobrinha da esposa deste primo. A saudade que a mulher deste primo sentia de seus parentes, *ndovy'ai*, a morte de dois filhos recém-nascidos e a diferença de contextos entre as duas regiões foram fatores decisivos para que essa família voltasse para o Sudeste. No entanto, a sobrinha, que se casara com um rapaz em Nova Jacundá, permaneceu. Com o passar do tempo, a saudade de seus parentes e alguns conflitos com seus afins trouxeram-na de volta à aldeia Krukutu, em São Paulo.

NOTA FINAL

Ao longo deste artigo procurei mostrar como se configura o contexto etnográfico dos Mbya no norte do Brasil. Nesse esforço, destaquei dois temas clássicos tanto na antropologia em geral como na etnografia dos povos guarani: o parentesco e a busca da Terra sem Mal. Acompanhar os movimentos migratórios e a mobilidade nessas regiões significou percorrer os fios de uma complexa rede de parentesco, sem o que corremos o risco de enxergar os Mbya como pequenas ilhas num oceano de etnias.

O caso setentrional revelou-se conspícuo no que se refere ao estudo do parentesco, principalmente quando comparados a outros modelos amazônicos; penso aqui nos desenvolvimentos trazidos por Viveiros de Castro (1993; 1996; 2002), Lima (1996) e Vilaça (2005), excelentes ferramentas para analisarmos o tema da afinidade justamente ali onde ela existe como potência — *jepotá* e *jejavy*. Paralelamente, este contexto torna visível uma forma matrimonial menos perceptível entre os meridionais: o casamento oblíquo entre primos de segundo grau.

Ao longo deste trabalho o termo migração gozou do mesmo estatuto que lhes deram Nimuendajú (1987 [1914]), Clastres (1978 [1975]) e Schaden (1962 [1954]): o deslocamento de um grupo de pessoas conduzido por um xamã em busca da Terra sem Mal. Sendo assim, o período de migração está compreendido entre a saída do Paraguai, na década de 1930, e a morte do segundo xamã, em meados da década de 1960, em Goiás.

Aos deslocamentos para a "visitação entre parentes, busca por cônjuges e outra diversidade de motivos implicados nos movimentos populacionais do grupo" mantenho o termo proposto por Garlet: mobilidade (Garlet, 1997, p. 16 *apud* Pissolato, 2007, p. 97). Após o falecimento do xamã, o esfacelamento e a dispersão do grupo ao longo do interflúvio Araguaia-Tocantins possui uma característica ambígua. Inicialmente oscila entre a busca da terra sem mal e a procura por parentes, afirmando cada vez mais essa última característica.

Diante disso, diferentemente de Garlet, que classifica as migrações como variantes da mobilidade, neste trabalho os dois termos deverão ser mantidos em separado. Essa opção se justifica pelo fato da mobilidade, como acima definida, dar-se entre territórios guarani. As diversas terras indígenas guarani existentes ao longo das regiões sul e sudeste do Brasil, entre as quais é possível observar relações de parentesco pré-estabelecidas que muitas das vezes orientam os deslocamentos de pessoas ou grupos. Diferentemente, os Guarani que se deslocaram em direção à região norte foram orientados pelo desejo de se chegar à Terra sem Mal, localizada na direção do sol nascente, não contando, portanto, com nenhuma rede de parentesco ou de outras relações quaisquer pré-estabelecidas.

BIBLIOGRAFIA

ALBERNAZ, Adriana. *Antropologia, histórias e temporalidades entre os Ava-Guarani de Oco'i (PR).* Tese de Doutorado. UFSC, 2009.

CADOGAN, Leon. *Dicionario mbya-guarani-castellano.* Asunción: Ceaduc- Cepag, 1992.

CAPDEVILA, Luc. "La guerre du Chaco Tierra adentro déconstruire la representation d'un conflit international". In: CAPDEVILA, Luc; COMBÈS, Isabelle; RICHARD, Nicolas; BARBOSA, Pablo. *Les hommes transparents: indiens et militaires dans la guerre du Chaco (1932–1935).* Rennes: PUR, 2010.

CHAMORRO, Graciela. *A espiritualidade guarani: uma teologia ameríndia da palavra.* São Leopoldo: Ed. Sinodal, 1998.

CLASTRES, Hélène. *A terra sem mal: o profetismo tupi-guarani.* São Paulo: Brasiliense, 1978.

FAUSTO, Carlos. *Os Parakanã. Parentesco e avunculato.* Dissertação de Mestrado. PPGAS-UFRJ, 1991.

______. "De primos e sobrinhas: terminologia e aliança entre os Parakanã (Tupi) do Pará". In: VIVEIROS DE CASTRO, Eduardo (org.). *Antropologia do parentesco: estudos ameríndios.* Rio de Janeiro: UFRJ, 1995.

______. *Inimigos Fiéis.* São Paulo: Edusp, 2001.

HEURICH, Guilherme. *Outras alegrias: parentesco e festas mbya.* Dissertação de Mestrado. PPGAS-Museu Nacional, 2011.

LADEIRA, Maria Inês. *O caminhar sobre a luz: o território mbyá à beira do oceano.* Dissertação de Mestrado. PUC-SP, 1992.

______. *Espaço geográfico guarani-mbya: Significado, constituição e uso.* São Paulo: Edusp, 2008.

LIMA, Tânia Stolze. "O dois e seu múltiplo: reflexões sobre o perspectivismo em uma cosmologia tupi". *Mana*, v. 2, n. 2, 1996.

MACEDO, Valéria. *Nexos da diferença. Cultura e afecção em uma aldeia guarani na Serra do Mar.* Tese de Doutorado. PPGAS-USP, 2009.

______. "De Encontros nos Corpos Guarani". *Ilha*, v. 15, n. 2, 2013.

MELIÀ, Bartolomeu. *El Guarani: experiencia religiosa.* Asunción: Ceaduc-Cepag, 1991

MELLO, Flávia. *Aetchá Nhaderukuery karai retarã: Entre deuses e animais: xamanismo, parentesco e transformação entre os Chiripá e Mbyá Guarani.* Tese de Doutorado. PPGAS-UFSC, 2006.

MENDES JÚNIOR, Rafael Fernandes. *Os animais são muito mais do que algo somente bom para comer.* Dissertação de Mestrado. PPGA-UFF, 2009.

MIGLIORA, Amanda Alves. *Inventando outros: desdobramentos de um contato multifacetado.* Dissertação de Mestrado. PPGAS-Museu Nacional, 2014.

NIMUENDAJÚ, Curt. *As lendas de criação e destruição do mundo como fundamentos da religião apapocúva-guarani.* São Paulo: Hucitec, 1987 [1914].

PEREIRA, Vicente Cretton. *Aqueles que não vemos: uma etnografia das relações de alteridade entre os Mbya Guarani.* Dissertação de Mestrado. PPGA-UFF, 2014.

PIERRI, Daniel. *O perecível e o imperecível: lógica do sensível e corporalidade no pensamento guarani-mbya.* Dissertação de Mestrado. PPGAS-USP, 2013.

PISSOLATO, Elizabeth. *A duração da pessoa: mobilidade, parentesco e xamanismo mbya (guarani).* São Paulo: Unesp, 2007.

RIVIÈRE, Peter. *Indivíduo e Sociedade na Guiana.* São Paulo: Edusp, 2001.

SCHADEN, Egon. *Aspectos fundamentais da cultura guarani.* São Paulo: Difel, 1962 [1954].

SILVA, Evaldo. *Folhas ao vento: a micromobilidade de grupos Mbya e Nhandéva (Guarani) na Tríplice Fronteira.* Cascavel: Edunioeste, 2009.

VILAÇA, Aparecida. *Comendo como gente.* Rio de Janeiro: ANPOCS/ UFRJ, 1992.

______. "Chronically unstable bodies: reflections on Amazonian corporalities". *Journal of the Royal Anthropological Institute*, 11(3), 2005.

VIVEIROS DE CASTRO, Eduardo. *Arawete: os deuses canibais.* Rio de Janeiro: Jorge Zahar, 1986.

______. "Alguns Aspectos da Afinidade no Dravidianato Amazônico". In: ______& CARNEIRO DA CUNHA, M. (orgs.). *Amazônia: etnologia e história Indígena.* São Paulo: NHII-USP, 1993.

______. "Atuação e contra-efetuação do Parentesco". In: ______. *A inconstância da alma selvagem.* São Paulo: Cosac & Naify, 2002.

Há a dificuldade de tradução de pensamentos, que é mais intensa quando precisamos de um discurso para se fazer ouvir pelos ruralistas e por representantes do Estado. Como a gente pode conseguir expressar essas diferenças de modo que possa ser comunicado para os não antropólogos? O tema da terra para os Guarani está em ligação com muitas outras terras. Aprender com os Guarani sobre a comunicação entre essas terras talvez possa nos ajudar a pensar a comunicação com gente que vive nessa terra mas que parece viver em outra! Há várias terras, há a dos ruralistas e a da maioria da população que não sabe quase nada sobre os índios com os quais convive. Há muitos paulistas que não sabem que existem aldeias grandes em São Paulo. Existem vários espaços a ocupar entre essas terras.

ANA MARÍA RAMO Y AFFONSO

Os Mbya-Guarani de Misiones frente à *Ley del Aborigen* nos anos 1980

DONATELLA SCHMIDT*

O CONTEXTO

Misiones, Argentina: faixa de terra encravada entre Paraguai e Brasil, povoada por muitos grupos de migrantes, mas também território historicamente habitado pelos Guarani. Prova disso são as ruínas das missões jesuíticas (1609–1773), onde a criatividade indígena deixou marcas. No final da década de 1980, quando realizei minha pesquisa junto aos Guarani, o Governo da província de Misiones aprovou uma lei relativa aos povos indígenas que apresentava aspectos inovadores. A *Ley del Aborigen* 2435/ 1987, antes de mais nada, reconhecia os direitos territoriais das terras ocupadas pelo povo Guarani de Misiones como um conjunto, e não como demandas de aldeias específicas. Reconhecia assim o caráter dinâmico das comunidades, ocupadas em um contínuo movimento de cisões e recomposições, mas que se conectavam em uma rede de parentesco, conhecimentos, articulações políticas e outras ordens de troca. Naquela época, haviam cerca de 35 aldeias mbya guarani, somando um total aproximado de 3.500 pessoas espalhadas nos quase 30 mil km² da província. Na região norte, a área se estendia às proximidades das cataratas do Iguaçu e, ao sul, perto de Posadas, a capital da província.

Outro aspecto inovador foi o caráter participativo no processo de promulgação dessa lei, produto de uma sinergia entre lideranças guarani, uma professora e estudantes de antropologia da Universidade de Misiones,[1] contando inclusive com apoio do Partido Radical, naquela época no governo da Província.

---

*. Docente na Universidade de Pádua, Itália.

1. Poucos anos antes, estudantes da mesma Universidade tinham desaparecido para sempre por terem se engajado ao lado de classes marginalizadas nos bairros pobres e por terem se apresentado como pessoas de esquerda frente ao governo militar que estava no poder (1976–1983).

O DEBATE

O interesse levantado pela aprovação da *Ley del Aborigen* foi surpreendente e levou a população não indígena da região de Missiones a uma longa série de debates, que pude acompanhar durante minha permanência na região. Havia aqueles que argumentavam a favor da criação de uma lei que reconhecia o *povo Guarani* como categoria jurídica distinta e aqueles que achavam tal divisão inconsistente com a Constituição argentina, que não legitimava tratamentos diferenciados em razão da origem cultural de seus cidadãos.[2]

Todavia, o debate não ficou restrito aos não indígenas. Os Guarani também discutiam as transformações que esse reconhecimento jurídico traria. A lei precisava ser lida, entendida, regulamentada e dotada de um estatuto. Por isso, a *División Aborígenes*, órgão do governo provincial responsável pela questão indígena, tinha se colocado à disposição para trabalhar conjuntamente com as comunidades mbya guarani interessadas pela lei. Dois terços do total da população guarani na região demonstraram interesse, participando nas assembleias organizadas por esse órgão.

A primeira dessas assembleias aconteceu em Yaveriry em julho de 1987, logo depois da aprovação da lei: cerca de duzentos Mbya, formando pequenos grupos em um espaço aberto, em uma manhã radiante de inverno, com o céu azul intenso, as folhas brilhantes, a terra vermelha. Assim que os representantes do governo desceram de uma van, os representantes dos Mbya dispuseram-se rapidamente em um semicírculo, prontos para começar. Lorenzo Ramos, liderança da aldeia Mbarangatu, tomou a palavra primeiro, falando à assembleia com voz alta, em mbya, andando pra cá e pra lá naquela forma peculiar que mais tarde terei começado a conhecer:

> Quero que vocês entendam porque estamos aqui. O Governo finalmente reconheceu nossos direitos, nos deu essa lei, ou melhor, nós mesmos fizemos essa lei e eles a reconheceram. Temos que agradecer o governador e o bispo que se preocuparam em nos dar a lei. Agora, nós os agradecemos e depois pedimos para eles irem embora. Se a lei passou, é para que seja em nosso benefício e, portanto, deixemos de lado o governo e o bispo para começarmos a falar dos nossos problemas. Mas, como primeira coisa, deixemos de lado os brancos, que fiquem longe, longe... Hoje vocês estão aqui para decidir se estão de acordo em permanecer com a liderança atual ou se querem mudar.

2. Para maiores informações sobre esse contexto, ver Schmidt, 1994.

Não tenho nada pessoal contra ele, mas falta pouco para que ele morra e ainda não quer deixar a chefia, fica segurando-a.

O duplo pedido formulado por Lorenzo Ramos é claro: que as instituições não indígenas ficassem de lado, não intervindo nos assuntos indígenas, e que o velho Dionisio Duarte, até então reconhecido *cacique geral* de todas as comunidades mbya guarani de Misiones, deixasse o cargo que ele, Lorenzo, assumiria. Nas longas horas daquela assembleia em Yaveriry, como nas assembleias seguintes, falou-se pouco da lei e de seu conteúdo, pois segundo os Mbya seria necessário primeiro resolver a disputa pela liderança. De fato, Lorenzo e Duarte a queriam.

Ambos os líderes consideravam que dispunham de legitimidade para o comando em função de sua posição nas redes de parentesco. O avô de Duarte por parte de mãe tinha vindo do Paraguai no começo do século XX, tornando-se o chefe das comunidades locais; em seguida este teria passado a liderança ao filho, logo falecido de varíola, e então ao irmão da mãe de Duarte. Assim, vários parentes, sempre do lado materno até que ele veio a ser nomeado *cacique geral de Misiones*. Segundo seu relato, isso ocorreu em 1969, em Campo Grande, durante uma *aty guazu*, assembleia onde estavam reunidos dezoito chefes locais e quatro *pa'i*, chefes religiosos.

Os Guarani distinguiam entre quem era chefe de um grupo local e quem tinha liderança sobre vários grupos locais. Distinções entre posições de chefia costumavam ser expressas por uma terminologia de tipo militar: sargentos, cabos, soldados. Além do pertencimento à família de um chefe, a antiguidade de residência na área e as capacidades pessoais, como habilidades oratórias, generosidade e coragem, também contribuíam no reconhecimento de lideranças.

Uma das razões pelas quais Duarte havia convencido os outros chefes a elegê-lo tinha sido a sua coragem em iniciar um diálogo com as instituições dos brancos e conseguir alguns benefícios para a sua gente, enquanto o seu predecessor tinha sempre se recusado de ter qualquer relação com eles. A candidatura de Duarte em 1969 parecia ter todos es requisitos necessários para ser reconhecido enquanto *cacique* geral.

Por outro lado, também Lorenzo Ramos, que tinha publicamente se apresentado para substituir Duarte, era filho de um chefe que tinha vindo da região do rio Mondai, no Paraguai, em uma das primeiras levas migratórias no começo do século XX. Além disso, o pai de Lorenzo juntava em si também a figura de *pa'i*, chefe religioso. Esse fato era relevante, já que os Mbya Guarani diziam que para ser realmente um chefe era preciso saber rezar. Lorenzo tinha sido especialmente ativo nas fases de construção da lei indígena, de modo que muitos achavam que tivesse sido ele um dos principais autores da lei e que, de qualquer forma, tivesse trabalhado em favor da sua gente da melhor forma como um verdadeiro líder tinha que fazer.

Assim, se no passado os Mbya tinham escolhido Duarte como chefe, convencidos que uma aproximação com os não indígenas seria uma vantagem num futuro que aparecia incerto, no presente, com a nova lei indígena, os Mbya, ou pelo menos uma parte deles, era levado a crer que Lorenzo fosse o mais apto a representar os próprios interesses frente aos brancos.

A DISPUTA

O que foi evidente naquela primeira assembleia em Yaveriry, chamada para discutir a lei, mas na realidade palco de uma nascente disputa pela liderança, era que parte das comunidades permaneciam fiéis ao velho Duarte, outras apoiavam o jovem líder Lorenzo, enquanto outras preferiam recusar qualquer envolvimento com lideranças para além de seus grupos locais ou com a lei indígena. Ao longo do tempo, algumas das comunidades experimentaram divisões internas, porque alguns membros apoiavam Duarte e outros Lorenzo, mesmo que as alianças não fossem fixas, mas mudassem ao longo dos meses. A atmosfera era em geral bastante tensa: havia ameaças, intimidações e receio de violência. Todavia, se era claro que os dois chefes estavam lutando para manter ou obter o comando, era menos evidente por qual motivo lutavam e sobretudo o que representavam para os Mbya. Ambos eram em favor da lei. Duarte tinha o que reclamar sobre o esperado enfraquecimento da sua posição na nova estrutura organizativa, que o colocava como chefe do Conselho dos Anciãos, mas não era contrário à lei em si. Todavia, as suas interpretações da lei divergiam em um ponto substancial: a relação com a sociedade não indígena. O Artigo 7, de fato, estabelecia que era papel do Conselho dos Representantes Guarani aprovar ou recusar qualquer programa de assentamento nas aldeias, o que significava que era papel do Conselho decidir quem aceitar ou não nas comunidades.

Duarte, desde o tempo da sua eleição em 1969, tinha sempre mantido boas relações com o governo da província, a despeito dos acontecimentos políticos argentinos. Sua aldeia de Tamanduá tinha obtido 3.200 ha de terra em usufruto e a inclusão em projetos habitacionais, programas educativos e de saúde. Tamanduá estava localizada em um lugar tranquilo e relativamente isolado da sociedade não indígena, com a cidadezinha mais próxima, 25 de Mayo, distante vários quilômetros.

O objetivo de Duarte era manter esse equilíbrio: de um lado os benefícios derivantes do fato de ser parte da sociedade *missioneira*, de outro, a manutenção das distâncias; de um lado o *progresso*, como ele dizia, de outro, manter o *mbya reko*, as tradições dos Mbya. Colocar na prática esse objetivo era o resultado de uma constante negociação. As suas decisões, todavia, eram consistentes com essa linha de pensamento. Por exemplo, a sua atitude frente à escola, presente na aldeia desde 1984, era muito positiva: incentivava os meninos, tanto homens como mulheres, a frequentá-la, participava do começo das aulas para assegurar-se que os jovens mantivessem um comportamento correto e discutia assiduamente com o professor, um paraguaio com o qual interagia em guarani-yopará sobre o conteúdo curricular. A esposa de Duarte era respeitada para além da sua comunidade pelo conhecimento das plantas e da medicina tradicional; todavia, Duarte não recusava o uso da medicina ocidental quando a achava apropriada ou complementar a tradicional. A sua intenção de viver de acordo com o *mbya reko* era testemunhada pela presença da *opy*, a casa de reza, no interior da aldeia, onde aconteciam as orações cantadas e onde, a quem não fosse Mbya, era raramente permitido participar. Quanto a Duarte, ele não era *pa'i*, mas como várias pessoas afirmavam: "estava aprendendo a rezar" e tinha a intenção de vir a ser um, quando pudesse se afastar da política.

A posição de Lorenzo era de recusar o contato com os não indígenas. Na assembleia em Yaveriry, ele havia declarado querer os *juruá*, os brancos, longe das comunidades indígenas. Todavia, sua posição em relação aos não indígenas era complexa e ambivalente. Ao longo dos anos, Lorenzo tinha mantido contatos muito estreitos com diferentes setores da população de Misiones: era coautor de um livro de poesia, intérprete em um filme documentário e parte ativa do processo de elaboração da lei indígena. A despeito de suas declarações depois da aprovação da lei, não tinha renunciado aos seus contatos, mantendo ligações com membros do governo. Isso não o impedia de ser crítico e irônico em relação às instituições não indígenas em várias oportunidades em que dirigia-se ao seu povo em mbya. Lorenzo não era a favor das escolas nas aldeias porque, na ausência de professores locais, as crianças iriam ser educadas de acordo com o pensamento e valores dos brancos. Apoiava o uso de plantas medicinais e o sistema do *rozado*, no qual a comunidade trabalhava coletivamente a terra nos lotes de cada um. A sua comunidade, Mbarangatu, como também outras espalhadas em terras públicas ou privadas na Província, sentia a insegurança de não ter o território assegurado. Por essa razão cultivava-se pouco e dependia-se da distribuição de alimentos — em particular farinha, açúcar, biscoitos, gordura, erva-mate — que era então uma prática na política argentina, desde a época do presidente Pèron. Nesse sentido, Lorenzo representava melhor que Duarte algumas prioridades dos Mbya e parecia ter um maior interesse de que se chegasse a uma solução do problema da terra. Frente ao seu povo, Lorenzo justificava suas ligações com os brancos afirmando: "Quem sente menos vergonha, *sin verguenza*, que é capaz de falar mais, é quem consegue". Essa sintética percepção da sociedade argentina equivalia a dizer que ele, mesmo não sendo assim, era forçado a se comportar daquela forma para conseguir benefícios para todos. A relação com a estrutura burocrática de Misiones era assim vista por ele como não desejável, mas necessária.

A ARENA POLÍTICA

Cada um dos dois líderes representava um estilo distinto frente à tradição, assim, algo mais do que terra ou mercadorias estava em jogo e isso era o *mbya reko*. Os defensores de um ou do outro líder acentuavam continuamente a oposição entre o *velho sistema* de Duarte e o *novo sistema* de Lorenzo, mas a distinção velho-novo era confusa; Lorenzo pretendia voltar ao tempo em que as divisões entre brancos e indígenas eram bem marcadas, enquanto o sistema de Duarte queria se abrir a quem fosse capaz de trazer uma transformação, sem que isso significasse se perder. Lorenzo queria voltar a *estas coisas que já não tem mais, que já se perderam* e Duarte queria manter *estas coisas que ainda tem, que ainda não se perderam.* Seguindo caminhos diferentes, os dois chefes tinham o mesmo objetivo: preservar o *mbya reko.* A relação com a sociedade não indígena, mesmo que com modalidades diferentes, era voltada a isso.

O apoio dado a um ou outro dos líderes tinha assim que ser interpretado a partir das suas capacidades de assumir esse duplo papel a eles conferido: as suas habilidades de mediadores para obter benefícios e as suas habilidades de assegurar a continuidade cultural. Estava em discussão, portanto, saber quem seria melhor capacitado a manter aquele delicado equilíbrio. Ao longo de 1987 e 1988, a disputa entre os dois líderes continuou com mais ou menos intensidade, chegando ao seu *clímax* quando a lei foi implementada e Lorenzo foi eleito Presidente da Associação das Comunidades Guarani. Depois, a popularidade de Lorenzo diminuiu e o equilíbrio entre os chefes foi alcançado mais uma vez. A decisão não tinha sido tomada: cada ação, comportamento ou palavra dos dois líderes era avaliada, comentada e criticada. Os Mbya mantinham seus próprios ritmo e modos de fazer política.

Disputas pela chefia não eram uma novidade na história dos Guarani, sendo inclusive um elemento dinâmico de sua organização social e política. O estudo etno-histórico de Meliá (1987) sugere que tais conflitos são especialmente visíveis nos momentos de crise. Assim, os Mbya de Misiones, tendo que se confrontar com algo de inovador como a *Ley del Aborigen*, que podia dar a eles mais autonomia, mas também criar mais dependência, deveriam escolher com quem queriam enfrentar esse período de transição e a decidir em qual direção seguir. Como o meu amigo mbya, Alberto Ortega, costumava dizer: "escolher um líder era como escolher a nós mesmos".

Permanece mais um ponto a ser esclarecido: por que os Mbya decidiram participar da estrutura política da sociedade majoritária? Por séculos, os Mbya fizeram de tudo para evitar ou limitar o contato. Ao longo do tempo da Colônia, fugiram do sistema da *encomenda* e do *yanaconazgo*;[3] aderiram somente parcialmente às missões jesuíticas; no período da independência e da abertura de Misiones aos colonos estrangeiros, retiraram-se do outro lado do Paraná; em tempos recentes recusaram a adotar o catolicismo ou outras crenças. As fontes históricas nos fornecem uma ampla documentação que comprova que sua resistência através do tempo foi sempre sua ênfase no *mbya reko*, expressa na procura da *Terra sem mal*, centrada na *opy*, sob a liderança dos *karai* e *pa'i*. Pierre Clastres chegou a firmar que eram um grupo distinto porque constituíam uma minoria religiosa (P. Clastres, 1974). Hélène Clastres (1975) nos deixou uma fascinante interpretação sobre as migrações geográficas como derivadas da urgência da

3. Veja, por exemplo, Susnik, 1979–1980.

imortalidade, destrutivas do ponto de vista econômico ou da coesão política, mas centrais para a construção de um senso de unicidade.

Nos anos 1980, o quadro geral tinha mudado: a colheita da erva-mate ao longo dos meses invernais e as atividades de derrubada das matas como assalariados os mantinham distantes das aldeias por semanas. Em tais circunstâncias, precisavam ficar longe da *opy*. É possível pensar assim que os Mbya buscassem alternativas capazes de reforçar o *mbya reko*. Assim, se a participação na disputa pela chefia nos mostrava o desejo por parte dos Mbya de controlar a direção na qual poderiam fortalecer o *mbya reko*, a entrada na arena política sugeria uma nova modalidade de defendê-lo.

BIBLIOGRAFIA

CLASTRES, Hélène. *La terre sans mal: le prophetisme Tupi-Guarani*. Paris: Editions du Seuil, 1975.

CLASTRES, Pierre. *La société contre l'etat: recherche d'antropologie politique*. Paris: Les editions de Minuit, 1974.

LEYdel Aborigen 2435. Junho 1987, Posadas, Misiones.

_______. Regulamentación. Novembro 1987, Posadas, Misiones.

_______. Estatuto. Novembro 1987, Posadas, Misiones.

MELIÀ, B. "La tierra sin mal de los Guaraní. Economia y profecía". Asunción, *Suplemento Antropólogico*, v. 12, n. 2, 1987.

SCHMIDT, Donatella. *Do you have an* Opy*? Politics and identity among the Mbya-Guaraní of Argentina and Eastern Paraguay*. San Francisco e Bethesda: Austin & Winfield Press, 1994.

SHADEN, Egon. *Aspectos fundamentais da cultura Guaraní*. São Paulo: Edusp, 1974 [1954].

SUSNIK, Branislava. *Etnohistoria de los Guaranies: época colonial*. Asunción: Museo Etnografico Andrés Barbero, 1979–1980.

Carta pública em defesa aos direitos do Povo Guarani

Nós, estudiosos do povo Guarani e outros pesquisadores, especialistas e professores, reunidos em São Paulo/ SP entre os dias 16 e 18 de outubro de 2013, durante o Simpósio CEstA nas Redes Guarani, realizado pelo Centro de Estudos Ameríndios da Universidade de São Paulo, viemos a público nos manifestar a respeito do grave contexto de ataque aos direitos indígenas que está hoje em curso, e em cujo epicentro encontra-se o impasse relacionado ao não reconhecimento dos direitos territoriais do povo Guarani.

Com suas aldeias distribuídas em um vasto território, que abrange as regiões centro-oeste, sul e sudeste, e também algumas localidades na região norte do Brasil, os Guarani constituem hoje o maior povo indígena no país, com cerca de sessenta e cinco mil pessoas. Entretanto, por ocuparem regiões com antigo histórico de colonização, e de grande interesse para exploração econômica, têm hoje apenas uma fração insignificante e fragmentada de seu território reconhecida pelo poder público. A falta de terras é causa fundamental do quadro de marginalização a que foram submetidos em todas essas regiões, onde sofrem com a violência, o preconceito e a falta de efetivação de direitos fundamentais de cidadania.

A história mostra como a mão de obra de milhares de Guarani foi utilizada para a construção do país, deixando contribuições que hoje consideramos como elementos fundantes da cultura brasileira. Hoje, como ao longo dos últimos cinco séculos, grupos oligárquicos se esforçam em negar aos Guarani os seus direitos territoriais, com intuito de perpetuar as injustiças acumuladas ao longo de todo o processo de colonização do Brasil, evitando a construção de uma sociedade justa e solidária, que respeite seus Povos Indígenas.

Enquanto os ruralistas desenvolvem uma campanha para convencer a população brasileira de que são ameaçados pelas demarcações de Terras Indígenas, o país segue com um dos mais altos índices de concentração fundiária do mundo, cenário que se reverte no acúmulo de poder nas mãos de oligarquias agrárias e nas grandes desigualdades que assolam a sociedade nacional.

Como pesquisadores que atuamos junto a algumas das mais respeitadas universidades brasileiras, temos a percepção clara de que os ataques aos direitos indígenas ora em curso são uma ameaça para toda a sociedade, pois respondem aos interesses de um grupo minoritário que busca apropriar-se privadamente das riquezas nacionais para seu próprio enriquecimento, e tornam nosso país palco dos mais graves desrespeitos aos direitos à vida, à dignidade, à diferença, envergonhando-nos a todos. O drama humanitário pelo qual atravessam as comunidades nas quais realizamos nossas pesquisas não é tolerável em um Estado Democrático de Direito, e não cessará enquanto o poder público se recusar a enfrentá-lo com a seriedade e respeito que requer, preterindo a sua solução em proveito de interesses eleitorais. Nesse sentido, chamamos a todos os brasileiros para que nos empenhemos junto ao povo guarani e aos demais povos indígenas na defesa de seus direitos, para a construção de uma sociedade igualitária, multicultural e pluriétnica.

São Paulo, 18 de outubro de 2013

COLEÇÃO «HEDRA EDIÇÕES»

1. *A metamorfose*, Kafka
2. *O príncipe*, Maquiavel
3. *Jazz rural*, Mário de Andrade
4. *O chamado de Cthulhu*, H. P. Lovecraft
5. *Ludwig Feuerbach e o fim da filosofia clássica alemã*, Friederich Engels
6. *Hino a Afrodite e outros poemas*, Safo de Lesbos
7. *Præterita*, John Ruskin
8. *Manifesto comunista*, Marx e Engels
9. *Rashômon e outros contos*, Akutagawa
10. *Memórias do subsolo*, Dostoiévski
11. *Teogonia*, Hesíodo
12. *Trabalhos e dias*, Hesíodo
13. *O contador de histórias e outros textos*, Walter Benjamin
14. *Diário parisiense e outros escritos*, Walter Benjamin
15. *Don Juan*, Molière
16. *Contos indianos*, Mallarmé
17. *Triunfos*, Petrarca
18. *O retrato de Dorian Gray*, Wilde
19. *A história trágica do Doutor Fausto*, Marlowe
20. *Os sofrimentos do jovem Werther*, Goethe
21. *Dos novos sistemas na arte*, Maliévitch
22. *Metamorfoses*, Ovídio
23. *Micromegas e outros contos*, Voltaire
24. *O sobrinho de Rameau*, Diderot
25. *Carta sobre a tolerância*, Locke
26. *Discursos ímpios*, Sade
27. *Dao De Jing*, Lao Zi
28. *O fim do ciúme e outros contos*, Proust
29. *Pequenos poemas em prosa*, Baudelaire
30. *Fé e saber*, Hegel
31. *Joana d'Arc*, Michelet
32. *Livro dos mandamentos: 248 preceitos positivos*, Maimônides
33. *Eu acuso!*, Zola | *O processo do capitão Dreyfus*, Rui Barbosa
34. *Apologia de Galileu*, Campanella
35. *Sobre verdade e mentira*, Nietzsche
36. *Poemas*, Byron
37. *Sonetos*, Shakespeare
38. *A vida é sonho*, Calderón
39. *Sagas*, Strindberg
40. *O mundo ou tratado da luz*, Descartes
41. *Fábula de Polifemo e Galateia e outros poemas*, Góngora
42. *A vênus das peles*, Sacher-Masoch
43. *Escritos sobre arte*, Baudelaire
44. *Cântico dos cânticos*, [Salomão]
45. *Americanismo e fordismo*, Gramsci
46. *Balada dos enforcados e outros poemas*, Villon
47. *Sátiras, fábulas, aforismos e profecias*, Da Vinci
48. *O cego e outros contos*, D.H. Lawrence
49. *Imitação de Cristo*, Tomás de Kempis
50. *O casamento do Céu e do Inferno*, Blake
51. *Flossie, a Vênus de quinze anos*, [Swinburne]
52. *Teleny, ou o reverso da medalha*, [Wilde et al.]
53. *A filosofia na era trágica dos gregos*, Nietzsche
54. *No coração das trevas*, Conrad
55. *Viagem sentimental*, Sterne

56. *Arcana Cœlestia* e *Apocalipsis revelata*, Swedenborg
57. *Saga dos Volsungos*, Anônimo do séc. XIII
58. *Um anarquista e outros contos*, Conrad
59. *A monadologia e outros textos*, Leibniz
60. *Cultura estética e liberdade*, Schiller
61. *Poesia basca: das origens à Guerra Civil*
62. *Poesia catalã: das origens à Guerra Civil*
63. *Poesia espanhola: das origens à Guerra Civil*
64. *Poesia galega: das origens à Guerra Civil*
65. *O pequeno Zacarias, chamado Cinábrio*, E.T.A. Hoffmann
66. *Um gato indiscreto e outros contos*, Saki
67. *Viagem em volta do meu quarto*, Xavier de Maistre
68. *Hawthorne e seus musgos*, Melville
69. *Ode ao Vento Oeste e outros poemas*, Shelley
70. *Feitiço de amor e outros contos*, Ludwig Tieck
71. *O corno de si próprio e outros contos*, Sade
72. *Investigação sobre o entendimento humano*, Hume
73. *Sobre os sonhos e outros diálogos*, Borges | Osvaldo Ferrari
74. *Sobre a filosofia e outros diálogos*, Borges | Osvaldo Ferrari
75. *Sobre a amizade e outros diálogos*, Borges | Osvaldo Ferrari
76. *A voz dos botequins e outros poemas*, Verlaine
77. *Gente de Hemsö*, Strindberg
78. *Senhorita Júlia e outras peças*, Strindberg
79. *Correspondência*, Goethe | Schiller
80. *Poemas da cabana montanhesa*, Saigyō
81. *Autobiografia de uma pulga*, [Stanislas de Rhodes]
82. *A volta do parafuso*, Henry James
83. *Ode sobre a melancolia e outros poemas*, Keats
84. *Carmilla — A vampira de Karnstein*, Sheridan Le Fanu
85. *Pensamento político de Maquiavel*, Fichte
86. *Inferno*, Strindberg
87. *Contos clássicos de vampiro*, Byron, Stoker e outros
88. *O primeiro Hamlet*, Shakespeare
89. *Noites egípcias e outros contos*, Púchkin
90. *Jerusalém*, Blake
91. *As bacantes*, Eurípides
92. *Emília Galotti*, Lessing
93. *Viagem aos Estados Unidos*, Tocqueville
94. *Émile e Sophie ou os solitários*, Rousseau
95. *A fábrica de robôs*, Karel Tchápek
96. *Sobre a filosofia e seu método — Parerga e paralipomena (v. II, t. I)*, Schopenhauer
97. *O novo Epicuro: as delícias do sexo*, Edward Sellon
98. *Sobre a liberdade*, Mill
99. *A velha Izerguil e outros contos*, Górki
100. *Pequeno-burgueses*, Górki
101. *Primeiro livro dos Amores*, Ovídio
102. *Educação e sociologia*, Durkheim
103. *A nostálgica e outros contos*, Papadiamántis
104. *Lisístrata*, Aristófanes
105. *A cruzada das crianças/ Vidas imaginárias*, Marcel Schwob
106. *O livro de Monelle*, Marcel Schwob
107. *A última folha e outros contos*, O. Henry
108. *Romanceiro cigano*, Lorca
109. *Sobre o riso e a loucura*, [Hipócrates]
110. *Ernestine ou o nascimento do amor*, Stendhal
111. *Odisseia*, Homero
112. *O estranho caso do Dr. Jekyll e Mr. Hyde*, Stevenson

113. *Sobre a ética — Parerga e paralipomena (v. II, t. II)*, Schopenhauer
114. *Contos de amor, de loucura e de morte*, Horacio Quiroga
115. *A arte da guerra*, Maquiavel
116. *Elogio da loucura*, Erasmo de Rotterdam
117. *Oliver Twist*, Charles Dickens
118. *O ladrão honesto e outros contos*, Dostoiévski
119. *Sobre a utilidade e a desvantagem da histório para a vida*, Nietzsche
120. *Édipo Rei*, Sófocles
121. *Fedro*, Platão
122. *A conjuração de Catilina*, Salústio
123. *Escritos sobre literatura*, Sigmund Freud
124. *O destino do erudito*, Fichte
125. *Diários de Adão e Eva*, Mark Twain
126. *Diário de um escritor (1873)*, Dostoiévski
127. *Perversão: a forma erótica do ódio*, Stoller
128. *Explosao: romance da etnologia*, Hubert Fichte

COLEÇÃO «METABIBLIOTECA»

1. *O desertor*, Silva Alvarenga
2. *Tratado descritivo do Brasil em 1587*, Gabriel Soares de Sousa
3. *Teatro de êxtase*, Pessoa
4. *Oração aos moços*, Rui Barbosa
5. *A pele do lobo e outras peças*, Artur Azevedo
6. *Tratados da terra e gente do Brasil*, Fernão Cardim
7. *O Ateneu*, Raul Pompeia
8. *História da província Santa Cruz*, Gandavo
9. *Cartas a favor da escravidão*, Alencar
10. *Pai contra mãe e outros contos*, Machado de Assis
11. *Democracia*, Luiz Gama
12. *Liberdade*, Luiz Gama
13. *A escrava*, Maria Firmina dos Reis
14. *Contos e novelas*, Júlia Lopes de Almeida
15. *Iracema*, Alencar
16. *Auto da barca do Inferno*, Gil Vicente
17. *Poemas completos de Alberto Caeiro*, Pessoa
18. *A cidade e as serras*, Eça
19. *Mensagem*, Pessoa
20. *Utopia Brasil*, Darcy Ribeiro
21. *Bom Crioulo*, Adolfo Caminha
22. *Índice das coisas mais notáveis*, Vieira
23. *A carteira de meu tio*, Macedo
24. *Elixir do pajé — poemas de humor, sátira e escatologia*, Bernardo Guimarães
25. *Eu*, Augusto dos Anjos
26. *Farsa de Inês Pereira*, Gil Vicente
27. *O cortiço*, Aluísio Azevedo
28. *O que eu vi, o que nós veremos*, Santos-Dumont
29. *Poesia Vaginal*, Glauco Mattoso

COLEÇÃO «QUE HORAS SÃO?»

1. *Lulismo, carisma pop e cultura anticrítica*, Tales Ab'Sáber
2. *Crédito à morte*, Anselm Jappe
3. *Universidade, cidade e cidadania*, Franklin Leopoldo e Silva

4. *O quarto poder: uma outra história*, Paulo Henrique Amorim
5. *Dilma Rousseff e o ódio político*, Tales Ab'Sáber
6. *Descobrindo o Islã no Brasil*, Karla Lima
7. *Michel Temer e o fascismo comum*, Tales Ab'Sáber
8. *Lugar de negro, lugar de branco?*, Douglas Rodrigues Barros
9. *Machismo, racismo, capitalismo identitário*, Pablo Polese
10. *A linguagem fascista*, Carlos Piovezani & Emilio Gentile
11. *A sociedade de controle*, J. Souza; R. Avelino; S. Amadeu (orgs.)
12. *Ativismo digital hoje*, R. Segurado; C. Penteado; S. Amadeu (orgs.)
13. *Desinformação e democracia*, Rosemary Segurado
14. *Labirintos do fascismo, vol. 1*, João Bernardo
15. *Labirintos do fascismo, vol. 2*, João Bernardo
16. *Labirintos do fascismo, vol. 3*, João Bernardo
17. *Labirintos do fascismo, vol. 4*, João Bernardo
18. *Labirintos do fascismo, vol. 5*, João Bernardo
19. *Labirintos do fascismo, vol. 6*, João Bernardo

COLEÇÃO «MUNDO INDÍGENA»

1. *A árvore dos cantos*, Pajés Parahiteri
2. *O surgimento dos pássaros*, Pajés Parahiteri
3. *O surgimento da noite*, Pajés Parahiteri
4. *Os comedores de terra*, Pajés Parahiteri
5. *A terra uma só*, Timóteo Verá Tupã Popyguá
6. *Os cantos do homem-sombra*, Mário Pies & Ponciano Socot
7. *A mulher que virou tatu*, Eliane Camargo
8. *Crônicas de caça e criação*, Uirá Garcia
9. *Círculos de coca e fumaça*, Danilo Paiva Ramos
10. *Nas redes guarani*, Valéria Macedo & Dominique Tilkin Gallois
11. *Os Aruaques*, Max Schmidt
12. *Cantos dos animais primordiais*, Ava Ñomoandyja Atanásio Teixeira
13. *Não havia mais homens*, Luciana Storto

COLEÇÃO «NARRATIVAS DA ESCRAVIDÃO»

1. *Incidentes da vida de uma escrava*, Harriet Jacobs
2. *Nascidos na escravidão: depoimentos norte-americanos*, WPA
3. *Narrativa de William W. Brown, escravo fugitivo*, William Wells Brown

COLEÇÃO «ANARC»

1. *Sobre anarquismo, sexo e casamento*, Emma Goldman
2. *O indivíduo, a sociedade e o Estado, e outros ensaios*, Emma Goldman
3. *O princípio anarquista e outros ensaios*, Kropotkin
4. *Os sovietes traídos pelos bolcheviques*, Rocker
5. *Escritos revolucionários*, Malatesta
6. *O princípio do Estado e outros ensaios*, Bakunin
7. *História da anarquia (vol. 1)*, Max Nettlau
8. *História da anarquia (vol. 2)*, Max Nettlau
9. *Entre camponeses*, Malatesta
10. *Revolução e liberdade: cartas de 1845 a 1875*, Bakunin
11. *Anarquia pela educação*, Élisée Reclus

Adverte-se aos curiosos que se imprimiu este livro na gráfica Meta Brasil, na data de 4 de maio de 2022, em papel pólen soft, composto em tipologia Minion Pro e Formular, com diversos sofwares livres, dentre eles LuaLaTeX e git.
(v. 2c35607)